講談社選書メチエ

659

丸山眞男の憂鬱

橋爪大三郎

MÉTIER

Masao Maruyama and Shichihei Yamamoto
by Hashizume, Daisaburo
Kodansha Ltd., Tokyo, 2017 : 09

序　章

　数年前、気がついてみると、丸山眞男について本を書こうと決めていた。彼の主著『日本政治思想史研究』について書きたい。その仕事の全体を、批判的に考察したい。

　いまの若い人びとはどう考えているか知らないが、私が学生だったころ、丸山眞男と言えば、戦後の日本を代表する知識人で、政治学の第一人者であった。彼の仕事は「丸山政治学」とよばれ、至るところに彼の弟子がいた。雲の上のような存在だった。駒場の教養科目で、政治学を担当していたのは、佐藤誠三郎助教授で、教科書は、『増補　現代政治の思想と行動』(未來社、一九六四年)。「超国家主義の論理と心理」などが収められており、社会学の教科書より面白かったので、丁寧に読んだ。本郷の社会学科に進んだあと、学部と大学院修士課程の指導教員だったのは、高橋徹教授で、丸山眞男の影響を「受けすぎたぐらいだ」と自認していて、しばしばゼミでも丸山眞男のことが話題になった。

　大学院の博士課程に進んで、小室直樹博士の自主ゼミナールに出席するようになった。はじめの数年は経済学や数学や統計学を講じていたが、やがて、政治学もやろうということになって、丸山政治学のコマが設けられた。テキストは、『日本政治思想史研究』である。小室博士は、丸山眞男を尊敬しており、学生たちに丸山政治学を通して、近代思考のエッセンスを伝えたかったのであろう。荻生《おぎゅう》徂徠《そらい》の「作為の契機」がもっとも重要であること、江戸思想の系譜に分け入ってそれを発見したことが、いかに重要な業績であるかということを、熱をこめて語った。もともと小室直樹博士は、丸山眞男教授の指導を受けるために東大大学院の法学政治学研究科に進学したのであり、指導教員ははじめ丸山眞男教授。もちろん丸山ゼミで『日本政治思想史研究』の講義を受けている。であるから、私は、小室博士を介して、丸山教授の孫弟子ということになる。小室博士の講義はまず冒頭の数頁を読み一行ずつ解釈してはその水準の高さをほめ、ついで話は脱線して（だいたい『痛快！憲法学』（集英社インターナショナル、二〇〇一年）で取り上げられているようなトピックを順番に紹介して学生と議論していくので、時間がいくらあっても足りるはずがない）、毎年一〇頁も先まで進まないのであった。

小室直樹博士は、ヘーゲルの弁証法そのままのような屈折したレトリックに満ちた丸山眞男の文章について、その優れた書きぶりを評価しつつ、「こういうのを読むとフラフラフラーっとなっちゃう学生が多くて困るんだよなあ」と、苦言を呈していた。丸山教授の議論の骨格を、ストレートに論理的に、取り出すことができるし、取り出すべきだという小室博士の確信のようなものを、そこから私は感じた。

そのあと、山本七平氏の『現人神《あらひとがみ》の創作者たち』（文藝春秋、一九八三年）を読んだ。とても触発された。山本氏は小室博士より年長で、青山学院大学を卒業したクリスチャンで、砲兵将校としてルソン島で戦い、死線をくぐり抜け、アメリカ軍の捕虜にもなっている。日本人のつくる組織である天皇の軍隊の一員として辛酸をなめつくし、日本陸軍を論じる著作をいくつも発表した。『現人神の創作者たち』は、戦争期に日本の組織を呑み込んだ天皇崇拝の起源を、江戸の儒学思想にたどろうとする研究である。そこで焦点があたっているのは朱子学の、山崎闇斎《あんさい》学派である。荻生徂徠ではない。そして、この議論を読んで、きわめて説得力があると感じた。

小室直樹博士は、山本七平氏と講演会かなにかの仕事で知り合い、意気投合した。二人とも、浅見絅斎《けいさい》の『靖献遺言《せいけんいげん》』が大事だという点で一致したからだ、と小室博士は語っていた。『靖献遺言』はかつて幕末勤皇の志士の愛読書で、戦前に岩波文庫となり、戦地に赴く学生たちがポケットにしのばせていたという。そして浅見絅斎は、山崎闇斎門下の逸材なのである。山本七平氏は浅見絅斎のこの著書が、天皇への忠誠を絶対化するロジックを生み出すうえで、重要であったと主張している。日本の近代化と明治維新に、山崎闇斎学派が重要であったという洞察は、反朱子学の荻生徂徠とはまた異なった流れに、われわれの注意を導くものである。

山崎闇斎学派については、丸山眞男にまとまった考察がある。『山崎闇斎学派』(『日本思想大系』第三一巻、岩波書店)の、解説である(一九八〇年)。七四頁もある、長文の考察だ。読んでみるとわかるが、とても混乱していて、論旨がつかみにくい。ほんとうに丸山眞男が書いているのか、疑いたくなるほどだ。これほどまでに、論旨が乱れている理由は、ふたつしか思い浮かばない。ひとつは、山崎闇斎学派の思想の本質を理解することについて、ほんとうに困難を感じていること。つまり、理解力の問題。もうひとつは、山崎闇斎学派の評価をめぐって、内心で深刻なジレンマを抱えていること。いっぽうで山崎闇斎学派に特有な、正統な権威に対する絶対的な忠誠が、日本の近代化の不可欠なエートスとして機能したことを、認めざるをえない。だがもういっぽうで、丸山眞男が経験した「超国家主義」、超越的な天皇への忠誠と服従に駆動された悪夢のような前近代性は、山崎闇斎学派に起源をもつとも認めざるをえない。この、相反する二つの感情の交錯する対象を、冷静に議論することができないのではないか。山本七平の明快な議論と比較すると、丸山眞男の混乱ぶりは際立っている。彼のすぐれた知力を考慮すると、ふたつの可能性のうち、前者ではなく後者ではないか、と私は思う。このことも、検証してみたい。

そのあと、小林秀雄の『本居宣長』(一九七七年)を読んだ。十年あまりにわたって雑誌に連載した、晩年のライフワークである。朱子学から筆を起こし、宣長へと流れ下る、江戸思想のもうひとつの図柄が描かれている。個々の思想家の動機に分け入り、説得力がある。丸山眞男の仕事に並行する、もうひとつの達成だ。丸山の『日本政治思想史研究』にも、本居宣長が言及されていた。山本七平や小林秀雄の仕事を踏まえて、見返すとき、丸山眞男の仕事はどうとらえ直すことができるのだろうと思った。

こんなことをぼんやり考えているとき、ある会合で、御厨貴《みくりやたかし》教授と立ち話になった。新聞の論壇時評の仕事(鼎談)で数年ご一緒し、旧知の間柄である。そこで、訊ねてみた。御厨先生、最近の政治学者のあいだでは、丸山眞男の学統はどう受け継がれていますか。『日本政治思想史研究』は、どう評価されていますか。そうですねえ。ひところ丸山眞男のお弟子さんたちが大勢いましたけれど、最近はそうでもなくなりました。『日本政治思想史研究』も話題になりませんね。そこでつい、じゃあこの本についてなにか書いてみたいのですが、と言うと、それはぜひおやりなさい、と励ましていただいた。背中を押された気になった。

そんなこともあって、いまこの原稿を書いている。なにかがありそうだと思うだけで、確たる成算があるわけではない。

小室直樹博士によると、日本の政治学は水準が高すぎて、世界はまるで追いつけていなかった。その最高峰が、丸山眞男の『日本政治思想史研究』である。この本には、英訳もある。ただしその後、日本の政治学は進歩を止めてしまった。小室博士は丸山眞男の業績を、高く評価していたのである。だが、ほんとうにそうだろうか。それは、日本の水準がそんなに高いのかという意味と、世界の水準がそんなに低いのかという意味と、二重の意味がある。どちらも私には、疑問である。ともかくまず、日本の政治学のほうを、確かめてみなければならない。

目次

各章の構成

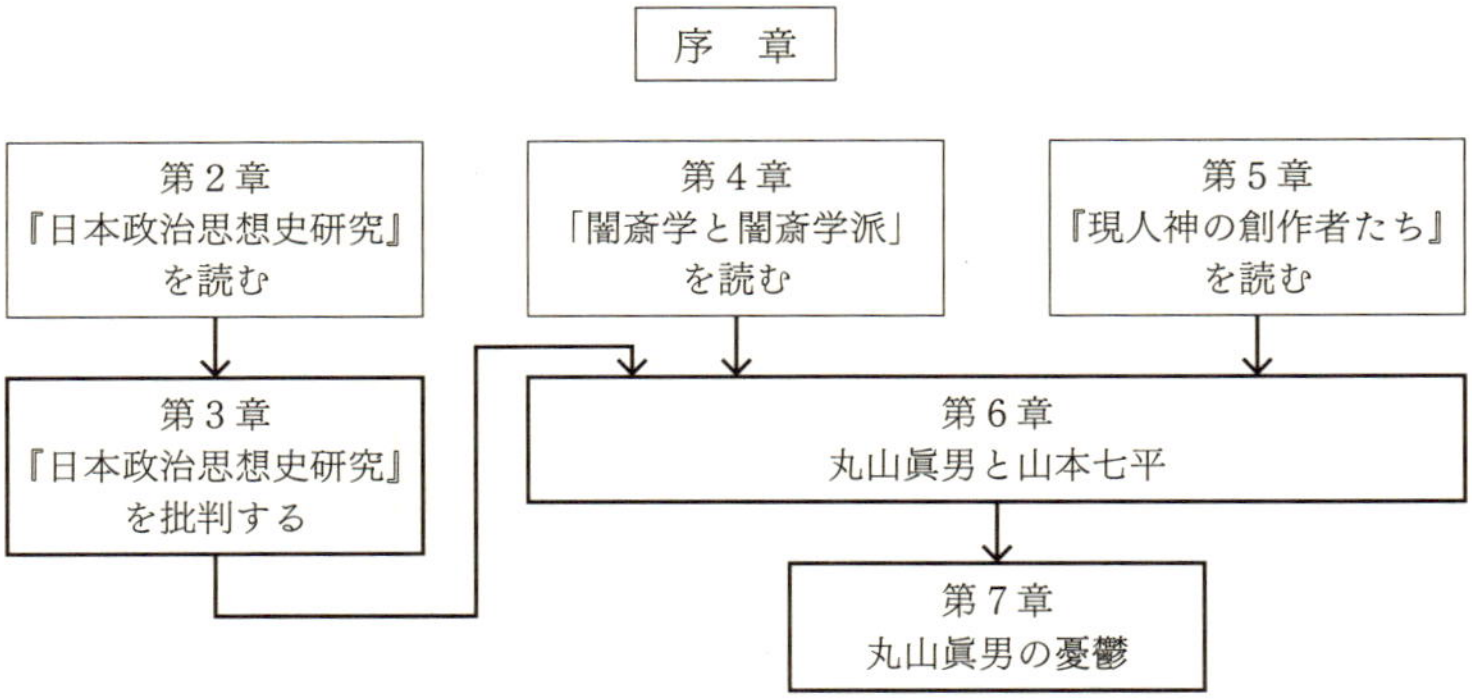

本書は、丸山眞男の『日本政治思想史研究』と「闇斎学と闇斎学派」、山本七平の『現人神の創作者たち』の、三つの著作を読解して、批判的に検討することを内容とする。第2章、第4章、第5章は、その読解（準備作業）にあてられている。公平な要約となるよう、私のコメントは最小限に留め、あえて引用を主体としている。読者の多くが、これらの著作を読んだであろうと期待できないからだ。これらの章はその性質上、付録か注釈のようなかたちとし、小さな活字で二段組にするなど、本文と異なるテキストであることがひと目でわかる工夫をするべきであったろうが、本文と同じ組み方となっている。混乱が生じたとしたら、お詫びする。

第3章と、特に第6章は、これらの準備を踏まえて、著者である私の踏み込んだ考察や批判的検討をのべている。この本の中心をなす部分である。第7章は、関連した考察を補足する。

各章は、前から順に読んで行くことを想定して並べてあるが、忙しい読者は、第6章だけ読んでも、十分に内容をつかめると思う。

第2章

『日本政治思想史研究』を読む

丸山眞男（一九一四―九六年）の『日本政治思想史研究』ははじめ、雑誌論文として、《昭和十五年から十九年にかけて「國家學會雜誌」に掲載され》た。それが戦後、一九五二（昭和二十七）年に東京大学出版会から単行本として出版されるに際して、わずかに手を加えられた。《全體の構成をヨリ明瞭にするために節や見出しを若干變更した。本文の修正も…最少限度にとどめ、その大部分は、誤植や不明確な表現を改めたり、冗長な個所を削除したり、前後の形式的な統一を圖るといった技術的性質のもの》（あとがき、一頁）に限られている。

そこで本書では、初出の雑誌論文ではなく単行本を、テキストとしよう。その理由は二つである。第一に、丸山眞男自身が、両者のあいだにほぼ異同がないとしていること。第二に、多くの読者が参照してきたのが、単行本であること。

厳密な議論を行なう場合、初出の雑誌論文と、のちの単行本の異同を検証することが、望ましい。目立たない書き替えや異同があって、そこからなにかの秘密がみつかる場合がある。だが、そういう作業は、丸山眞男を専門とする研究者に任せよう。本書は、著者本人が校訂をすませた単行本を、丸山眞男の考えであるとみなすことにする。

最初に本書の構成を、概観しておこう。全体は三章、一四節からなる。

第一章　近世儒教の發展における徂徠學の特質並にその國學との關聯

第一節　まへがき――近世儒教の成立

第二節　朱子學的思惟樣式とその解體

本書は、もともと別々に発表された複数の論文を束ねたものなので、内容にやや重複する部分がある。とは言え、全体として、同時期に同じ構想のもとに書かれた原稿であり、書物としての一貫性をそなえている。

中心になるのは、第一章で、全体の基調を与える。分量も、一〜一九一頁と、いちばん長い。第二章は、そこで明らかになった内容を、とりわけ「自然」と「作為」の側面から掘り下げるもの。一九三〜三一八頁を占め、第一章の半分ほどの分量である。第三章は、三一九〜三六三頁と、分量は少ない。「国民主義」（ナショナリズム）の観点から、補足的な議論を行なっている。

　そこで以下、各節ごとの論旨を、順を追ってみていくとしよう。

第一章第一節　まへがき——近世儒教の成立

丸山はまず、ヘーゲルの「歴史哲学緒論」を引き、中国は《神政的専制政《テオクラーティッシェ・デスポティー》》（三頁）であるとする。さらに、《かうした特性が…たえず再生産され》る、《歴史の停滞性》（四頁）が続いてきた。これは、《儒教はつねに新王朝によつて國教的な権威を保證され》（六頁）てきたことと深い関係がある、とする。

　では、日本はどうなのか。もともと中国のものである儒教は、日本に伝わると、言葉だけの抽象的な思想になってしまう。しかし徳川時代に限れば、儒教は十分に《適應性》（八頁）のある思想だった。それはなぜかと言えば、当時の社会が中国とやや類似していたから（客観的条件）。そして、近世になって、儒教が思想的に革新されたから（主観的条件）、だとする。

　詳しくみよう。将軍、大名を頂点とする階層的な家臣団・身分制社会は、周の封建制と《類型的に相似してゐた》（九頁）。武士の主従関係やイエ社会の人間関係に、《儒教の家族倫理は多くの適應性を見出しえた》（一〇頁）し、《庶民間の社會關係にも適用された》（一一頁）。それは家康が、儒学

（朱子学）を、五山の僧侶の手から奪い取り、武家政権の正統の学問にすえたことを背景にしている。

中国では、朱子学・陽明学を受けて、考証学が続いた。日本では、朱子学・陽明学を受けて、古学派（徂徠学）が続いた。両者は並行しているようにみえるが、日本の場合、思惟方法が変革されている点が異なっている。《朱子學的思惟方法に對する、アンチテーゼの成長》（一四頁）として、徂徠学をみなければならない。

第一章第二節　朱子學的思惟様式とその解體

1

丸山は、朱子学の特徴は、《道學的合理主義、リゴリズムを内包せる自然主義、連續的思惟、靜的＝観照的傾向》（二九頁）、にあるとする。どういうことか。

朱子は、宋学を集大成し、形而上学の体系にまとめあげた。丸山によると、朱子のいう「理」は、《個々萬物に内在しながらなほ萬物に超越した一元的性格》（二二頁）をそなえていて、《超越性と内在性、實體性と原理性が卽自的《アンジヒ》に（無媒介に）結合されてゐる》（二二頁）。

この理が、人間に宿ると、性となる（本然の性）。理は、すべての人に等しく与えられるのだが、気に《清明混濁の差がある》（二三頁）ので、人間に悪を生じる。そこで人間を正しく導く実践として、朱子学は『中庸』、『大学』を重視する。その説くところは、守静持敬（内省＝主観的方法）と、格物致知（知的探究＝客観的方法）である。こうして、《人欲を滅盡して本然の性に歸り外、世界の理法と合一すればその身は聖人となる》（二五頁）のだという。

理は、事物に内在する自然法則で、同時に、人間行為の規範でもある。すなわち、《自然法則は道徳規範と連續してゐる》(二五頁)。しかも、《自然法則は道徳規範に對し全く從屬》(二五頁) している。そのキーワードが、「誠」である。

このように考える朱子学では、《自然主義的なオプティミズムが支配的となる》(二七頁)。人間は本来、善なる存在で、それが蔽われているだけだとみるからだ。そしてこのオプティミズムは、何としても人欲を斥けるべきだとする、リゴリズムと結びつく。

このように、《本然の性は寂然不動のものとされ》(二九頁) るから、朱子学は《靜的=觀照的傾向》(二八頁) をそなえることになる。この傾向は、自然と道徳とが連続的だとする《連續的思惟方法に由來する》(二九頁) のだ。

2

ではこうした朱子学の特徴は、《徳川初期の朱子學者》(三三頁) にどのように現れているのか。丸山は、藤原惺窩《せいか》(一五六一—一六一九年) と林羅山《らざん》(一五八三—一六五七年) をとりあげる。《これらの朱子學者は…朱子の言說の忠實な紹介》(三三頁) 者である。

藤原惺窩はまず、《戰國時代に…流行した「天道」といふ觀念を朱子學の理へ結びつけた》(三四頁)。天と人は連続的で、《聖人と人とが連續せしめられる》(三五頁)。《羅山に至つては惺窩以上に純粹な朱子學者であるから、その言說は全く朱子の忠實な紹介を出でない》(三五頁)。

丸山は、山崎闇斎(一六一八—八二年) にも触れ、《あまりに敬虔な朱子學者であつたために、…朱子に內在せるリゴリズムを殘るくまなく顯示してゐる》(三七頁) としている。

林羅山や山崎闇斎が活動したのは、十七世紀初頭だったが、十七世紀中葉になると、山鹿素行《やまがそこう》、伊藤仁斎《じんさい》らにより、《宋學より古學への一大轉換が試みられ》（三八〜三九頁）ることになる。

3

山鹿素行（一六二二―八五年）は古学の立場から、「漢唐宋明の學者の書」ではなく「周公孔子の書」をよく見るなら、持敬も静坐も不要である、とのべる（『配所残筆』）。つまり、朱子学の《窮理や持敬のごとき實踐道德の方法》（四四頁）には意味がないとした。人欲を否定するのではなしに、《積極的に人欲を一切の行爲の、從つてまた善行の基礎と》（四六頁）しなさい。《人欲を離れた天理が否定される…ならば、…欲の過不及を計るべき善惡の規準はもはや人性のうちに得られず…かへつてその外に求められねばならな》くなるから、《禮樂といふ客觀的規範が重大な意味をもつて登場する》（四七頁）。礼楽とは、政治制度のことである。このように、《政治の固有法則性への…洞察》（四九頁）が導かれる。

4

伊藤仁斎（一六二七―一七〇五年）も、天道と人道をはっきり区別して、《朱子學の連續的な思惟の分解を…促進し、…徂徠學の成立をその一歩手前まで準備》（五二頁）した。《仁齋において理は…天と人への連鎖を絶たれて「物理」に限定されてゐる》（五三頁）。

仁斎にとって、天とは何か。それは《人格的意味における天》（五四頁）であって、命はその命令のようなものである。このような《仁齋の天命論は…朱子學合理主義の外濠を埋める役を果した》（五五頁）。いっぽう、《天道との連續性を否定された「道」は…人性から超越せしめられる》（五五頁)。そのため、《仁義禮智は仁齋においては、本然の性として人間に本來與へられたものではなく、人間がまさに實現すべく課せられたイデー的な性格を帶びてゐる》(五六頁)。

こうして、自然秩序と道徳法則の連続性を断ち切った仁斎の思想は、朱子学のリゴリズムから自由となり、《「情欲」に對する寛容》(五七頁)をもたらす。《連續的思惟構成の分解が、もはや何物を以てもささへ難き勢を以て進行しつつある》(六〇頁)、と丸山は結論する。

5

丸山眞男はついでに、貝原益軒《かいばらえきけん》(一六三〇—一七一四年)についても触れる。益軒も、《朱子學に對する根本的な疑惑を表明した》(六三頁)(『大疑録』)。《宇宙論において…朱子の理先氣後説に批判を向け》(六四頁)、本然の性を批判し、《素行・仁齋と同じくリゴリスティックな實踐道徳》(六五頁)を批判した。《聖人に對する絶對的な信仰と、賢人に對する批判的態度と、それは…古學派のすべてに共通した性格であつた》(六七頁)。

第一章第三節　徂徠學の特質

この節は、本書の中核をなす部分である。

1

丸山眞男は、まず、荻生徂徠(一六六六—一七二八年)のエピソードを二つ紹介する。ひとつは、柳沢吉保《よしやす》の下問に答え、困窮のなか母を放置した農民の処分を、無罪と主張したこと。もうひとつは、赤穂浪士の討ち入り事件に際し、助命論を斥けて切腹論を唱えたこと。そこを貫くのは、《一言以て表現するならば、政治的思惟の優位といふことである》（七六頁）。

徂徠のこうした思惟方法は五十代に、『辨道』、『辨名』の二書にまとめられた。

2

丸山は、徂徠を、近代的な政治思想の主唱者として、再発見する。

荻生徂徠は、仁斎の古義学を、《宋儒の解釋を媒介とせず直接原始儒教に復歸せんとする意圖は正しい》（七八頁）と、ひとまず評価する。ただし仁斎は《主觀的歪曲に陷つて》（七八頁）いて不徹底だとし、古文辞学を唱えた。

朱子学は四書を、仁斎は『論語』と『孟子』を、重視する。それに対して徂徠は、《六經中心主義へと移つた》（八〇頁）。すなわち、《六經を精讀して…文辭の用法に熟し、且つ古代の具體的な制度の知識を得》（七九頁）るのである。

では、徂徠の古文辞学は、どういう主張か。《徂徠において道とはもつぱら人間規範で自然法則ではない》（八〇頁）。「天の道」と言っても、それは、ただのアナロジーにすぎない。よって、《本來の意味の天道論は姿を消》す（八一頁）。《かくして道とは徂徠においてひとへに聖人の道とされた》（八二頁）。聖人の道とはなにか。《聖人の道乃至先王の道の本質はなによりも治國平天下といふ政治性に在る》（八二頁）。

このように徂徠が、個人道徳と政治の連続性を否定する点を、丸山は高く評価する。それは、マキャベリにも匹敵する。《德川封建制下における「政治の發見」を徂徠學に歸せしめることはさまで不當ではなからう》（八四頁）。

道は、朱子学のいうような抽象的な原理ではない。歴史上現れた具体的な政治制度である、と徂徠は考える。道は、当為ではないから、性善説も性悪説もない。性は、政治制度と無縁である。徂徠により、《氣質の性が逆にアプリオリなものとしてその不變化が宣告され》（八七頁）る。《各人はその天性の異つた氣質のままで、その個性をのばす事に努力した方がいい》（八九頁）。この努力を、徳という。各人はそれぞれ徳を発揮して、社会に参画している。徂徠によれば、《「…各自其の役をのみいたし候へ共、相互に助け合ひて、…満世界の人こと〴〵人君の民の父母となり給ふを助け候役人に候」（答問書上）。全人民が皆役人である！》（九一頁）このように儒教は、すっかり政治化される、と丸山は言う。

3

では、道（政治制度）の根拠を、徂徠はどこに置いているのか。

《徂徠學の道は唐虞三代の制度文物の總稱である》（九五頁）。唐とは堯《ぎょう》、虞《ぐ》とは舜《しゅん》、三代とは夏《か》、殷、周、の三つの王朝のことである。歴史的な制度にすぎないものが、それを越えた超越的な規範となるのは、徂徠が、《道の背後に道を創造した絶對的人格を置き、この人格的實在に道の一切の價値性を依據せしめ》（九六頁）ているからだ。《徂徠學における先王乃至聖人はまさにかうした窮極的實在》（九六頁）にほかならない。

さて、《聖人とは道を作爲せる古代の政治的君主であるから、徂徠學において聖人と先王とはほぼ一致した概念となる》（九六頁）。聖人は、あくまでも礼楽（政治制度）の制作者であるにすぎず、《道德の完全無缺な具有者》（九七頁）なのではない。《道はかかる聖人乃至先王の作爲たることに窮極の根拠をもつ》（九七頁）。聖人はこうして、一般人との連続性を断ち切られ、人格的な天に連続している、とされる。

道は古代の政治制度である。絶対的なものではあっても、失われてしまった。ゆえにそれ以後の制度は、時代的な制約をともなう、具体的で経験的なものになる。規範として絶対化はされない。これが徂徠学の、歴史意識であり、実証性であると、丸山はみる。

4

では、徂徠学にいう、公／私の別とはなにか。

徂徠は『辨名』でこうのべる、《公は私の反なり。衆の同共する所、之を公と謂ふ。己の獨り專らにする所、之を私と謂ふ》（一〇八頁）。現代の用法と一致している。

さて《朱子學においては…公とは天理であり私とは人欲とシノニム》（一〇八頁）だった。この場合、私の領域は、公の領域によって抑制される。それに対し徂徠学では、《學問の公的領域はひとへに六經にあらはれたいはば狭義の聖人の道に獨占せられる》（一一二頁）。このように公の領域を、具体的な政治制度に限定すると、その反作用で、私の領域が抑制から解放される。《規範と自然の連續的構成の分解過程は、徂徠學に至つて規範（道）の公的＝政治的なものへまでの昇華によつて、私的＝内面的生活の一切のリゴリズムよりの解放となつて現はれた》（一一〇頁）のだ、と丸山は考察する。

こうして、儒教と儒者の関係は、朱子学と徂徠学で正反対になる。《德行（修身齊家）と治國平天下とを直線的に連續せしめる朱子學においては、その理論的性格が非政治的であるが故に却つて儒者の任務は政治的となり、私的道徳と政治との連鎖を斷ち切つた徂徠學においては儒教の本質を治國平天下に見出したが故に却つて儒者の地位は非政治的なものとされる》（一一四頁）。丸山によれば、徂徠学では、《たかだか道を認識し之を敍述することのみが學者の業であり、道を實踐し乃至は道を作爲することはもつぱら政治的支配者の任務に委讓せられる》（一一四頁）のである。

　ここまでで、徂徠学の考察は一段落する。

5

　続けて丸山は、《元祿より享保に至る社會情勢》（一二九頁）を概観する。

儒学や歌学、俳諧、演劇、絵画、風俗が、盛んに花開いた。貨幣経済が浸透して幕府や諸藩の財政が逼迫《ひっぱく》し、種々の改革が試みられた。町人の勃興や農村の状況にも触れる。封建社会は、なお全体として安定を保っていた。《秩序のオプティミズム》（一三〇頁）が支配的なあいだ、危機意識にかられた政治的思惟が前面に出ることはない。だが、安定と混乱の《中間の限界状況》（一三〇頁）におかれた荻生徂徠は、《朱子學のオプティミズムを否定し、儒教の政治化を通じて是を「世の政道」の哲學的基礎》（一三〇頁）にしようとした。

6

　では徂徠の、《政治社會組織の改造論》（一三四頁）はどのようなものか。

　徂徠の議論は、《自然經濟への復歸による商業資本への依存の離脱》（一三五頁）を唱えるなど、復古的にみえる。だがここに、《絶對主義《アブソルーティスムス》的觀念…の萠芽》（一三六頁）が隠れていることに注意すべきである、と丸山は言う。ただし、徂徠の議論のどこがどう絶対主義的なのか、それ以上の説明はない。

第一章第四節　國學とくに宣長學との關聯

1

徂徠の没後、「蘐園《けんえん》学派」（荻生徂徠の学統）は盛んになるいっぽう、朱子学派からの反撥も激しくなった。そして、蘐園学派は、《治國平天下の學と詩文・歴史・考證學と》（一四三頁）の二つのグループに分裂する。また、朱子学と徂徠学とを架橋する《折衷考證學派》（一四五頁）も生まれた。こうして儒学は、徂徠をピークに、思想界を牽引する力量を失っていく。

こうした状況が、本居宣長《もとおりのりなが》（一七三〇―一八〇一年）登場の背景である。

2

丸山は、《朱子學的な思惟樣式の分解過程が國學といふ一つのまとまつた思想の形成をいかに内在的に準備したか》（一四八～一四九頁）、を議論する。

国学は、儒学の影響を意識的に排除しようとした。が、無意識のレヴェルではその影響を受けていた。人脈のうえでも、宣長の師・堀景山《けいざん》は、朱子学者で、徂徠の影響も受けていた人物である。

徂徠学は道を、《天然自然の眞理》（一五三頁）ではなく《聖人の制作》（一五三頁）であるとした。ならば、《聖人の權威を信じない者にはもはや道の眞理性を以て說得する事が出來ない》（一五三頁）ことになる。宣長はそこを反撃した。《聖人の作爲なるが故に絶對的とされた道は…聖人の作爲なるが故に排撃されるのである》（一五四頁）。

徂徠学の《思想的純粋性》（一五四頁）にも注意すべきだ、と丸山は言う。藤原惺窩、林羅山、山崎闇斎ら朱子学者は、《神道を佛教から解放し、逆に儒教と結びつけようと》（一五五頁）試みてきた。しかし徂徠学は、《かうした滔々たる神儒抱合の大勢を電撃の如く遮つた》（一五六頁）。こうして、《國學者の古神道と徂徠學とは全く異つた立場から、神儒の抱合に對して…共同戰線をはることとなつた》（一五六頁）。《徂徠學の思想的純粋性が神道論を通じて徂徠學と國學とを否定的に媒介せしめてゐること》（一五七頁）は明らかだ、と丸山は結論する。要するに、徂徠学と国学は似ているのだという。

3

徂徠学と宣長学は、どのように内在的に連関するのか。

近世の神道（度会延佳《わたらいのぶよし》、吉川惟足《きつかわこれたる》）は、儒学（とくに朱子学）に根拠を求めたので、汎神論（汎心論）的となった。賀茂真淵の古神道は、儒学を排除したが、かえって老子的な《無爲自然性》（一六一頁）に向かった。これに対して宣長は、神々の合理的な解釈を一切斥け、《これらの諸神…の根源を高皇産靈神と神皇産靈神の二神に求めた》（一六一頁）。《道は…皇祖神の創始に歸せられ》（一六一頁）たのである。徂徠学はと言えば、《人格的な天による非人格的な理の驅逐》（一六二頁）をなしとげていたので、《ここに徂徠學と宣長學との思惟方法における深き契合が存在する》（一六二頁）ことになる。《徂徠學における聖人乃至天の體系的地位と宣長學における神のそれとの共通性は到底否定しえない》（一六二〜一六三頁）。

徂徠学と宣長学の共通性として、丸山は、三つの点を指摘する。まず《第一に文獻學的＝實證的方法論の繼受乃至發展》（一六四頁）。《第二の關聯は歴史的意識》（一六七頁）。第三は、反リゴリズム。《「生れながらの眞心」を本然の性に、「漢意」を氣質の性に置代へて見るがよい。…そのまま朱子學の人性論になる》（一七〇頁）。

第三の点は、宣長の文芸観によく表われている。《宣長において固有價値を自覺した文學はやがて眞淵から受けた古代主義と融合して、漸次に古道の核心的な地位を占めるに至つた。…「もののあはれ」はそのまま神道自體の本質にまで高められる》（一七三頁）。

4

このように考えると、宣長学は、徂徠学の完成形だとも言える。

丸山によれば、《國學は徂徠學の公的な側面を…排しつつ、その私的、非政治的なそれを概ね繼承》（一七八頁）している。《國學は…一切の規範性を掃蕩した内面的心情をそのまま道として積極化した》（一七八頁）。こうして、逆説的なことに、徂徠学では非政治的だったものが、かえって国学では政治に直結することになった。

どういうことか。宣長においては、《心情の純粋性の尊重が…學問論における客觀的=實證的態度と密接に結びついてゐる》（一七九頁）。《これは徹底した非政治的態度…であり、それ故にまた一切の政治原理を包容する可能性をはらんでゐる。そこにあるのは…あらゆるロマン的心情に共通する機會主義的な相對主義である》（一八〇頁）。《規範性の否定が否定として徹底化されるや必然にそれはそのまま肯定に轉ずる。…古道は一つの積極的規範となる》（一八一頁）。こうした宣長の傾向は、平田篤胤《あつたね》（一七七六—一八四三年）になると、ますますはなはだしくなる。

第一章第五節　むすび

丸山はここまで、儒学の分解過程のなかに、思惟方法の変容と、近代意識の成長をみてきた。そのポイントは二つあった。《第一に、近代意識を内面的な思惟方法の中に探》（一八三〜一八四頁）るのは、あれこれの断片ではなしに、《思想の系統的な脈絡のうちに一貫した近代意識の成長を探ること》（一八四頁）だった。第二に、新井白石や三浦梅園、蘭学などに言及せず儒学の主流に注目したのは、内在的な《發展性を最もよく證示》（一八五頁）していた、からだ。

朱子学から徂徠学、国学への移行は、合理主義から非合理主義への移行とみえる。これがなぜ、近代への過程なのか。世界史的にみるなら西欧でも、《形而上學的なものへの志向が一應斷たれねばならず、その過程においては…非合理的なものがむしろ優位》（一八五頁）するのではなかったか。《後期スコラ哲學がトマス主義に對して持つた思想史的意味と、儒教古學派乃至國學が朱子學に對して持つたそれとは看過すべからざる共通性を擔つてゐる》（一八六頁）。しかも朱子学の、《合理主義の分解は、諸〻の文化價値の獨立を呼起すに至つた》（一八八頁）。政治、歴史、文学などの領域が、「安民」、「実証」、「物のあはれ」という固有の価値規準をそなえて自立するようになった、からである。

最後に、《儒教思想の自己分解のなかに近代意識を探ることに一體如何なる現代的價値があるのか》（一八八頁）と問われるなら、こう答えられるとする。《現在のわれわれにとつては、一切の規範的制約を排した歴史的事實そのものの獨自的意義の承認の上に立ちつつ、如何に…これを價値に關係づけるか…といふ問題だけが殘されてゐる》（一八九頁）のだと。

第二章第一節　本稿の課題

徳川時代の哲学思想は、活発であったにせよ、封建的社会秩序を無条件に肯定するものだった。それが明治になるとすぐ、封建制批判が噴出する。

だが徳川時代の思想にも、発展があり、変質があった。《近代的政治思想が現はれなかつたといふことは、…必ずしも封建的観念形態の内面的腐蝕過程を否定する根據とはならない》（一九六頁）。そこで第二章では、《朱子學より徂徠學に至る近世儒教思想の展開は、封建的社會秩序の觀方乃至は基礎づけ方の上に如何なる差異となつて現れるか》（一九七頁）を考えてみる、と丸山はのべる。補助線となるのは、「自然」と「作為」の対立である。

第二章第二節　朱子學と自然的秩序思想

近世初頭の朱子学を代表するのは、林羅山である。

羅山は五倫を、何によって基礎づけているか。それは、《天の地に對する、陽の陰に對する支配といふ自然界の原理に基礎づけられてゐる》（二〇一頁）。社会関係を自然現象と結びつける「天人相関」が《大規模に表面化したのは秦漢時代に入つて易が經典に加へられ陰陽説が儒教倫理と結合して以後》（二〇一頁）のことだった。朱子学は、それをさらに進め、《原始儒教思想と易や陰陽説との雑然たる交錯を尨大な形而上學にまで統合したことによつて、天人相關にも確たる理論的基礎を與へた》（二〇一頁）のである。

丸山は言う、《かくて儒教の倫理的規範は…二重の意味に於て自然化される。一は規範が宇宙的秩序（天理）に根柢を置く意味に於て、他は規範が人間性に先天的に內在（本然の性として）すると看做されることによつて。そこにはほぼ典型的な形に於て、自然法思想が內包されてゐる》（二〇二頁）。自然法は、実定法を覆す変革原理となるか、それとも、《それの永遠性を保證するイデオロギーとなるかいづれかである》（二〇三頁）。羅山は《現實の封建的ヒエラルヒーをまさに「自然的秩序」として承認》（二〇四頁）した。こうして、江戸時代に最初に登場した、それを基礎づける思惟様式は、《自然的秩序の立場として總括しうる》（二〇五頁）。

熊沢蕃山《ばんざん》や山鹿素行は、政治社会をさまざま具体的に考察したが、社会関係を自然によって基礎づける点では、羅山の朱子学的思惟方法と同様だった。

伊藤仁斎は、天道と人道を分離したが、哲学的な議論に留まり、政治社会的な考察にまで至らなかった、という。

第二章第三節　徂徠學における旋回

1

ここで丸山は、荻生徂徠に改めて注目する。徂徠は、道の制作者である先王に注目し、自然的秩序の論理を破壊したのである。

社会秩序を自然的秩序として基礎づけていると、社会の変動があらわになる場合、もはやそれが自然的秩序にもとづいていると見えなくなる。《政治的無秩序を克服するためにも危機的狀勢に於て登場するのは常に主體的人格の立場である》（二〇九頁）。《封建社會を現實の難局から救ひ、…再建するためには、…自然的秩序の論理を主體的作爲のそれにまで轉換せしめねばならない》（二一〇頁）。

この課題を徹底して果たしたのが、徂徠であった。どのようにしてか。《徂徠は…第一に宇宙的自然を聖人の道の對象から排除した》（二一〇頁）。《天道より天命への轉換が主體的人格を基底とする彼の全思惟方法の一つの表現形態である》（二一一頁）。《第二に道（規範）の人性的自然よりの超越化は道を專ら禮樂といふ外部的客觀的制度に限定することによつてなされ》（二一一頁）た。自然的秩序の論理を克服するには、どんな規範にももとづかず、自ら規範を作り出す、人格を出発点に置くしかない。これが、道の制作者である、聖人である。

《聖人（＝先王）が道の絶對的作爲者であるといふことは、聖人が一切の政治的社會的制度に先行する存在であることを意味する》（二一三頁）。この思考方法を徹底するなら、近世の身分秩序（士農工商）の発生も、先王の作為に帰することになる。

2

では、徂徠の思想は、具体的な社会観や制度観にどう反映するのか。

徂徠は聖人を、《殆ど宗教的絶對者にまで高めることによつて、かうした封建社會の根本規範そのものを絶對化しようとした》（二一八頁）。

徂徠にとって、《聖人の道は時代と場所を超越した普遍妥當性を持つてゐる》。しかし実際には、《各時代の開國の君主による、その度ごとの作爲を媒介として實現さるべきもの》（二一九頁）なのである。

であるなら、徂徠の《社會組織改革論は…復古的と規定しうるであらう。…武士をその知行所に土着せしめ、戸籍を設けて人口移動を制限し、身分的差別を嚴重にして、その上下に從つて欲望を制限し、…封建的再生產過程を順調な軌道に乘せようと》（二二〇頁）するからである。《徂徠はゲゼルシャフト的社會關係を呪咀しながら、彼の作爲の立場には外ならぬゲゼルシャフトの論理が内包されてゐた》（二二二頁）。

第二章第四節　「自然」より「作爲」への推移の歷史的意義

1

では主体的作為と、ゲゼルシャフトの論理とは、どういう関係にあるか。

社会的結合には、《その結合が個人にとつて必然的な所與として先在する場合》（二二三頁）と、《個人が自己の自由意思よりして結合を作り出す場合》（二二三頁）とがある。ゲゼルシャフトは、後者である。《中世の人間が未だ一切の社會的結合を家族のごとき自然必然的團體…を原型として理解してゐたとすれば、近世の人間は逆に社會關係を可能な限り人間の自由意思による創設から…把握しようとした》（二二六頁）。

丸山は、ホッブズ『リヴァイアサン』の緒言を参照して、言う。《政治的＝社會的秩序が天地自然に存在するといふ朱子學的思惟から、それが主體的人間によつて作爲さるべきものとする徂徠學的論理への展開が上述した意味での「中世的」社會意識の轉換過程にほぼ對應してゐることは、以上のごとく一般的な考察からでも大體推知出來ると思はれる》（二二八頁）。

朱子学が、支配的な位置を占めたのは、その《自然的秩序觀》（二二九頁）が、徳川の幕藩体制にマッチしたからだった。《「家」――最も嚴密な意味での自然的秩序――の公法的重要性、身分の法律的乃至事實的世襲、格式門閥の廣汎な支配、租稅及刑罰に於ける連帶責任、これらは悉く社會關係を…人間の自由意思を以て如何ともし得ない自然的運命的な關係と映ぜしめるモメントとなる》（二三〇頁）。丸山はイエを、《自然的秩序》の一種とみている。

《朱子學の最も深い形而上學的根柢をなすものは…有機體的思惟…であつた。…その有機體的思惟…はむしろスコラ哲學よりも徹底したものがある》（二三〇～二三二頁）。

2

では、朱子学に対する徂徠学の《近代性の程度》（二三三頁）はどれほどなのか。

丸山は、エルンスト・トレルチ、カール・シュミット、ドゥンス・スコトゥス、ウィリアム・オッカム、カルヴァン、デカルト、ホッブズらの名をあげ、ヨーロッパ思想史の神学的・政治社会学的展開と、徂徠学を対照する。そして言う、《自然的秩序思想の轉換に際して、彼方に於て神の營んだ役割こそ、此處徂徠學に於ける聖人の役割にほかならぬことはもはや明瞭であらう》（二三八頁）。

キリスト教では、創造神の観念が、有機的思惟や自然秩序思想を制約していた。朱子学では、《自然的秩序思想として徹底してゐただけにイデーのペルゾーンに對する優位性は强靱》（二三八頁）だった。《徂徠が聖人觀念からあらゆるイデア性を拂拭して之を現實化したこと、聖人の道を「理」を以て推す事を以て聖人の冒瀆として激しく拒否したこと、先驗的な正邪の存在を否定し、「先王の道に循ふ、之を正と謂ひ、先王の道に循はざる、之を邪と謂ふ」（辨名上）といふ、ホッブス…を思はしめる如き命題を立てたこと、――かうした論理的工作のもつ客觀的意義が生々しい價値を帶びて再認識される》（二三八～二三九頁）。要するに徂徠は、ありありと近代的な政治意識を示していた。徂徠から見れば、現行の政治制度の《「封建性」は…たまたま現在の…支配者の「料簡」「御心儘」によつて作爲された結果としての封建性にすぎない》（二三九頁）。

第二章第五節　昌益と宣長による「作爲」の論理の継承

1

では、徂徠の作為の論理は、徳川の封建的社会制度に、どのような効果を与えたか。

道を、《聖人といふ絶對化された人格的實在の作爲に歸した》（二四一頁）ので、《政治的には必然に徳川將軍の絶對主義《アブソルーティスムス》となつて現はれた》（二四一頁）。徳川将軍が「作為」によって、社会の混乱をしずめ、自然経済に基づく身分的秩序に復帰してくれるとよいと、徂徠は考えた。だがここには矛盾がある。徂徠学はつまるところ、《一切の秩序の人間意思による恣意的な改變を教へること》（二四二頁）である。こうした《主體的超越は、…歴史的連續性の破壊をもたらす》（二四三頁）。聖人を絶対化したはずが、そこからかえって、歴史的相対主義が生まれてしまうのだ。《聖人の作爲せる禮樂と他の「開國ノ君」の作爲せる制度とは、徂徠の峻別にも拘らず、質的な差は存しない》（二四四頁）。

しかも徂徠学は、封建社会を腐食させる、と丸山は言う。《封建社會は本來閉鎖的完結的な社會圈（その樞軸をなすのは主從關係と親子關係）が階層的に牽聯することによつて全體の秩序の統一性が保たれてゐる》（二四五頁）もので、庶民間の社会関係にも及び、《内在的價値の階層的體系》（二四五頁）

をなしている。この間接的な支配が消えて、立法権や裁判権をふくむ権力が中央の国家に集中するのが、近代国家の誕生である。朱子学は、内在的価値の階層的体系と《精密に一致》（二四六頁）していた。《封建的社會秩序が「作爲」に基礎づけられることは…そこから實質的價値を奪つて之を單なる形式的實定性に根據づける結果をもたらす》（二四六頁）のである。

《内的なものと外的なものがここまで徹底的に分離される》と、《その規範の拘束力を弱め、やがて…内的自然性の全能へと導く》（二四七頁）ことになる。こうして徂徠の作為の思想は、二つの帰結をもたらす。《一はそれが封建的秩序の變革、新秩序の樹立の論理的武器たりうること、二はそれが封建的社會關係及びその觀念的紐帶（五倫、五常）から實質的妥當根據を奪つて之を形骸化すること》（二四七〜二四八頁）、である。

江戸時代、産業資本は発展せず、《徂徠學を近代的な「人作說」にまで高める力》（二五〇頁）がなかった。多少なりと反体制的な思想は、《封建的社會秩序…が「作爲」の產物となることによつて、そこから必然に疎外される「自然」を…自己の據り所として、…思想的抵抗を試み》（二五〇頁）ることになった。これが、安藤昌益《しょうえき》と本居宣長だ、と丸山はのべる。

2

安藤昌益（一七〇三―六二年）の思想を、丸山は高く評価する。《德川時代を通じて封建的社會秩序及びその諸〻の觀念形態を徹底的に批判し否定した殆ど唯一の社會思想》で、しかもその批判が、《「自然」と「作爲」の對立の發展的適用の上に築かれてゐる》（二五三頁）からだ。昌益は、封建社会の矛盾が農民のうえにしわ寄せされていると考え、「自然の世」（人間本来の状態）を「法世」に転換させた聖人にその原因を負わせる。《昌益は徂徠が一切の價値の根源を置いたところの聖人の作爲にまさに一切の墮落の出發を見た》（二五六頁）。人びとが「直耕」（《自ら働いて田畠を耕すこと》（二五七頁））し「互性」の原則にもとづいて営む社会を、昌益は理想とする。《安藤昌益はまさにこの疎外された「自然」をもつて聖人の「作爲」としての封建社會を否定した》（二六二頁）のである。

3

これに対し国学は、もともと非政治的な思想で、現実の政治社会の考察は多くない。多くは《現存秩序の無條件的肯定乃至は禮讃に終つてゐる》（二六七頁）。宣長にせよ篤胤にせよ、《表面に現はれた政治的思惟をそのまゝ受取るならば、國學は終始封建社會の枠内を一歩も立出なかつた》（二六八頁）。

だが事情は、もう少し複雑だ。《國學の變革的イデオロギー化を抑制したところの非政治性は、同時にまたその保守的機能をも相對化した》（二六八〜二六九頁）からだ。

国学は、上代文学の研究から始まった。《從つて、國學はまづ一切の人間的「作爲」に抗する老荘的な「自然」の高唱者として現はれた》（二六九頁）。儒教の規範は、徂徠によれば、聖人の作為である。国学はそれを否定し、《規範の人間性よりの疎外を利して、内面的心情の世界の不可侵性を宣言した…。…それは必然に封建的身分的拘束そのものの否定にまで行き着く筈である》（二六九頁）。こうして、作為に対して自然の優位を主張し、しかも自然それ自体を絶対化しないですませるためには、自然の背後に《超人間的な絶對的人格》（二七〇頁）を置くしかない。それが、神の作為としての自然、である。上代の生活はそのまま神の道なのだが、《その根據は皇祖神の創始に歸せられる》

（二七一頁）。国学は、《神の作爲に對する絶對的歸依》（二七二頁）を説き、歴史的現実もやはり神の作為だとするから、《現秩序に對する反抗が否認される》（二七二頁）。だが、《同時に、その絶對性の保證もまた拒否される》（二七二頁）。

このように、宣長の神と徂徠の聖人は、そっくりパラレルである、と丸山は言う。けれども、道は神々とともに始まったかもしれないが、神々が「作為」したと、宣長はのべていないのではないか。丸山の議論は、詰めが甘いように思われる。

第二章第六節　幕末における展開と停滞

1

一揆が続発し、社会が混迷に向かうなか、宝暦・明和の変（尊皇派の反体制思想摘発事件）が起こった（一七五八、六七年）。首謀者のひとり山県大弐《やまがただいに》は、《その學統に於ては朱子學に近いにも拘らず、その時代批判の根柢に横はる思惟方法はむしろ驚くべき程に徂徠學と共通してゐる》（二七九頁）。作為の論理は、昌益や宣長では隠れて伏流していたが、《大貳に至つて再び徂徠と同じく積極的意味を帶びて現はれ…幕府に對する批判として》（二八一頁）表明されたのだ。

松平定信の「寛政異学の禁」は、《朱子學以外の學者は進仕を許されなくなるので、…思想統制たる意味をもつた》（二八二頁）。朱子学が、体制維持のイデオロギーとして、再登場を命じられたわけだ。《この異學の禁の意義を…觀るならば、…自然的秩序思想の强制的復興であり、…封建社會規範を、强力を以て自然法として通用せしめんとする試み》（二八三頁）である。丸山は、松平定信の文章を引用して、彼も「先王制作」の立場に影響されていたことを示し、作為説が深く浸透していたとする。

2

徳川時代後半、徂徠学や国学の系統をくむ、改革思想がいくつかみられた。

《この時代〔文政〕を俊敏に感知した頭脳から生れた制度改革論は、いづれもその視野が世界的に擴大されて居り、…その內容に於て…封建社會の枠を踏越さざるをえなかつた》(二八七頁)。その代表が、本多利明、佐藤信淵《のぶひろ》、海保青陵《かいほせいりよう》である。

本多利明(一七四三—一八二〇年)は数学者で、現下の窮状を打開するため、《海運の國營制度》(二八七頁)の確立を説いた。

佐藤信淵(一七六九—一八五〇年)は、農村を救い社会改革を進めるため、《全國的政治組織によつて、生産・分配・流通の機能を悉く中央政府に集中し、進んで國家をして貧民救濟及び國民教育の積極的擔當者たらしめる…「垂統法」》(二九二頁)を提言した。その論拠が多く、平田篤胤の国学によっている点が、注目される。

いっぽう《海保青陵…のいはゆる「まきあげ」の制度はその目的がもつぱら武士階級の救濟にあり、…規模がはるかに小さいけれども、やはり…商業國(藩)營を説く點で同じ方向》(二九四頁)の提案だ。青陵(一七五五—一八一七年)は、徂徠学のリアリズムを継承している。《武士階級の困窮は、…商品經濟の眞只中にゐながら、その現實に…目を塞ぐことから生ずる》(二九五頁)。《武士が積極的に商賣を營んで、商品經濟の機構を通じて貨幣を收取するのが「上手な興利」》(二九五頁)だとするのだから。主体的作為の考え方が、はっきり表われている。

3

では、作為の論理は、なぜ全面的に展開しなかったのか。

利明、信淵、青陵らの改革案は、《封建的範疇の中にとどまりえなかつたけれども、…いづれもが封建的支配關係そのものの變革には一指も觸れえなかつた》（二九七〜二九八頁）。どれも上からの改革で、庶民にはなんの役割も与えられていない。《そこには「人作說」（＝社會契約說）への進展の契機が全く缺如してゐた》（二九九頁）。農業は自然的秩序観をもたらすが、《工業生産は…人間の主體的作爲の表象と結合する》（三〇〇頁）。経済が農業主体であったから、作為の論理の発展が阻まれたのだ。

それに加えて、もうひとつの要因は、《外國勢力の脅威に對する國內的一致の要請である》（三〇二頁）。その精神的支柱として《擡頭した尊皇論は、…攘夷論と結合することによつて、封建的秩序の變革よりもまづ以てその再確認のイデオロギーとなつた》（三〇三頁）。その典型が、後期水戸学である。《「…君あり臣ある事、天地の自然なれば、君臣の義といふ事、一日もなくして過すべからず。」〔会沢正志斎〕といふ…自然的秩序觀》（三〇三〜三〇四頁）が、佐久間象山《しょうざん》にさえ認められる。《皇室と臣民との間柄を封建的君臣關係と同じ延長線の上に置くことによつて、前者の永遠不易性を後者にも推し及ぼさんとする》（三〇四頁）効果を、自然的秩序観はもったのである。

封建的君臣関係を、皇室と臣民の関係に転換するところに、巨大な社会変革の可能性をみることもできるはずだが、丸山はそう は考えなかったようだ。

幕末に至り、深まる内憂外患のなか、吉田松陰（一八三〇―五九年）の攘夷論は単純な排外主義ではありえなかった。身分制を越え、《尊皇攘夷論をして、ヒエラルヒッシュな形態から一君萬民的なそれへと轉化せしめずにはやまないのである》（三〇七頁）。

4

明治維新の過程で、作為の論理はどういう運命をたどったのか。

明治維新で、日本の社会は《めまぐるしいテンポを以て近代化された》（三一〇頁）。作為的秩序観が当たり前になり、《自然的秩序觀に固有なる規範と自然法則との同視はいまや明瞭な方法的自覺を以て否定される》（三一〇頁）ようになった。津田真道《まみち》、福沢諭吉、植木枝盛《えもり》、加藤弘之、矢野文雄、児島彰二らの著作にある通りである。それは、《實定法の妥當性がまさにその形式的實定性に基くというホッブス＝オースティン流の作爲の立場の完全な踏襲にほかなら》（三一二頁）ない。けれども、主体的作為の思想がこのように溢れたものの、《自然的秩序思想は決して影を潜めたわけではな》（三一四頁）い。丸山は、雲井龍雄や吉岡徳明《のりあき》や鳥尾《とりお》小弥太《こやた》らをひき、嘆息する。主体的自由は再び、国家の中に呑み尽くされんとしている。

第三章第一節　まへがき――國民および國民主義

国民は、共通の文化基盤にもとづいて、意欲と主体性をもつ。丸山は言う、《國民意識を背景として成長する國民的統一と國家的獨立の主張とをひろく國民主義（Nationalism; Principle of nationality）と呼ぶならば、國民主義こそは近代國家が近代國家として存立して行くため不可缺の精神的推進力である》（三二一〜三二二頁）。

こうした国民主義は、歴史的な産物だ。《自然的自生的存在ではな》（三二三頁）く、《外的刺戟を契機として》（三二三頁）うまれる。通常、この外的刺戟となるのは、《外國勢力》（三二三頁）である。

第三章第二節　徳川封建制下における國民意識

《國民の國家への政治的凝集を强靭に妨げてゐる機構乃至精神》は、《ほかならぬ徳川封建制…である》（三二五頁）。なぜなのか。《第一に…治者と被治者の世界が確然と區劃されてゐ》（三二五〜三二六頁）る。しかも、《武士階級乃至庶民階級の夫々内部に於ける階層的な身分的區別とその固定性が國民的統一意識の生長を妨げてゐた》（三二八頁）。徳川幕府の政策も、そうした統一意識が下から成熟するのを妨げた。

ペリーが来航して開国を迫るや、幕府はあわてて対策を講じたが、軍事的な準備不足は明らかだった。《幕府が開港の止むなきを悟つたとき却つて…盲目的な攘夷論…の鎭撫に腐心するといふ皮肉な運命に見舞はれた》（三三二〜三三三頁）。そして、《上の國民に對する不信と下の政治的無關心とはかくして相補ひ》（三三五頁）、《國内相互の不信と猜疑が深刻》（三三三頁）になったのである。

第三章第三節　前期的國民主義の諸形態

1

外国の脅威は、どのように国民意識の形成に影響を及ぼしたか。《眞の近代的國民主義思想の形成は維新の變革を俟たねばならなかつたが、その地均らしは舊體制の重壓の下に着々と進められてゐた》（三三九頁）。

神国日本の意識や尊皇観念はもともと育っていたが、それに《政治的性格を與へる端緒をなしたのは…外國勢力との直面であつた》（三三九頁）。外国勢力の脅威は黒船来航の七、八十年前に遡る。幕府の財政逼迫が海防強化の妨げとなることが明らかになり、富国強兵と政治体制変革が次第に人びとの意識にのぼるようになっていった。

2

富国強兵論をのべた思想家は、本多利明と佐藤信淵である。その根底には、蘭学の知識に基づいた「大日本国」（利明）、「皇国」（信淵）といった観念があった。

彼らの国防論は鎖国でなく、《積極的防衛體制》（三四四頁）であり、《多元的政治力を可及的に統合し、一方に於ける「國君」乃至君主と他方に於ける「萬民」とに中間勢力を分解せんとする傾向》（三四四頁）がはっきり現れている。利明は《天下の萬民皆國君に忠節を竭んことを計りて…》（三四五頁）とのべ、信淵は《士農工商の傳統的階級は一應全く解體した後に、「萬民」を改めて…八民に分つて是を六府に夫々配屬せしめる》（三四五頁）ことを提案する。《皇居を江戸に置き、その周邊を君主に直屬する官人と軍卒の組織で固め》（三四六頁）るとも提言していて、《近代國家構造の部分的模寫とも見られる》（三四六頁）。こうして富国強兵論は、尊皇論を生み出していった。

3

ここで丸山は、後期水戸学の会沢正志斎《あいざわせいしさい》と、吉田松陰とを対比している。丸山は言う、《一口に尊皇攘夷といつてもそこには動機と方向に於て著しく異る潮流が併存し錯綜して居》（三四七頁）たとする。《鎖國論と攘夷論とを混同して》（三四七頁）はならない。熱烈な攘夷論者が積極的な開国論者だった例が少なくない。《攘夷とか尊皇とか…が如何なる社會層の如何なる社會的立地に於て主張されてゐるかといふことが具體的に分析されてはじめて、尊皇攘夷思潮はその歴史的全貌を露はにする》（三四八頁）であろう。

攘夷論には、いくつかの流れがあった。《諸侯的攘夷論は大體に於て尊皇敬幕論乃至公武合體論と結び付き、「書生の尊皇攘夷論」はやがて反幕乃至討幕論と合流した》（三四九頁）。尊皇攘夷論は思想というよりも、政治的スローガンで、政治活動と不可分のものだった。

尊皇攘夷論の理論的表現は後期水戸学で、書生の尊皇攘夷論の代表は吉田松陰である。《尊皇攘夷論を最も明確に體系づけたのは…會澤正志の「新論」である》（三五〇頁）。会沢正志斎（一七八二―一八六三年）は、後期水戸学を代表する儒者。『新論』（一八二五年）は《組織的な論作で、幕末思想界に驚くべく廣汎な影響を與へ、…幕末志士の聖典視された》（三五〇頁）。その底に流れているのは、被支配層に対する不信である。庶民が外国勢力と結んで、封建的支配関係を脅かすのではないかという恐怖である。こうした愚民観は『新論』だけでなく、後期水戸学全体に流れている。《國民と共に對外防衛に當らうとする近代的國民主義とはむしろ逆》（三五二頁）だった。会沢の尊王論は、敬幕論とセットになっていて、諸侯的立場から尊皇攘夷論を理論化したものになっている。

いっぽう、《「激派」尊攘論》（三五四頁）の代表が、吉田松陰であった。松陰はペリーが来航すると、封建的割拠を克服して、《對外的重大危機…に對する防衛を天朝への擧國的な義務たらしめること》（三五四頁）を目指した。松陰ははじめ公武合体的挙国一致論を主張していたが、井伊直弼《なおすけ》の条約調印を境に立場を一変させ、倒幕論に転ずる。日本の独立を担う主体は幕藩体制のなかに見つからないと考え、松陰は、漠然とではあるが、一君万民の方向に進んでいく。

4

幕末維新の国民的統一は、しかし、国権への集中によって果たされ、国民への拡大にはよらなかった。

幕藩制が、外国勢力を前にその無力さを露呈したとき、国民的統一には、二つの可能性があった。《一は政治力の國家的凝集として、他はその國民的滲透として》（三五九頁）。このうち前者が圧倒的な役割を果たし、後者は遅れをとった。《前期的國民主義思想に於ける「擴大」契機のかうした脆弱性》（三六〇頁）は、封建的「中間勢力」の存続を許してしまい、国家への「集中」の契機も不徹底になった。《國内的分裂と無政府的混亂を克服すべき政治力はつひに庶民の間から成長しなかつた》（三六一頁）。

丸山は本書を、つぎのように締めくくる。《絶對主義的體制の樹立は幕末に近づくにつれて、朝幕いづれの側においても…普遍的な課題をなすに至り、問題はただその指導力をめぐる爭ひにあつた》（三六二頁）。《「全國人民の腦中に國の思想を抱かしめる」（福澤・通俗國權論）といふ切實な課題は、いまや…明治の思想家の雙肩に懸つて來たのである》（三六二頁）。

第3章

『日本政治思想史研究』を批判する

『日本政治思想史研究』の主張を、ひとことで言うなら、「江戸時代にも近代への萌芽はあった。それは荻生徂徠の、政治は作為である、という思想だった」、である。

この主張の当否を、以下、検討していく。

＊

この主張を、かみ砕くなら、つぎのようないくつかの疑問が現れてくる。

a　丸山眞男はなぜ、江戸時代に、近代の萌芽を探さなければならなかったのか。

b　丸山眞男はなぜ、さまざまな思想家のなかから、荻生徂徠に注目したのか。

c　丸山眞男はなぜ、政治は作為であるとする思想を、近代の萌芽と考えたのか。

これらの疑問に、すぐ順番に答えていくわけではない。以後に続く議論の、いわば伏線である。本書の全体を通じて、これらの疑問はすべて明らかになるであろう。

1　逆張り

議論の出発点として、これから先の議論を導く仮説をひとつ、提示しておこう。この仮説は、本書を準備する作業を進めるうちに、結論めいたものとして、頭のなかに徐々に浮かび上がってきた。それは、

（仮説）徂徠の「作為」に注目するのは、皇国史観への「逆張り」である。

「逆張り」とは博打や相場の取引きで、流れとは反対の方向にあえてコミットすること。流れに沿うのが順張りで、流れに逆らうのが逆張りである。

『日本政治思想史研究』が書かれたのは、戦争のさなか。皇国史観が鳴り物入りで喧伝され、東京帝国大学の経済学部も文学部も、そういう時流が吹き荒れていた。丸山眞男が助教授ポストをえた法学部の「政治学、政治学史第三講座」も、文部省が当時、帝国大学に「國體學」講座を置こうとした動きに便乗したもので、一九三九（昭和十四）年に設置が決まっている。南原繁が前から設置を求めていた東洋政治思想史の講座が、皇国史観のための講座に化けたのである（苅部直『丸山眞男――リベラリストの肖像』岩波新書、二〇〇六年、九二頁）。

丸山眞男はもともと、ヨーロッパの政治思想や政治哲学をやりたかった。だが、ポストが与えられたのは、東洋政治思想史だった。丸山眞男は南原繁に言われて、《いやいやながら》（苅部、九四頁）着任するが、いざ研究を始めてみると意外に面白く、興味をかきたてられていったという。

皇国史観は、江戸儒学とりわけ水戸学の系譜が、幕末維新の尊皇攘夷運動の推進力となり、天皇を中心とする日本近代化を主導した、というストーリーである。当時はこれが、国家体制と結びつき、権力を背景に人びとを圧倒する、支配的な思潮となっていた。丸山眞男は意地でも、これと違った日本近代化のストーリーを、描きたかった。それは、自分の講座が皇国史観から無縁であること、東大法学部に自由がなお息づいていること、の証明でもあったろう。ごくささやかな個人的努力として、それは始まったのである。

丸山眞男は、模索の末に、荻生徂徠の思想のなかに、皇国史観に代わるストーリーの可能性を見出すことができたと考えた。戦争は長引き、彼もやがて兵役に就く。誰もが死を覚悟しなければならない時代だった。助手論文「近世儒教の発展における徂徠学の特質並にその国学との関連」、助教授就任後の第二論文「近世日本政治思想における「自然」と「作為」――制度観の対立としての」は、そういう背景のなかで書かれた。それは、自分の生涯と研究生活のピリオド（暫定的な、あるいは本当の、総括）にもあたるものとして、意識されていたろう。

この二つの論文が、戦後（一九五二年）に刊行された『日本政治思想史研究』の、主要部分を構成している。

＊

こうして、同時代へのささやかな抵抗（個人的努力）として始まった『日本政治思想史研究』は、およそ十年を経て、アカデミズムと時代の潮流の中心に登場することになった。皇国史観は、どす黒いガン細胞のようなものとして、外科手術によって切除されていた。それをなしたのは、新たな同時代の権力としての、連合軍（GHQ）である。あくまでも外科手術（権力による除去）であって、論争による決着（撃退）ではない。

逆張りであったはずのものが、本流になった。戦後、知識人のホープとして言論界の中心に躍り出た丸山眞男は、やがて学問的良心の象徴、さらにアカデミズムの権威と仰ぎ見られるようになった。丸山の影響を受けた人びとや、教えを受けた弟子たちがグループを形成し、大きな勢力となった。そこでは『日本政治思想史研究』は、丸山政治学の最高の達成として、あたかもさまざまな研究を測る規準であるかのように働いた。それを批判するどころではなくなった。

論争によって勝ち取ったのではない主役の座は、潜在的な論争相手の、視えない影につきまとわれる。もともと皇国史観への逆張りであった丸山政治思想史は、言及されず批判もされないもの、スルーされるものとしての、皇国史観の場所を予想している。丸山眞男はそれをありありと意識しているが、弟子や追随者たちはそれを意識できない。江戸思想と明治維新の連続性は断たれたまま、放置される。

それを意識すればこそ、丸山眞男はのちに論文「闇斎学と闇斎学派」（一九八〇年）を書いた。そして、在野の思想家・山本七平が『現人神の創作者たち』（一九八三年）を書いて、アカデミズムの外から皇国史観の亡霊の正体を暴こうとした。丸山の論文「闇斎学と闇斎学派」は、いまはもぬけの殻となった皇国史観の遠い源流である闇斎学派を、江戸儒学の傍流として描写し、《闇斎学派の光栄と、…悲惨》（六六四頁）を確認するという、ためらいがちな作業である。それに対して山本の著書は、戦場での苛烈な体験を含む彼の前半生と戦後社会との意味をみつめる、皇国史観との正面からの対決である。この二つの同時期の仕事は、相互に照らしあうことによって、その内実と射程が明らかになるだろう。

それゆえ本書の後半（第6章）では、丸山眞男の論文と山本七平の著作とを、比較照合するとしよう。

2　自然という概念

さて、第一に考えてみるのは、自然である。

丸山眞男は、「自然」と「作為」を対比している。そのことは、第二論文の題名からも明らかだ。自然という概念が確定しないと、荻生徂徠の「作為」の思想も明確な像を結ばないだろう。

では自然は、どのように言及されているのか。『日本政治思想史研究』から、いくつか拾ってみよう。まず第一論文。

A　朱子学の、太極図説を要約した箇所にいう、《「自然と人間の窮極的根源たる太極より陰陽二氣を生じ、その變合より水火木金土の五行が順次に發生し…」》（二一頁）。

B　朱子学の、体系としての特性についてのべた箇所にいう、《朱子學の理は物理であると同時に道理であり、自然であると同時に當然である。そこに於ては自然法則は道徳規範と連續してゐる》（二五頁）。

C　山鹿素行の議論を紹介する箇所にいう、《ここに早くも朱子學人性論における規範性と自然性との連續は斷ち切られ、規範主義は自らを純化しようとする》（四六頁）。

D　伊藤仁斎の所論を紹介する箇所にいう、《だから仁齋の道は宋學における自然法則（天道）との連續性が否定され人倫性が強調された點では非自然的なものであるが、經驗的人間行爲に對してアプリオリな自足的存在であるといふ意味ではむしろ自然的なものと考へられてゐる》（九五〜九六頁）。

E　荻生徂徠の思想の特徴を紹介する箇所にいう、《まず徂徠において道とはもっぱら人間規範で自然法則ではない》（八〇頁）。

F　同じく荻生徂徠の所論についていう、《道はかかる聖人乃至先王の作為たることに窮極の根據をもつものである。宋儒の様に道を天地自然に存在する》（九七頁）と考えるのは誤りだと説いている、と。

G　同じく荻生徂徠の所論の帰結についてこういう、《規範と自然の連續的構成の分解過程は、徂徠學に至つて規範（道）の公的＝政治的なものへまでの昇華によつて、私的＝内面的生活の一切のリゴリズムよりの解放となつて現はれたのである》（一一〇頁）。

H　賀茂真淵について紹介する箇所にはこういう、《眞淵は儒教の「狭き理《コトハリ》」を排した…が、それは他方老子的な…無爲自然性の强調となり、そこから、…無神論的自然哲學の色彩を帯びた》（一六〇〜一六一頁）。

I　本居宣長について紹介する箇所でこういう、《規範に對して自然を主張することはもはや自然ではない。だから宣長にとつては眞淵が禮讃した老子の自然主義は「…眞の自然には候はず、…」》（一七九頁）。

＊

ついで、第二論文。

J　林羅山の朱子学説を紹介する箇所にいう、《「上下貴賤の義」は天の地に對する、陽の陰に對する支配といふ自然界の原理に基礎づけられてゐる。社會關係を自然現象の觀察から演繹し逆に人間の出來事を自然界に反映させる態度は人間思惟の初期的段階につねに見られる》(二〇一頁)。

K　朱子学的思惟について解説する箇所にいう、《儒教の倫理的規範は朱子學的思惟に於て二重の意味に於て自然化される。一は規範が宇宙的秩序(天理)に根柢を置く意味に於て、他は規範が人間性に先天的に內在…すると看做されることによつて。そこにはほぼ典型的な形に於て、自然法思想が內包されてゐる》(二〇二頁)。

L　また、続いていう、《羅山における自然法の窮極的意味が現實の封建的ヒエラルヒーをまさに「自然的秩序」として承認することにあるのは當然であらう。…この「自然的秩序」の論理こそ勃興期封建社會に於て朱子學を最も一般的普遍的な社會思惟樣式たらしめたモメントであつた》(二〇四頁)。

M　荻生徂徠の所説についてのべる箇所にいう、《徂徠はまづ第一に宇宙的自然を聖人の道の對象から排除した。…第二に道(規範)の人性的自然よりの超越化は道を專ら禮樂といふ外部的客觀的制度に限定する》(二一〇〜二一一頁)。

N　徂徠の所説についてさらにいう、《自然的秩序の論理の完全な克服には、自らの背後にはなんらの規範を前提とせずに逆に規範を作り出しこれにはじめて妥當性を賦與する人格を思惟の出發點に置くよりほかにはない。徂徠が「夫れ道は、先王の立つる所、天地自然に之有るにはあらず。」…といふ時、先王は…絕對的作爲者たる意味をもつ…」》(二一二頁)。

O　徂徠の所説についてさらにいう、《徂徠によれば、五倫のうち自然に存在するものは父子の愛のみで一見自然的本性の如く見える夫婦の倫も伏羲によつて始めて建てられた規範であ》(二一四頁)

る。

P 徂徠の政策的提言を紹介する箇所にいう、《徂徠學の體系は畢竟「作爲」の論理によつて「自然」を齎らさうといふ試圖に盡きよう》(二二二頁)。

Q テンニース、ホッブズに言及したあとにはこういう、《政治的=社會的秩序が天地自然に存在するといふ朱子學的思惟から、それが主體的人間によつて作爲さるべきものとする徂徠學的論理への展開が上述した意味での「中世的」社會意識の轉換過程にほぼ對應してゐることは、…大體推知出來る…》(二二八頁)。

R それをさらに敷衍してこういう、《德川封建社會の成立と共に、朱子學がいはば代表的な政治的=社會的思惟樣式たる地位を占めた所以は、そこに含まれた自然的秩序觀が勃興期封建社會に適合した…ことに由來する…》(二二九頁)。

S またいう、《「家」――最も嚴密な意味での自然的秩序――の公法的重要性、…これらは悉く社會關係を以て人間の自由意思を以て如何ともし得ない自然的運命的な關係と映ぜしめる…》(二三〇頁)。

T ヨーロッパの社会変化についてこういう、《歐洲に於ても自然的秩序思想乃至有機體說が一擧にして作爲的秩序思想の完成形態としての社會契約說乃至機械觀にとつて代られたわけでは決してなかつた》(二三三頁)。

U デカルトの手紙を引用しながらこういう、《「…神は恰度、國王が自分の領土に法律を制定する樣に、自然界にこれらの法則を定めて置いたのである。」…自然的秩序思想の轉換に際して、彼方に於て神の營んだ役割こそ、此處徂徠學に於ける聖人の役割にほかならぬことはもはや明瞭であらう。…このいはば最初の人格が絶對化されることは、作爲的秩序思想の確立に於ける殆ど不可避的な迂路である》（二三七〜二三八頁）。

V　宣長について紹介してこういう、《人間的作爲に對して内的自然性を優位せしめつつ、しかも「自然」それ自體の觀念的絶對化を避けるためには、この内的自然そのものの背後に、…超人間的な絶對的人格を置く以外にない。神の作爲としての自然――それが宣長の行きついた立場であつた》（二七〇頁）。

＊

「自然」とはなにかについて明確な定義のようなものは、ない。

ただし、以上の用法から、つぎのように整理できる。

a　現代日本語の、自然。（人工、人為、社会、文明、人間の反対語）

b　道教の、自然。（例：無為自然。儒教の制度的概念の反対語）

c　仏教の、自然。

d　儒教の、自然。

e　西欧思想の、自然。（例：自然科学、自然法、自然権）

これらは、すべて別々のものである。aの自然は、b〜eの混用であり、意味内容が漠然としている。日本人は、明確な自然の概念をもたない、と言ってもよい。

このうちdの、儒教の自然の概念が、江戸儒学を考える際に重要である。江戸儒学のうち朱子学には、ｂ、ｃの自然の概念が混入していると思われる。丸山眞男自身がいう、《宋學そのものが佛教とくに唐代に發展した華嚴哲學の攝取の上に成立してゐる》（一八頁）。また荻生徂徠のつぎの言葉をひく、《「聖人の道も專ら己が身心を治め候にて相濟み、己が身心さへ治まり候へば天下國家もをのづからに治まり候と申候説は、佛老の緒論と可被思召候。…」（答問書上）》（八二～八三頁）。朱子学ならぬ孔孟の説に、自然の観念が存在するとは思えないが、これは別途検証すべき問題である。丸山眞男はこのことに、十分注意しているように思えない。

＊

さてｅの、西欧思想の自然の観念が、丸山の議論のためにもっとも重要である。

西欧思想は、キリスト教神学を下敷きにしている。キリスト教は、創造主であるＧｏｄへの信仰をその原点とする。キリスト教において「自然」とは、私の言い方に直すなら、「神の創造したそのまま」を意味する。天も地も、空も海も山も大地も、植物も動物も、魚も鳥も虫も、人間も、すべて神の創造したモノである限りで、自然である。自然は被造物（モノ）の集積であって、そのなかに神はいない。しかし、自然の背後にはかならず、神の意思がある。神が作為し、そこに存在させているものが、自然である。この点が仏教の自然や、老荘の自然や、日本人の考える自然と異なっている。

自然と政治は、どのような関係があるか。

神は本来、人間を統治する存在である。被造物である人間は、神を主と仰がなければならない。人間が人間を統治するのは、（神の許可がない限り）必ずしも正しくない。キリスト教に限らず、ユダヤ教もイスラム教も、一神教はすべてこの原則に従っている。

さて、ユダヤ教とイスラム教は、神との契約を記した聖典をそれぞれユダヤ法、イスラム法としている。人間の統治者は、これら宗教法に反する政治を行なうことができない。政治や人びとの社会生活が、宗教法に合致しているか否かを判定する専門職(法学者)がいて、統治者を監視する。場合によると、法学者が直接、政治を行なう。これがいちばん、一神教の原則にかなっている。

キリスト教は、これらと違って、聖典が宗教法としての機能をもたない。キリスト教徒は初期教会以来、世俗の統治権力が命ずる世俗法に従ってきた。なぜ神の制定した法に従わないのか。イスラム教徒と論争するたびに、この点を批判されてきた。自然法は、これに対抗するためにキリスト教徒が編み出した、神学上の観念である。トマス・アクィナスの『神学大全』に、自然法についての説明がある。それによれば、自然法は、神が天地を創造したのと同時に、人びとがそれに従うように定めた法律である。ただ、文字で書かれておらず、法典(テキスト)のかたちでは存在しないが、神が人間に与えた理性によって、発見することができる。

これを要約するなら、自然法の、立法者は神。それに従うのは、人間。人類普遍の、永遠の法である。自然と政治を結びつけるものとして、自然法を想定するのが、キリスト教徒のものの考え方である。

*

自然法はなぜ、近代の政治システムの基本となったか。

それは、封建領主や国王の制定する法律を、「人間のわざ」にすぎないものとして批判することができたからだ。制定法(人間のわざ)と自然法(神のわざ)では、自然法が優位する。自然法は、法学者が理性によって発見するものだから、実際にはその内容は彼らの「学説」である。「学説」が強い信憑性と説得力をもつためには、堅固な宗教的基盤が必要である。宗教改革がそれを用意した。自然法の観念はもともと、スコラ哲学に内蔵されていたが、それが聖書本文の読解と結びつき、プロテスタント神学の骨格の一部となったのである。

理性は神から人間に与えられた、永遠不変の能力である。理性に導かれ、神に従うことによって、人間のうみだした秩序を越えていく。この運動が、啓蒙思想であった。啓蒙思想は、旧体制を変革する批判の哲学として、市民階級の武器となり大きな威力を発揮した。その出発点を与えたのが、ホッブズの社会契約説である。

社会契約説は、人びとの合意（契約）を、政治システムの正統性の根拠とする。それによって、統治者の、人びとの合意（契約）にもとづかない恣意的な政治制度や法律を、批判する。

＊

社会契約説のロジックを、取り出してみよう。

㈠神の主権　　天地も人間も、神が創造したもので、神の支配のもとにある
↓㈡自然法　　人間が従うべき法が、神によって制定された
↓㈢国王の法　　神に授権された統治者が、政治を行ない、法律を制定する
↓㈣批判　　国王の法は、自然法（人びとの自然権）と矛盾できない
↓㈤立法　　自然権を保証する契約（憲法）を結び、政府を設立する

㈤の立法を実現するのが、近代の市民革命である。憲法をうみだすのは、憲法制定権力であって、

それ自体は法律（や憲法）によって縛られない。超法規的な、国民主権の直接的な発動である。近代的な政治システムは、㈤によって実現すると考えられる。

いくつか注意すべきポイントがある。第一に、自然法は、慣習法や共同体の慣行とは異なって、神の制定行為（作為）によってうみだされる。日本語の語感でいう自然ではなくて、人為に属する。第二に、国王が作為によって制定する法律（人間のわざ）は、自然法（神のわざ）とは異なり、むしろ対立する。作為にもとづく国王（統治者）の法は、近代的であるとは限らず、むしろ古代にも中世にも一般的にみられた。作為は、近代の指標にはならない。第三に、では、近代的な政治システムの特徴はなにか。それは、統治権力の外部にあるとされる根拠（自然権）にもとづいて、統治権力を制約する、契約を結ぶという発想である。自然権と統治権力との二重性こそ、ヨーロッパキリスト教の伝統が育んだ政治システムの、核心である。

このことに照らすと、丸山眞男の議論はどうみえるか。

＊

丸山の議論は、⑴自然／作為を対比させ、⑵自然を、中国〜日本〜西欧に通用する概念とし、⑶作為を、中国〜日本〜西欧に通用する概念とする、の三段構えの構造をもっている。

これらの点について、疑義がある。

⑴について。自然／作為が対比できるのか。中国と日本では、対比できるのかもしれない。けれども、西欧では、自然は神の作為なので、実は、自然／作為の対比にはなっていない。むしろ、神のわざ／人間のわざ、の対比になっている。

(2)について。(1)と関連するが、自然は中国〜日本に通用する概念かもしれないが、西欧の自然は別系列の概念である。これを同列に並べることはできない。
(3)について。以上の帰結として、作為も、中国〜日本に通用する概念かもしれないが、西欧にまでも並行する概念であるとは言えない。
要するに、丸山の議論は成立しない。なぜそうなってしまったかというと、キリスト教神学〜啓蒙思想〜近代法学にいう、「自然法」の概念を理解していないから。それを、中国〜日本の「自然」の概念からの連想で理解して、すませてしまっているからである。

3　作為について

丸山眞男の中心となる主張は、荻生徂徠の「作為の思想」こそ、江戸思想のなかでいちばん近代的だった、である。
この主張の前提には、つぎのような時系列の意識が下敷きになっている。

　a　江戸幕府成立＝封建制の完成＝朱子学の官学化＝社会秩序を自然秩序と同一視
↓b　封建思想の解体過程＝朱子学批判の登場＝作為の思想の萌芽
↓c　朱子学批判の完成＝徂徠学の登場＝作為の思想の完成

はじめ人びとの意識は、社会秩序を、自然のように所与として受け取っている。けれども、そうした意識の解体が進むにつれ、社会秩序は、自然ならざる作為によってもたらされるのだという、新しい意識がうまれる。それが徂徠の「作為の思想」である、と。

だが、この時系列は奇妙ではないだろうか。

丸山はいう、自然（朱子学）から作為（徂徠学）へ、と（α）。

しかし徂徠学は、古文辞学である。それは、孔子の時代までのテキストを、古文辞（古い時代の中国語）とみて、後代の儒者（とくに宋儒）がそれを恣意的に解釈し、破壊したと考える。すなわち、歴史的な過程は、古文辞（徂徠学）から解釈（朱子学）へ、であると（β）。この時系列は、丸山が考えるのとは逆の順序である。

＊

なぜ、このようなことになるのか。

丸山の考えた時系列（α）は、宋→明・清（＝江戸時代）、という時間の経過をなぞっている。朱子が先行し、徂徠が後続する。よって、朱子学がとなえた形而上学的な自然社会秩序が、解体の経過をたどり、徂徠の作為の思想に帰着した、という歴史の流れに沿っており、問題ないようにみえるかもしれない。

けれども丸山は、徂徠が、古文辞学（過去に遡行し、過去を復元する方法論）に立脚していることを、十分に考慮していないように思われる。

徂徠の視点に立ってみよう。夏、殷、周の時代に聖人が立って、政治制度を制定した。統治者の意思的な行為、すなわち、作為である。こうして作為はまず、歴史の出発点の、原初に存在した。そののち、それぞれの時代の統治者が、作為を反復するとも言うが、ともかくもまず、作為は過去に存する。聖人の作為の記録を、孔子が、経典にまとめた。後世の儒者は、それの解釈を重ねて、もともとの儒学の姿を歪めていった。ついに朱子は、仏教や老荘の説を吸収し、朱子学をたてるに至った。すなわち、作為→自然（β）である。このように、徂徠が主張したのは江戸時代かもしれないが、その主張の内容は、歴史の流れに沿っている。

このように考えるなら、作為は決して、近代のものではない。徂徠の主張によれば、そして孔子ものべていることだが、古代に政治制度を制定した事実を前提とすることが、儒学である。作為それ自身は、むしろ古代に属する。政治が作為であるという考え方を、たまたまルネサンスに展開しているマキャヴェリの著作と結びつけ、それが近代の特徴のように考える丸山眞男の議論のほうが、無理な話なのである。

＊

では、作為ではなくて、何が近代的なのか。

西欧で、近代的な政治システムは、「市民個々人の自由な意思の集積」というかたちをとって現れた。「市民」、「個人」、「自由」などの観念、そして、「契約」、「政府」、「権利」、「法」などといった観念が必要になる。このプロセスで、作為はどれぐらい大きな比重を占めるかと言えば、さして大きくない。契約によって政府を樹立するのは、もちろん市民集団の作為には違いない。けれども、政府を樹立するのはどんな場合にも作為なのであって、それだけを取り出して強調するのは、きわめて恣意的である。これらさまざまな観念のパーツの全体的な組み合わせが、近代であると考えるほうが、ずっとバランスがとれている。

これらについて、順番にざっと確認しておく。

「市民」：都市の住民で、農奴でも封建領主の隷属民でもない。自由で、私有財産権を保証され、自立して職業につき、自治権をもって都市を治める。市民は、相互の権利を尊重し、法律に従う。江戸時代には都市に自治権がなく、町人には参政権がなかった。この意味で市民は、存在しなかったと言ってよい。

「個人」：血縁や地縁の紐帯から離れ、単独で意思決定を行なう主体。一神教では、人間は置き換え不可能な個人として一人ずつ神に創造されるので、個人は尊厳をもち、神に対する応答責任をもっている。私的所有権や選挙権、教育を受ける権利などは、個人を焦点にしている。江戸時代にはイエ制度が一般的で、個人を焦点とするこれらの権利は成立しなかった。

「自由」：奴隷でなく、身分的隷属状態になく、法的な人格（行為能力）をそなえていることが基本である。信仰の自由、経済活動の自由、言論の自由、集会結社の自由、信書の自由、などに分節され、自然権（人権）としてリストに掲げられ、統治権力から保護される。自然権が存在し不可侵であるという考え方は、西欧キリスト教の背景から生まれた。江戸時代に、そうした背景はなかった。

「契約」：一神教は、神との契約を内容とする。この契約は神聖なもので、神への義務であり、ユダヤ教、イスラム教の場合には宗教法になる。宗教法は、統治者（人間）への服従義務よりも優先する。キリスト教のプロテスタント神学は、この神聖な契約の考え方にもとづいて、統治権力を樹立する契約を考え出した。このような契約の観念は、江戸時代の日本には欠けていた。

このように、もしも西欧キリスト教文明の社会発展の筋道を「近代化」と考えるなら、それはさまざまな観念や要因の複合として生じている。「作為」のみから成り立っているわけではない。そこから「作為」を取り出すとしても、「近代化」の本質を摑んだことにはならない。

＊

江戸時代までの日本の社会には、ふつう近代化を構成すると考えられる観念や要因が欠けていた。一神教の背景もなかった。にもかかわらず、明治維新が日本の「近代化」をスタートさせたのなら、そこには、通常の近代化を成り立たせる観念や要因の機能的等価物が存在するか、西欧の近代化と並行するもうひとつのメカニズムが進行したか、どちらかであると考えなければならない。そして、それをもとに、明治維新がなしとげられた条件を、再構成しなければならない。

丸山眞男の議論は、この点、はなはだ不十分である。

4　天皇について

『日本政治思想史研究』のもうひとつの特徴は、天皇についての言及が、きわめてわずかだということである。天皇をほとんど無視している、と言ってもよい。

丸山眞男が着目した荻生徂徠は、誰もが認める、江戸時代を代表する思想家である。天皇や神道論を軸とし、統治の正統性を論じ、尊皇思想に結びついた山崎闇斎学派や水戸学が明治維新論の主流であって、丸山が荻生徂徠の「作為の思想」に注目したのは、「逆張り」だったとのべた。闇斎学派と荻生徂徠のどちらが、のちの日本の近代化に大きなインパクトを与えたかを見積もるためには、両者が天皇について、どのような見解を示しているか、比較対照しなければならないはずであろう。

＊

「作為の思想」をのべた荻生徂徠は、当時の政治体制について、どのように考えていたか。

吉川幸次郎のまとめによると、荻生徂徠は、徳川将軍に対する忠誠をもっとも重視している。天皇や朝廷にはそれほどの注意を払っていない。すなわち徂徠は《京都の天皇よりも、江戸の将軍を…日本の実際の君主と見る》（『仁斎・徂徠・宣長』岩波書店、一九七五年、二一三頁）。《彼は徳川氏の歴代を、中国の皇帝に対する称呼をもって呼ぶ。…こうした徳川将軍に対する至上の敬意に対して、京都は「王室」と呼ばれ、「共主」と呼ばれて、ある程度の敬意は表されている。しかし「共主」とは、末期の周王朝が、当時の諸侯に対し、名義的な共通の権威であったのをいう語であって、京都の「王室」は、今やすでにその如くであるとするのである》（吉川、二一三〜二一四頁）。

なぜこのような考えになるのか。

徂徠は、中国古代の「先王」（＝聖人）が、「礼楽」（＝政治制度）を制定したとする。この出来事は、歴史的地理的に特別な出来事であるため、制定された政治制度もまた特殊性をもっている。そのため時代が変わり、また場所が変わると、ときの統治者によって新たに制定し直される必要がある。そこで、江戸に新たな武家政権を開いた徳川将軍は、中国の皇帝と同等の存在であるとされる。まことに儒学の原則にそった考え方だ、と言えるだろう。

このような荻生徂徠の考え方は、いくら「作為」を強調しているとしても、幕末維新の尊皇思想の運動と、直結するわけにはいかない。また徂徠は、集権的統治権力を嫌い、郡県制よりも封建制（中国古代の）がよいとしている。徂徠の政治改革案も、より分権的な制度への復帰をめざす、復古的な提案となっている。こうした徂徠の（必ずしも近代的とは言えない）側面は、丸山の『日本政治思想史研究』ではほとんど触れられていない。

＊

天皇をどのように位置づけるか。これは、江戸時代の学者・知識人の多くが頭を悩ませた、大きなテーマであった。朱子学も、闇斎学派も、宣長らの国学も、水戸学も、天皇を中心に議論が組み立てられていた。天皇を抜きにすれば、政治における正統論の問題を論じにくくなる。それゆえ、丸山はあえて意図的に、天皇を論じることを回避した、とも考えられる。

丸山眞男は一九八〇年の論文「闇斎学と闇斎学派」で、正統性の概念について考察し、「O正統」、「L正統」なる概念を提出している。前者は《教義・世界観を中核とするオーソドクシー問題》（六一九頁）、後者は《統治者又は統治体系を主体とする正統…論議》（六一九頁）だとする。O正統とL正統とは、レヴェルを異にしながらも関連するといい、儒学の正統論が参照されるが、天皇をめぐる正統性論争は紹介もされないし、踏み込まれない。

丸山眞男のこの論文については、改めてのちに、第4章、第6章で論じよう。

5　闇斎学派の位置づけ

『日本政治思想史研究』でもうひとつ、ほとんど無視されているのが、山崎闇斎学派である。言及箇所をあげてみる。

A　三七頁から三八頁にかけて二〇行。《惺窩・羅山の所謂京師派と併んで近世朱子學の源流をなす海南派の大成者ともいふべき山崎闇齋…について一言する必要がある。…彼があまりに敬虔な朱子學者であつたために、…彼の學風が朱子に内在せるリゴリズムを殘るくまなく顯示してゐる…。…朱子學に對する反流が人間自然性の容認といふ方向において漸く擡頭するや、闇齋學派はつねに具體的例證として引合に出されねばならなかつた所以はこゝにある…》。

B　六五頁9～10行目。貝原益軒『大疑録』巻之下（一七一四年）にみえる《リゴリスティックな實踐道徳の批判》を紹介して、益軒は《恐らく嘗て京都においてまのあたり見た闇齋一門の學風を想起してゐるのであらう》とする。

C　八五頁9～11行目。荻生徂徠が《朱子學の排佛論を「宋儒の學問は元佛法より出候故、似たることを嫌ひ候て争ひ候事もことはりにて候」（答問書上）とわらつてゐる。是を例へば闇齋派のファナティックな異端排斥と對照せよ》と言及する部分。

D　一一〇頁11行目。荻生徂徠『答問書』の「朱子流理学」批判の引用に続けて、《かかる宋學の悪影響の適例として俎上に載せられるのは闇齋派である》として、浅見絅斎に言及する徂徠の文章を引用する。

Ｅ　一五五頁10～11行目。神儒合一を企てた林羅山が《全く朱子哲學に依據してゐた》と指摘したのに続き、《この傾向を一層押し進めて朱子學に發しながら遂に儒教を脱して純然たる神道に歸した山崎闇齋に於てもそのいはゆる垂加神道は理・氣・陰陽五行等の明白に宋學的な範疇によつて日本書紀を解釋ないしは附會したものであつた》とする。

言及箇所は、これで全部である。これらはどれも、議論の本筋ではない。朱子学を批判的に取り上げるついでに、その極端なケースとして、取り上げられるにすぎない。日本の近代化を推し進めるうえで、積極的な貢献をしたとは位置づけられていない。

＊

では、山崎闇斎とその学派は、丸山眞男にとって、まったく論ずるに価しなかったのか。その反対である。あえて論じない、という姿勢をとっているだけである。それは、皇国史観の「逆張り」なのであろう、とすでにのべた。

晩年、丸山眞男は、「闇斎学と闇斎学派」でこうのべている。《闇斎学派の思想史的意義と役割について、近代日本の崎門シンパによっていわば通説化された一種の「流出論」的説明もまた、その「自己完結」的な、また「通時的」様相の関連現象にほかならない。学祖もしくは教祖としての山崎闇斎の人格と思想に内在した「精神」が脈々として門人から門人へと継受され、一路発展して王政復古の一大原動力となった、という想定がこれである。いうまでもなく、それは戦前の「国体論」イデオロギーと緊密な協奏をかなでた。…尊王斥覇と華夷内外の名分を顕彰した闇斎学の「真髄」は、徳川二世紀の星霜を貫いて、幕末尊攘論となって噴出し明治維新の鴻業を翼賛した、というような論調は、……一々引用の煩に堪えない》（六〇七頁）という。

ここで《「流出論」的説明》というのは、闇斎→闇斎学派→尊皇攘夷→明治維新、という流れで明治維新を説明することをいう。丸山自身も認めているように、戦前はこれが主流であった。一九八〇年になってこう回顧する丸山眞男が、一九四〇年ごろに、こう認識していなかったはずはない。それゆえにこそ、山崎闇斎とその学派について、このように軽い扱いでなければならないのである。

＊

著作のなかでごく簡単に触れるにとどめることで、闇斎学派の影響を大きく見積もる「流出論」的説明を、斥けることができるだろうか。

斥けることはできない。「流出論」的説明を批判したければ、その説明が議論として成り立たないことを論証する（たとえば、説明が矛盾を含むことを導く）か、それとは別の説明のほうがもっと優れていることを示すか、しなければならない。丸山眞男がやっていることはそのどちらでもない。荻生徂徠の「作為の思想」だってそれなりに近代的だと思いますよと、おっかなびっくりつぶやいているにすぎない。

『日本政治思想史研究』に収められた論文が書かれた当時は、皇国史観や国体論が吹き荒れていた最盛期だったことを、もちろん考慮しなければならない。人びとが闇斎学派をその源流だと信じて、高く評価しているとき、どんなかたちであれ闇斎学派に批判めいた考察を加えることは危険を伴う。ただ、その点を割り引いたとしても、丸山は戦後になってからもなお、闇斎学派が苦手で、扱いかねていたのではないかと思う。

われわれは、第5章、第6章で、山本七平のほうが、ずっと果敢に、徹底的に、闇斎学派の思想と格闘していることをみるであろう。

6　国民主義の「前期的」形成

『日本政治思想史研究』の第三章は、「國民主義の「前期的」形成」と題する。「あとがき」（九頁）によると、昭和十九年に『國家學會雜誌』の特集のために執筆したもの。《近代的ナショナリズムの前史としての徳川時代の部分が意外に長くなり、本論に入らぬうちに私に突然召集令状が舞い込んだため、ともかくも維新直前までを纏めたままで中絶してしまつた》のだが、それなりにまとまっていることから、本書に収録したという。

＊

まず、「国民主義」とは何か。

「あとがき」で丸山眞男自身が、《ナショナリズム》と言い換えていることからも、ナショナリズムのことだと考えてよい。昭和十九年に、ナショナリズムというカタカナを用いることはできなかったのだ。

では、ナショナリズム（国民主義）のなかみとは何か。《一定の集團の成員が他の國民と區別されたる特定の國民として相互の共通の特性を意識し、多少ともその一體性を守り立てて行かうとする意欲を持つ限りに於て、はじめてそこに「國民」の存在を語ることが出來る》（三二一頁）と、丸山はいう。これは、今日、多くの人びとが考える、ナショナリズムの観念とほぼ一致している。日本の人びとが「特定の国民として相互の共通の特性を意識し、多少ともその一体性を守り立てて行こうとする意欲を持」ってきたかを、掘り下げて論じるのだと、期待してもよいだろう。国民は、形成されるものなのである。

＊

ではつぎに、「前期的」形成、とは何か。

国民主義の、《國民の國家への政治的凝集を强靱に妨げてゐる機構乃至精神》は、《徳川封建制（三二五頁）であった。武士と農民、などといった《階層的な身分的區別とその固定性が國民的統一意識の生長を妨げてゐた》（三二八頁）。そして、この状態から国民意識への《轉換を決意せしめる外的刺戟となるのが外國勢力でありいはゆる外患なのである》（三二三頁）と、丸山は、外国の脅威が国民主義の成熟をうながすきっかけであるとする。

外国の脅威は、本多利明や佐藤信淵の《集權的絶對主義的色彩を帶びた富國强兵論》（三四三頁）を呼びさました。それは、外国を排除しようとする日本の国民意識の萌芽である。だが、《後期水戸學に於ける尊皇攘夷論を最も明確に體系づけた…會澤正志の「新論」》（三五〇頁）には、《國民主義思想としての「前期」的性格がまざまざと示顯してゐる…。その攘夷論の根柢には被支配層に対する根本的不信、庶民層が外國勢力の支援を恃んで封建的支配關係を搖がすことに對する恐怖感が絶えず流れてゐた》（三五〇頁）。そのため、国民の団結が阻害される。《新論を含めて後期水戸學の攘夷論は、廣く國民と共に對外防衛に當らうとする近代的國民主義とはむしろ逆に、動もすれば「民ノ或ハ動カンコトヲ恐れ」たのではなかつたか》（三五二頁）。

この文章から判断するなら、「前期的」とは、近代的な国民主義へとやがて発展するはずの運動なのに、徳川封建制の制約によって、不十分なままにとどまっている、という意味だと考えられる。

＊

明治維新を、丸山眞男は、国民主義の観点から高く評価する。《明治維新は一君萬民の理念によつて、國民と國家的政治秩序との間に介在せる障害を除去して國民主義進展の軌道を打ち開いた劃期的な變革であつた》（三三八頁）。ただしそれは、「出発点」にすぎない。《國民主義はまさにこの地點から前進を開始する》（三三八頁）。

ここで取り除かれた《障害》とは、身分制度や藩の統治機構など、徳川封建制の諸制度である。こうして、「近代的」な国民主義の条件が整った。

いっぽう、尊皇攘夷運動は、「前期的」、すなわち、前近代的な運動である、と丸山はいう。これは不思議ではないか。尊皇攘夷は直接に、明治維新を導いた運動で、明治維新と連続している。いやむしろ、連続しているというよりも、一体のものである。なのになぜ、尊皇攘夷は「前期的」であり、明治維新はそうでないのか。《一君萬民》の理念を掲げたものこそ、尊皇攘夷ではないのか。

＊

丸山眞男の言うところを、追おう。

《幕末の複雑な政治的情勢のさ中に於て、それが如何なる社會層の如何なる社會的立地に於て主張されてゐるかといふことが具體的に分析されてはじめて、尊皇攘夷思潮はその歴史的全貌を露はにする。「尊皇攘夷」を單純に國民的統一と國民的獨立といふ近代的國民主義の命題と直接的に連續するものとなしえない所以もそこから自づと理解されるのである》（三四八頁）。

「具体的」とは、どういう具合か。《水戸學的意味での尊皇論乃至攘夷論が、尊攘論一般を代表しえたのは精々安政・萬延までであつて、初期の「打拂」的攘夷論が列國との條約締結後はもはや現實から浮上つてしまひ、齊昭や正志が晩年開國論に轉じた頃から、尊攘論の分化が明瞭となり、本來の水戸學的な立場は例へば薩摩の島津久光などの所論と行動に受繼がれて、「激派」尊攘論と次第に鋭い對立を形成するに至る…》（三五三〜三五四頁）。その「激派」を代表したのが、吉田松陰であった。

松陰は、対外的な防衛を《天朝への擧國的な義務たらしめる》（三五四頁）ことを主張した。

幕末に至る尊皇攘夷の流れを概観したのち、丸山眞男はつぎのように議論を整理する。《封建社會の多元的分裂が外國勢力に直面してその無力を暴露したとき、國家的獨立のための國民的統一の要請は國内對策として二つの方向を取つて現はれた。一は政治力の國家的凝集として、他はその國民的滲透として》（三五八〜三五九頁）。しかし後者は、まったく徹底しなかった。《政治的權利の下部への滲透の主張はつねに超すべからざる一線によつて限界づけられ、國家的獨立の責任を最後まで擔ふ者は誰かといふ決定的な點に立到ると、水戸學に於て典型的に示されてゐる様に封建的支配層以外の國民大衆は忽ち問題の外に放逐されてしまふのである》（三六〇頁）。

尊皇攘夷の主体は、武士だった。町人や農民は加わらなかった。藩（大名の統治組織）は直接攻撃の対象とならずに残存した。だから、市民革命に比べれば不十分だった。ゆえに「前期的」である。

要するに、こういうことを言っている。

だが、藩も身分制度も、およそ封建的制度とされたものは、そのあとわずか数年で、あっと言うまになくなった。世界的にみても、これほどスムースに近代化が成功した社会変革はめずらしい。その秘密が、尊皇攘夷思想のどこに隠れていたのか、突き止めなくてよいのだろうか。

水戸学の影響下にある、尊皇攘夷思想は、不十分で「前期的」である。そうでなければ丸山は、不満らしい。結論、先にありき、ではないのか。

7　丸山の文体

『日本政治思想史研究』という書物の見通しの悪さは、丸山眞男の独特の文体にも因っている。旧字旧かなである点は、目をつぶろう。正書法が戦前のものなのも、執筆時期を考えれば当然である。それらをすべて割り引いてもなお、丸山の文体は、不必要に晦渋で、読者を拒んでいる。その表れを、いくつかの側面から照射してみよう。そして、その意味するところを考えてみよう。

＊

第一に、西欧語（主にドイツ語）の概念を並べた、翻訳文体である。

昭和十年代（一九四〇年前後）であれば、誰の文章も多かれ少なかれ、翻訳文体であったかもしれない。丸山の場合、その文体は余儀ないものではなく、意図して選び取られていると思う。

たとえば第一章第一節（まへがき）は、いきなりヘーゲル「歴史哲学緒論」の引用で始まる。そして、五行の引用文に二箇所、ドイツ語のカタカナがふりがなに付されている（三頁）。

神政的專制政《テオクラーテイツシエ・デスポテイー》

階統制《ヒエラルヒー》

次頁の《持續の帝國》には、Ein Reich der Dauer とドイツ語が付されている。

九頁には、

階統制的《ヒエラルヒツシュ》

のふりがな。一〇頁には、

身分社會（Ständegesellschaft）

とドイツ語の注記。二二頁（第二節）には、注記なしにドイツ語がそのまま本文中に用いられる。

《徳川期の朱子學者が、古學派は勿論陽明學派に比しても理論的創造性に…最も乏しかつた所以は、…一つには朱子學のもつかうした Geschlossenheit によるものである》。

Geschlossenheit は、「首尾一貫性」とか「自己完結性」とかいえばすむところだ。ドイツ語のわからない人間は、この本を読むな、と言わんばかりである。

ドイツ語は、旧制中学では（獨協など一部の学校を除いて）習わない。旧制高校で初めて習う外国語である。大部分の人びとは、ドイツ語にアクセスできない。高校（旧制）の進学率はごくわずかであったから、ドイツ語をちりばめた文章は、学歴と知識を誇示するという効果をもつ。

学生は、勤労をアルバイト、若い女性をメッチェン、金がないことをゲル貧（ゲルヒン）、などと言い換え、ドイツ語混じりの語彙を使って遊んでいた。洋書講読が商売の研究者仲間でも、カタカナ語彙は日常化していたかもしれない。このような言葉づかいができることを、丸山は誇りこそすれ、多くの読者を拒む結果になることを気にもとめていなかったと思われる。

＊

第二に、文体がゴテゴテしていて、大仰だ。文がむやみに長い。複文が多い。漢字が多い。用語が不必要にむずかしい。もちろん第一のところでのべた、ドイツ語がわざとちりばめられていることも加えてよい。この文体を美容にたとえれば、厚化粧である。

ただし、ゴテゴテした見かけのわりに、言っていることはむしろシンプルである。奇をてらったレトリックやわざとらしいアクロバティックな論理をふり回しているわけではないのだから、もっと素直に書けばよいのに、と思う。この装飾的な文体で丸山は損をしている。

例をあげるのが、わかりやすいだろう。

『日本政治思想史研究』の九頁（第一章第一節）の冒頭三行は、つぎのようである。

［A］戰國時代を通じて形成された近世封建社會の、中世封建社會に對する重要なる特質は、鐵砲の渡來による戰術の變化・秀吉の檢地及刀狩等の過程を經て兵農分離が決定的となり、武士が土地との直接的關聯を喪失し、城下町に集中して領主の下に階統制的《ヒエラルヒッシュ》な家臣團を形成したことにある。

この、丸山ゴテゴテ文体（A）を、素直な「平明体」に書き換えると、こうなる。

［B］戦国時代を経るうちに、近世封建社会が形成された。この社会は、中世の封建社会と異なる重要な特徴がある。すなわち、鉄砲が渡来して戦術が変化したうえに、秀吉が検地や刀狩をすすめた結果、兵農分離が決定的となったのである。武士は土地との結びつきを失なって、城下町に集中し、領主のもとに階統《ヒエラルヒッシュ》的な家臣団を形成した。

さらに、もっと読者に届きやすい、やわらかな文体（C）に書き換えてみると、こうなる。

［C］同じ封建社会といっても、中世と近世じゃえらい違いだ。

戦国時代に、鉄砲が入ってきた。そのため、戦争のやり方ががらりと変わってしまった。おまけに秀吉の、検地や刀狩もあったりして、武士は仕方なく、もと居た土地を離れ、城下町に集まってくる。そしてだんだん、領主をトップにした、ピラミッドみたいな組織（家臣団）をこしらえた。これがいわゆる、兵農分離。

学術論文なのだから、Cにしろとは言わない。だが、言っていることが同じならば、Bのような文体で書くのが、読者に対する親切というものではなかろうか。

なお、A～B～Cの書き換え例は、一九九〇年に私が書いたエッセイ「「じゃないか体」だっていいじゃないか」(『本』第一五巻第六号(通巻一六七号)二六〜二七頁(講談社)→『クロニクル講談社現代新書』(非売品)一四〜一九頁(講談社))による。私はふだん、読者対象を考え、B(平明体)とC(じゃないか体)の両端のあいだの適当などこかの文体に目盛りを合わせて文章を書いている。文体のテイストが異なるだけで、A〜B〜Cの言っていることに実は違いがない、という点に注意してほしい。文体がむずかしい/やさしいことと、内容がむずかしい/やさしいこととは、無関係なのだ。

＊

第三に、なにを言いたいのか、わかりにくい。

この点は、第二の点とも関係がある。文が長く、複文が多く、難解な用語をちりばめてあるのだから、わかりにくくはなる。けれども、それに加えて、議論の筋があちこち回り道をしているために、なおわかりにくくなっている。

なぜそうなるかと言うと、文章を書くのに、いくつものことをいっぺんにやろうとするからだ。論旨をストレートに平明に、読者に伝える。これが文章の基本であり、それが必要かつ十分であるはずだが、これ以外に、丸山眞男はなにをやっているか。自分の知識(勉強の成果)のさまを人びとに示したい。それが読者や時代の一般の水準を抜きんでていることを見せつけたい。議論がさまざまな二次資料のカットペーストでできている継ぎ目の部分を目立たなくしたい。自分が聡明な知性であることを納得したい。枝葉のトピックについても十分な知識がある(のに途中で打ち切る)ことを示したい。ものを書き始めたばかりのとき、誰もがやることである。そのほか、決して皇国史観や時代の潮流に迎合しているわけではない科学的な議論であること、しかし、皇国史観や時代の潮流からみて直ちに摘発しなければならないような左翼がかった主張や言い回しをただの一箇所も残さないこと、にも細心の注意を払わなければならなかったのはもちろんである。

丸山眞男の置かれた厳しい状況も、理解しなければならない。『日本政治思想史研究』は、戦時下に書かれている。戦争が深まるなか、誰もが死を覚悟しなければならなかった。丸山は、まだ若いのに、ライフワークを書かなければならなかったのだ。その先のキャリア（研究生活）が保証されるわけではないのだから。当然、構えは大きくなるし、準備も足りなくなる。厳しい制約のなかで、目一杯最大限の努力をしているのである。

*

それにしても、丸山の文体は、防衛的である。

丸山の父は新聞記者であった。知的で教育程度の高い職業である側面と、堅実とは言い難い場当たり的で俗世間にまみれた側面と、両方をそなえた人物だったらしい。少年時代に丸山は、四谷に住んでいた。その家は、山の手の中産階級の家々のある地域と、貧困層の人びとが住む地域の中間の、中途半端な場所にあったという。

丸山眞男は、ジャーナリズムに興味と関心を抱きつつも、研究の道に進んだ。アカデミックな知的活動は、丸山が中途半端な位置を抜け出し、明確にエスタブリッシュメントの側に立つことを意味する。「自分の知識を人びとにわかりやすく説明する」ことは、必要がない。むしろ、せっかく築いた自分の位置を掘り崩すことになりかねない。

丸山眞男は自分の知的パフォーマンスを、ありのままに人びとにさらすことを避けている。さらすだけの勇気がない。ゆえに、防衛的である。けれども、自分の知識パフォーマンスが人びとに承認されるのを必要としてもいる。いっぽうで隠しつつ、もういっぽうで露出する。その矛盾した営みが、丸山の文体なのである。

8　なぜ誰も批判しない

以上みてきたように、『日本政治思想史研究』は、制約と問題の多い書物である。ならばそのことを、誰がどのように批判したのだろうか。

『日本政治思想史研究』に対する本格的な批評（批判）は、これまで、現れていないように思われる。戦後を代表する政治学者で、戦後知識人のビッグネームである丸山眞男の主著であるのに、これは奇妙なことである。

＊

なぜ批判が現れなかったのか。

いくつか理由があると思う。

ひとつの理由は、敗戦と占領を境に、それまで国論を導いてきた知識人が総退場してしまい、代わって、無傷の若手が第一線に押し出されたこと。丸山もその一人である。不戦勝だから、論敵（特に上の世代）から批判の矢を浴びていない。顕著な学力の格差があったから、同世代や後続世代からの批判は届かない。ことに丸山は、戦後すぐに「超国家主義の論理と心理」ほかの論文を発表して、戦後論壇の指導的位置を占めた。戦前の軍部と、それに同調した小市民のエセ知識人的な役割に責任がかぶせられ、のこりの大部分の国民は責任がないことになった。丸山が批判され、こうして出発した戦後の論調が壊れてしまうと、困る人びとが大勢いた。

もうひとつの理由は、丸山の領域が、政治学であったこと。経済学は、現実の経済を研究する学問で、アメリカなど海外からつぎつぎ紹介される新しい理論を吸収する必要があった。また、刻々と変化する経済の現実を追いかけ、数理的な手法を最新のものに更新していく必要もあった。社会学も、新しい理論を紹介し、数理的な手法を磨いていく必要があった点は、よく似ている。こういう学問分野では、戦後すぐに指導的地位にあった学者が権威を保ち続けることはむずかしい。いっぽう政治学は、海外の新しい理論や数理的な手法に脅かされる度合いが低かった。丸山は、江戸時代の「日本政治思想史」を研究領域とし、戦後政治の時事的分析を手がけ、日本の近代政治を一貫する「丸山政治学」を樹立したとみられていた。日本の政治は、日本の特殊な事情にもとづく法則性に従うから、海外からの批判の目を寄せつけない。

さらなる理由は、いわゆる「丸山学派」が形成されたことである。丸山眞男は東大法学部で政治学の教授をつとめた。政治学者は、経済学者や社会学者に比べて人数が少ない。限られた人材の供給源として、東大の重みは大きい。結果的に、丸山の教えを受けた「弟子」たちが学界の主流を占めることになった。彼らの「師匠」である丸山を批判することなど、考えられないという雰囲気がずっと支配的だった。

最近は世代交代のおかげで、こうした事情は過去のものになった。それと共に、丸山政治学は過去のものになり、棚上げされ忘れられている。人びとの意識にのぼらなくなれば、やはり批判の対象にはならない。

＊

戦後知識人は、戦前・戦中の思潮との断絶のうえに、言論を展開した。その戦後知識人も過去のものとなり、ポストモダンの言説が展開した。さらにそのポストモダンでさえ、過去のものとしてかえりみられなくなっている。

こうした断絶は、もうたくさんだと思う。

批判は、議論を継承する仕方のひとつである。批判すらしないのでは、なにも継承できない。丸山眞男を批判することを通して、日本のプレ近代〜明治・大正〜昭和総動員体制〜戦後〜ポスト戦後をつなぐ、ひと筋の道をたどれるのではないか。方向感のない閉塞に立ち向かうには、まず過去に目を向け、歴史の堆積を踏まえ直すところから始めるしかないのではないか。

丸山眞男は、ウェーバーやマルクスらに刺戟を受けその影響圏で仕事をした近代主義者（モダニスト）である。だが同時に、最初のきっかけは偶然与えられたものだったとは言え、明治以前の、日本のプレ近代思想に目を向けた研究者でもある。この、近代／プレ近代の二重性は、普遍／固有の二重性と重なっている。世界のほかの部分から相対的に切り離されて独自の社会発展のルートをたどった日本が、西欧近代と遭遇して近代化をとげた。この特別な出来事を、世界史の文脈のなかに位置づけ、解明すること。日本の知性は、この課題に背を向けることができないはずである。丸山政治学は、その果敢な試みのひとつだった。

丸山を批判し、その試みを乗り越えようとする。そのような後続世代が現れることこそ、丸山がもっとも願ったであろうことに違いない。

第4章

「闇斎学と闇斎学派」を読む

丸山眞男の晩年の論文「闇斎学と闇斎学派」の、内容を検討しよう。

岩波書店の『日本思想大系』第三一巻『山崎闇斎学派』が、一九八〇年三月に刊行された。その編者は、西順蔵、阿部隆一、丸山眞男の三名。巻末の解説として、阿部隆一による「解題」と「崎門学派諸家の略伝と学風」に並んで、丸山眞男「闇斎学と闇斎学派」が収められている。六〇一〜六七四頁にわたる解説論文で、四百字詰め原稿用紙に直しておよそ百八十枚もの長さがある。

本文は、一〜七およびむすびの、八つの節からなる。一一頁二十八項目におよぶ注も付いている。

以下、その内容を要約し、検討しよう。

一

丸山はまず、山崎闇斎と闇斎学派（崎門《きもん》学派）の、学者集団としての特異な性格に注目する。

（六〇一A）（六〇一Aは、六〇一頁の第一段落の意味。Bは第二段落。以下同様。次の頁にまたがる場合もある）

丸山はいう、山崎闇斎は《厖大な文献》を残したものの、《通常の意味における「著作」と称すべきもの》は多くない。《闇斎の直接的見解は章節の末尾に「嘉謂」とか、「嘉按」とかいう書出しではじまるパラグラフに時たま窺えるのみである》。数多くの編纂物の選択の規準は、闇斎の高弟たちの《口述の伝承に…委ねられている。…つまり闇斎の学問と思想は、基本的には闇斎の門弟の媒介を通じてしか開示されない》。これは、崎門学派の《重要な特徴》だ。

（六〇二A）

《闇斎学が闇斎学派ぐるみにしかアプローチ》できないとは、《これほど「学派」らしい学派は…珍しい》ということだ。彼らは自分たちを「道学」と呼んで、朱子学一般と区別している。

（六〇三A）

《十七世紀後半に…門弟六千人といわれる一大学派を形成した崎門は…連綿として明治以後にまで…きれ目なく継承されている》。これは、他の学派と大きく異なる点である。

（六〇四A）

明治十六年には『道学協会雑誌』を刊行。天保十三年の『本朝道学淵源録』は明治三十三年に増補されている。

（六〇五A）

《闇斎学派の…自己完結性と、…歴史的継続性》は、この学派の固定したイメージを生むこととなった。貝原益軒、荻生徂徠、中井竹山《ちくざん》（懐徳堂《かいとくどう》）が批判を書き残している。那波魯堂《なばろどう》は、「凡（ソ）読ム所ノ書、数種ニ止マリ、歴史子書ノ類ハ一切ニ読（ム）ニ益ナシトテ禁レ之、…唯、四書朱注・近思録ノ類ヲ専ラトシ、…其少シニテモ敬義ノ説ニ不レ合者ハ、邪説トシテ退レ之、…」（『学問源流』寛政十一年）と書いている。読むテキストがごく限られ、その読解の仕方も型にはまっていたのである。

（六〇六A）

《ここで挙げられている反詩文主義・師説の絶対化・学習文献の狭隘さ・異説への不寛容・閉鎖性と排他性というような流通イメージ》が正しいかはともかく、この学派ではそれは正しくよいこととされていた。

（六〇七Ａ）

丸山はいう、《闇斎学派の思想史的意義と役割について、近代日本の崎門シンパによっていわば通説化された一種の「流出論」的説明》がある。それは、《山崎闇斎の…「精神」が脈々として…継受され…王政復古の一大原動力となった》というものだ。《君臣父子の大義を闡明し、尊王斥覇と華夷内外の名分を顕彰した闇斎学》が《明治維新の鴻業を翼賛した》という論調は、決して「非常時」に限らない。大正三年の『絅斎先生遺著要略』には、闇斎学が水戸学、土佐、秋田藩、篤胤、竹内式部、頼山陽、橋本左内《さない》などに影響した、とのべてある。《幕末尊攘論の系譜として通常挙げられる水戸学も平田派国学も、…すべて闇斎から…の流れ、あるいは垂加神道の発展のなかに位置づけられ》る。

（六〇八Ａ）

流出論については、第２章でも触れておいた。

《包括的「流出論」が尤もらしく通用して来たこと自体が》、闇斎学派が結束した学者集団であるというイメージの象徴である、と丸山はしめくくる。

二

つぎに丸山は、闇斎学派内部に苛烈な緊張関係があることに、注意をうながす。

（六〇八Ｂ）

丸山はいう、崎門学派はしかし、内実をみるなら一枚岩であるどころか、《はげしい緊張と対立が…渦巻いている》。闇斎は代表的な著作を残しておらず、《有力門人による闇斎学の人格的継承というパターンが崎門の伝統となった》。だが門人も個性が強烈で、話はそう簡単でなく、《闇斎の晩年…、…佐藤直方と浅見絅斎の二人が、師から絶門もしくは準絶門の処置を受け》ている。またこの二人は、後年、絶交している。

（六一〇Ａ）

《「林家之阿世、崎門之絶交」という言葉がある》ほどである。

（六一〇Ｂ）

なぜ、そうなるのか。丸山はいう、《学派の歴史的発展は…不可避的に亜流化を伴う》。また、《劃一化と異化という両傾向もまたヨリ矮小な形態で再生産されて行く》。

（六一一Ａ、Ｂ）

《こうして崎門三傑の…亜流によって「同門異戸」の傾向が押しすすめられる》と、どうなるかと言うと、《三傑の学統が、それぞれの師の学風を汲々として遵守》し、おのおの《訓詁学に堕して行く》。そもそも崎門学では禁じられていたことのはずだ。

（六一一Ｃ）

このように、《敬義学派〔崎門学派のこと〕の歴史的軌跡は…無限のセクト化の傾向を当初から内在させていた》。

（六一二Ａ）

《どうして崎門に…そうしたダイナミズムが働くのか》。たまたま偏狭な資質の人材が集まった、のではない。《闇斎学に内在するある種の思考と感受の様式が、…一定の気質にまで鍛えあげ、相似た行動様式を刻印するのである》。

（六一三A）

若林強斎《きようさい》の文をひき、丸山はこう説明する。《義理（＝真理正義）をさしおいてマアマア交際を続けるのは「俗人」であって、道学の徒のとるべき態度ではない》。こんな具合に、《かえって「崎門の絶交」にたいする「俗人」の非難に反撃している》。交流における学理・義理の比重が大きく、そのため人間的愛憎も亢進するのである。

（六一四A）

対象を研究する科学者の場合と違って、《経験的検証の不可能な教義やイデオロギーをめぐる論争は、どうしても人間あるいは人間集団を丸ごと引き入れるような磁性を帯びることになる》。

（六一五A）

《程朱学が漢唐訓詁学から鋭く自らを区別して精緻な形而上学的体系を構築したとき、…世界観闘争の…条件はことごとく出揃っていた。…中国渡来のこの全体的な世界観に日本の学者が全人格を賭してコミットしようとすれば、そこには中国や朝鮮の儒者には起りえないような容易ならぬ深刻な思想問題が待ち構えていた》。程朱学を知識＝情報レヴェルで受け取って「博識」を誇るたぐいの林家の場合と、闇斎学派は違っていた、と丸山は指摘する。

（六一六A）

《闇斎学の「正統」は何か》という問いが、闇斎学派の統一と分裂を規定している、と丸山はいう。

その問いは、《闇斎学の程朱学としての正統性と、闇斎学（の内部）における正統性とをともに内包していた》、と。

三

丸山は、闇斎学派の内部の論争を、さらに検討する。

（六一七Ａ）

闇斎学派の内部に、「正統」をめぐる論争が生まれる。これは、《学問ないしはイデオロギーの「正統」が論じられていること》で、《ヨーロッパ語でいうオーソドクシーにほぼ対応》する。いっぽう、北畠親房《ちかふさ》『神皇正統記《じんのうしょうとうき》』がいうような意味での「正統」の議論も、なされている。

（六一八Ａ）

丸山はいう、権力の継承が《「節目正しく」行われたか、それとも…簒奪や弑逆に》よるか、あるいは《たとえ簒奪によって開始された王朝でも》統一の実を示せば《それを「正統」とすべきか》という問題がある。二つの正統概念はまぎらわしいので、《教義・世界観を中核とするオーソドクシー問題を以下、Ｏ正統と略称し、…統治体系を主体とする正統…論議をＬ正統と呼ぶ》。

（六一九Ａ）

Ｏ正統の反対は、《異学・異端・異教・邪説》である。

（六二〇Ａ）

《他方、儒学史において、Ｌ正統論に対立する用語》は、覇統・閏統・僭偽・簒賊などだった。

（六二〇B）

O正統とL正統は、無関係ではなく、古今東西、さまざまな場面で交錯してきた。

（六二一A）

《儒学においては…O正統とL正統とは一層必然的な内面的連関で結ばれている》。宋学でも、それは例外でない。政治的混乱を正すには、《まず思想＝世界観の領域で…道統を闡明しなければならない、というのが、程朱学の基底に流れる根本確信であった》。そこで《崎門の学者は…二重の意味での「正統」の投げかける思想的課題と格闘し、それをあくまで日本の歴史と風土のなかで追究しよう》とした。

四

丸山は、正統論を手がかりに、闇斎学派と神道との関係を考えていく。

（六二二A）

丸山はいう、山崎闇斎は、程朱学を踏襲し、楊・墨・老荘、また特に仏教を、異端とした。浅見絅斎は、仏教など大したことないとするいっぽう、伊藤仁斎の著作（『大学非孔氏之遺書辨』など）に批判書を書いた。

佐藤直方も、伊藤仁斎に反論書を書いた。

崎門の蟹養斎《かにようさい》は『非徂徠学』なる書を著している。徂徠学もヘレジー（異教）の最たるものだった。

（六二三Ａ）

《陸王の学〔陸九淵《りくきゅうえん》や王陽明の学派〕や日本の古学にたいしては、崎門派は》足並みを揃えて批判したが、内部のセクト的対立も避けられなかった。そして、《闇斎学の正統性（O正統）をめぐる最大の問題性は》神道であった。

（六二四Ａ）

丸山はさらにいう、近世儒学では、室鳩巣《むろきゅうそう》のような例外を除けば、神儒合一は広くみられる現象であった。神道の側でも、両部神道から伊勢神道・吉田神道・吉川神道への流れでも明らかなように、習合の相手を仏教から儒教に切り替えて行った。では《どうして聖人の道と日本の神道とが「一つの真理」として共存できる》のだろうか。

（六二四Ｂ）

丸山は続ける、闇斎学派は、「習合」や「雑信」を嫌う。闇斎は「易ハ唐ノ神代巻、神代巻ハ日本ノ易ジヤ」とのべたという。《重要なのは、…神代巻…が日本独自の道を独自に語っており、易…は、唐の道を独自に語っているのであって、…一方から他が借りた…のではない、という前提があることである》。《純神道と純儒教（具体的には程朱学）とがあって、内容的に両者は妙契…によって普遍的な「一つの真理」に合流すると考えられ》ている。

（六二五Ａ）

丸山はいう、闇斎は、「附会」を避けたが、垂加神道には附会が頻発する。闇斎は、儒学を語れば神道を語らず、神道を語れば儒学を語らずで、二つの学者がいるようだったと言う。晩年は神道門人が座の上席を占めるようになるいっぽう、直方や絅斎は垂加神道の教義を程朱学と同等に真剣に受け止める気はなかった。

（六二七A）

丸山は、闇斎の弟子たちについても、順番にみていく。絅斎は、《理一＝一つの真理という正統の立場によって》「習合」を排撃し、それを批判の根拠にした。

（六二七B）

それでは、《普遍的な真理のなかで、儒学あるいは程朱学と日本の神道とは、たんに「妙契」とか…抽象的にいう以上に、どう関係づけられるのか》。若林強斎は、普遍史的な発展段階説をのべる。《日本の神道はもと中国の易と…同じであった。…中国では、その後「聖賢カワルガワル起リ」…古伝を発展させ…たのにたいして、日本の神道の場合は…賢聖人が出ず》、そのままで発展しなかった。経書を見た目では、埒もないようにみえるが、神道を頭から否定するのはまちがいである、とする。《こうして…普遍史のなかに位置づけられることによって、神道も儒教もそれなりの段階において「一つの真理」を表現する》ことになる。

（六二九A）

これに対して直方は、闇斎の「宇宙一理」を継承して、程朱学を肯定するいっぽう、神道を（妙契を含めて）否定する。

（六二九B）

闇斎が、わが国の道（書紀神代巻などに現れている日本の「神国之教」）に従わないのは「異邦人之子」であって、父母の子とは言えない、と断じた。直方はそれを、行き過ぎとみる。絅斎は、天皇は中国にもある、日本の神は中国の神と違わない、と神道派の主張を斥けていたが、『靖献遺言講義』ではなぜか日本主義に引き込まれてしまった。日本の道と異国の道の関係は、闇斎学派ではタブーだったのかもしれない、と丸山は言う。

（六三一A）

この問題はL正統性とも絡んでいる。これを、《道の普遍主義と民族・国家の特殊性》の観点から考えてみる。

（六三一B）

浅見絅斎は「異国ノ君命ヲ蒙テ孔子朱子ノ日本ヲセメニ来ランニハ…鉄砲ヲ以孔子朱子ノ首ヲ打ヒシグベシ。…ココガ君臣ノ大義ト云モノゾ」とのべた。『先哲叢談』では闇斎も同様のことをのべたことになっており、学校の教科書にも載った。中華・夷狄の名称にこだわっても仕方なく、聖賢の出るところが中心だという《内外名分の考え方》と、《道を国家本位に立てるなら…「道の相対主義」に陥る》とする考え方とが、対立している。

（六三二A）

三宅尚斎《しょうさい》が「道の相対主義」になったらどうするかと質問すると、谷秦山《じんざん》は平然と答えた。かの国では君主を平気で殺し、聖人の道だと言うが、こちらから見れば、もっての外。他国にもばかがいる（日本にも湯武《とうぶ》放伐《ほうばつ》を肯定する者がいると暗示）。「日本の人は天照大神を本にすべきなり。唐の人は孔子を本にすべきなり。是が道理の至極なり」。所属する地域はいくらも細分化できる。この所属集団中心の特殊主義は、《佐藤直方の「…日本ニ論語ヤ大学ノ如キ教ナキ故也。サテ貴殿ハナゼニ江戸ニ生レテ土佐ノ鰹節…ヲコノ（好）マルルゾ。…」…という揶揄と…百八十度対極にあ…る》。

（六三三Ａ）

《三宅尚斎の「天地に無」二候へば、道も無」二候」を、谷秦山は「唐から日本をながめて申たる言にて無」之候哉」…と批判する》。客観性など空虚な抽象である。《日本を主体としてみるか、「外国」を主体として見るか、という二者択一しかない。日本の主体性…とは、日本を中心とした内外親疎遠近の世界像以外には考えられないのである》。

（六三三Ｂ）

丸山は続けて考える、直方の普遍主義と秦山の特殊主義のあいだで、《絅斎的な「妙契」論はどういう…位置を占めるか》。直方や尚斎と同様に、絅斎も、《「道」の超国家的普遍性の前提に立っている》。よって絅斎も、《秦山の徹底した特殊主義から見れば、…直方や尚斎と一つ穴のむじなにすぎない。…秦山の立場は「天地ノ正統ハ即君臣ノ正統、君臣ノ正統ハ即天地ノ正統ナリ。本朝ハ、君臣ノ正統正シケレバ天地ノ正統正シ。…」》である。

（六三五Ａ）

《争点は、「天地の道」の普遍的基準から日本の皇統一系の優越性を弁証しようとするか（絅斎）それともそういう国体を超越した道を前提にすること自体が倒錯だと考えるか（秦山）にある。…日本の記紀神話の構造は、普遍的規範主義に立つ絅斎の「妙契」論にとっては不利にできている》。中国の場合、《天道や天命は、堯舜をふくむいかなる具体的君主からも超越した理念であ》る。《これにたいして、天つ神が国生みの神へ、「国」生みの神が「統治者」としての皇室の祖神へ、と系譜的に連っている日本神話に依拠するあらゆる日本主義は、皇祖神をそのまま世界神にまで普遍化して、日本を「万国の親国」とするか、それとも、世界から断絶し、普遍－特殊の論理とは無縁な閉鎖的な独自性にたてこもるか、いずれかの方途を辿るほかない》。普遍的真理が中国では儒教に、日本では神道に内在し、《両者の間に「妙契」があるという立場は、色褪せたものになろう》。

（六三六A）

浅見絅斎は、直方の教条主義的普遍主義と、垂加派の日本主義とに挟まれた立場を自覚していた。そして秦山の傾向に引っ張られていたようだ、と丸山はみる。

（六三七A）

ここに二つの契機が働いている。第一は、儒教倫理が尊卑親疎にもとづく差別原理であること。人間や個人は、《「具体的」には日本民族とか君とか臣とかいう、特殊関係としてしか存在しない》。

（六三七B）

《第二に、こうした特別主義は日本の歴史的、風土的条件の下では、道を「くに」に所属させ、親疎遠近の世界像が「くに」を単位として結晶するという思考の傾斜となって現れる》ことだ。

五

丸山は、闇斎学派のリゴリズムの由来を、正統論をめぐる議論にみようとする。

（六三八A）

丸山はいう、《敬義学派〔闇斎学派〕は朱子学を「日本化」した最初の学派といわれる》。四書の特定の箇所を繰り返し反復学習するというやり方も、《精読主義によってしか経書の哲学に迫りえない、という確信にあった。そこに敬義学の最良の面…があった》。

（六三八Ｂ）

どんな世界宗教や普遍的世界観も、正統・異端の問題を生ずる。そのメカニズムはこうだ。

（六三九Ａ）

《世界観が…全一性を具えるためには、両極性の統一という条件を充たさなければならない。…こうした両極性の一方の契機のアンバランスな亢進が、正統からみた異端の思想的特徴である》。

（六四〇Ａ）

丸山は続ける、程朱学には、《太極と陰陽五行、理と気、未発と已発、理一と分殊、体と用、性と情、存心と致知、道問学と尊徳性、敬内と義外、修己と治人》といった両極性がそなわっており、集中と拡散、内面性と外面性、など反対方向への磁力が働いてもいる。

（六四〇Ｂ）

闇斎学は、朱子学を日本化したが、こうした思考パターンを必死で学んだ。反対方向への磁力、矛盾の均衡は、経書の解釈の至るところに浸透している。

（六四一Ａ）

《直方は朱子学の理気論を、…禅によって代表される仏教的異端》と《「実学者」的偏向》の両極に引き裂かれるものとみた。

（六四二Ａ）

丸山はさらにいう、朱子は『中庸章句』で異端論を展開している。中庸は、《もっとも難解な形而上学的範疇を含》み、矛盾対立する契機のあいだで平衡を保つことだ。《真理に近接してまぎらわしい異端ほど、ますますもって危険》である。《正統の生々とした保持は、紙一重の差で異端に踏みこむ「観念の冒険」を賭さなければならない》。「実学者」は異端に流れる気づかいがないからだめなのだと、直方はいう。《朱子学の平衡性を、…静的に維持しようとする瞬間に、正統は「俗学」に顚落する。…崎門のリゴリズムとは、…中庸の保持とその逸脱との、間一髪の差の自覚から生れる精神的態度にほかならない》。

（六四四Ａ）

浅見絅斎は《『中庸章句』の朱子の問題意識》を的確に把握している。仁、義の関係についてはこう説く。《孔子の段階では仁は義を包含する全体性を具えていた》。ところが孟子は、異端邪説に対抗するため、義を言い立てた。《異端の発生がはじめて「ドグマ」の確定と精密化を促すという、正統の一般法則》を、絅斎はここでのべている。絅斎はスコラ的に精微を尽くした議論をして、《一方では窮理の客観主義的偏向と、他方では…神道ノ…心情主義的な…偏向と、この二つの谷の間の、か細い尾根を渡ろうとしていた》。

（六四五Ａ）

こうした中庸の追求は微妙なバランスの問題であるだけに、《相互の「偏向」呼ばわりが、正統論議には…必ず随伴する》。《直方の「冴え」と絅斎の「厚」…この両方向の傾斜のテストケースとして登場するのが、「君臣の義」及びそれにからむL正統の論議である》。

六

丸山は、L正統の観点から、「君臣の義」の内実をさらに追究する。

（六四七Ａ）

論語の「君使臣以礼、臣事君以忠」は、君臣の双務性を表現している。君臣の義は、君臣関係だけでなく、君民関係を巻き込んだL正統のテーマとして論じられてきた。まず、君臣関係をみよう。

（六四七Ｂ）

礼記曲礼篇に「三諫而不聴則逃去」が君臣の義、「三諫而不聴則号泣随之」が父子の親とある。唐から宋にかけて君主絶対権が強くなり《君臣の義における双務性…が一層後退した》。しかし『拘幽《こうゆう》操《そう》』（唐の韓愈が著した殷の西伯（のちの文王）の無条件の義についての故事）の程朱学の注解の解釈でも、崎門学は分岐する。どちらかと言うと教条主義的解釈をするのは佐藤直方である。

（六四八Ａ）

直方も尚斎も、やむをえない場合には君を替えてもよいとするが、異姓養子は許さなかった。

（六四八Ｂ）

尚斎が養子の禁について影響を受けたのは、浅見絅斎の『氏族辨証』からだった。《君臣の義の核心を『拘幽操』的な臣子の一方的忠誠に求めようとする志向は、「義」の情緒化を導き出》す。「我ヲ思フ人ヲ思ハヌ報ニヤ、我（ガ）思フ人ノ我ヲ思ワヌ」（古今集）をひきつつ、絅斎の弟子若林強斎は

《君臣の義を「シミジミ」の恋愛感情に等置するまでに立ち到る》。これは、『葉隠』や宣長のもののあはれに近いだろう。しかし、《恋情を五倫の「本」にまで拡張解釈するような、聖人の道の日本的修正主義が、直方・尚斎系から見れば「理」の規範主義のはなはだしい逸脱と映る》のだ。

（六五〇A）

絅斎は、三宅尚斎が忍《おし》藩主阿部正喬《まさたか》を諫めて投獄されたとき、「朋友ノ義理ヂヤト云テ、（獄中から）ヌスミ出（ス）ヤウナ事ハ、大（キ）ナ不義也」として、静観した。『拘幽操』と重ねて、絅斎なりの義を通そうとしている。

（六五〇B）

丸山はさらにいう、武士的階層制に「君臣の義」を適用すると、天皇との関係はどうなるか。闇斎は、幕藩体制をそれでよいとした。絅斎も《「…将軍ノ、天子ヲ退（ク）合点アレバ、至極イサメル筈ゾ。天子カラ将軍ヲ亡ストアルニモ、ツカヌガヨイ。…」（常話雑記、…）》と、武家政治を肯定した。林羅山の尊王論とも並行する。《宣長の皇国《すめらみくに》の道にしても、天皇→将軍→大名→藩士という順次的な委任《ことよさし》の体系として幕藩体制の統治は末端まで聖化されていた（玉くしげ等）》。《この階層を、順次下から支える随順の政治倫理》は、《危機的状況においては、…複数の忠誠義務の間の相剋を醸成する…。これこそ幕末の動乱において…現実化したディレンマであった》。

（六五一A）

石見の浜田藩は藩学が崎門で固められていた。幕末、家老尾関隼人は藩兵が官軍に抗した罪を問われ自決した。君臣の義のディレンマがうんだ悲劇のひとつである。

（六五二A）

若狭の小浜藩も闇斎学の拠点。藩主酒井忠義は幕末、忠誠の相剋に翻弄された。

（六五二B）

北越の新発田《しばた》藩も崎門学の牙城だったが、幕末に官軍についたり列藩同盟に加わったり二転三転して非難された。だが勤王では一貫していた。

七

丸山は、さらに考察を続ける。

（六五三A）

徳治主義は、L正統の問題として言えば、徳が統治するかどうかという問題、《つまり天命を受けた有徳者…のみが君位を資格づけ、逆に不徳者…は君権を…喪失するという思想である》。徳の有無は仁に、仁は人民の向背に現れる。重要なのは、天は《いかなる個別的、具体的な君主あるいは王朝からも超越している》こと。《堯舜以下いかなる聖王も「天」となんら血統的系譜関係に立っていない》。ユダヤ教の場合と同じだ。

崎門も、儒教の日本的修正主義者も、《『中庸章句』の序にある「継天立極」を見事に読みかえる》。朱子はO正統の由来を説くために、「自上古聖神、継天立極而道統之伝有自来矣」とのべた。《これを…、「人君ハ天地ノ宗領、乍レ憚吾ガ国天照大神ガ直グニ天地ノ御宗領デ、継レ天立レ極テシ聖神ユヘ、万世ト雖モ正統（L正統）ノ変ゼラルルコトハナイ筈ゾ」（強斎先生雑話筆記巻十、…）》のように、

《「天」を皇祖神に直結し、天照→瓊瓊杵尊→歴代皇統という血統的連続の正統性の引照基準として「継天立極」を持出す解釈》をとるのである。中国では、天の超越性ゆえに、暴君放伐が義とされるのだ。

（六五四A）

《易姓革命の思想は…君主制を現実におびやかすものではない》。君主制は相続制と結びついており、非常の場合にのみ放伐が行なわれるからだ。

（六五五A）

湯武放伐は江戸儒学で一般に知られていた。《けれどもこの争点をあくまで日本の「皇統一系」の正統性に照し合わせて、同じ学派のなかで具体的に議論を交したのは闇斎門が最初であり、…これほどはりつめた対蹠的立場をかかえこんだ点では唯一であった》。

（六五五B）

皇統一胤とよばれた日本のL正統を、徳治主義と調和させる「論理」には、二つの系列があった。《一つは、闇斎が「雖レ為二無道之君一、伝二賜神器一則是有徳之君也。此神器与二玉体一一而無二分別一故也」》といった論理。三種の神器が徳の代わりになるから悪王でもよいという。主に神道派がこれによった。

三傑以下の儒学派は、経学の正統論によった。

（六五六A）

《浅見絅斎がこの問題で、朱子の『綱目』あるいは明の方孝孺の正統論議を援用するのは、中国の…王朝交替の歴史に照して、一つの基準によって王位または王朝の継承を説明するのに、宋学でさえ成功していないことを見抜いたからである。…方孝孺が簒臣・賊后（人民の「乱賊」から立って君となったもの）・夷狄の三者をすべて正統から除いたのを、絅斎は「二代ノ名論」となし》、さらに、その三つ以外なら天下を治めれば正統だとする議論も不当であると批判する。《朱子の正統論さえ、中国の歴史的現実から来る「ヨリ少い害悪」の選択と見るのは右の理由による》。しかし直方は、皇統一系は幸運の結果によるので、「義理」レヴェルの問題でない、とこの論を批判する。

父や兄を殺され、殺した犯人の指図で位についた天皇もいるので、《皇室内部での皇位争奪は、異姓による権力奪取よりなお「不義」ともいいうる》。《結局、日本のL正統の優越は、たんなる王姓一系の歴史の引照でなしに、天照大神の神勅によって…先天的に決定されているという神勅的正統性に依拠せざるをえない》。

（六五七A）

《儒教古典の範疇及び成句でとくに争点になったのは第一に、「経」と「権」との解釈論を湯武放伐にいかに関係づけるかにある》。嫂《あによめ》が溺れたとき経に反して手で助けるのを「権」という。《経・権を一つの道と見るか、二分するか》、程朱学でも議論は一致しない。《二筋に分けると、湯武放伐も「権」として是認され、簒奪の口実を与える》というが、一元論からも放伐の肯定は可能である。論語の「未尽善也」をめぐる文王・武王の相違をめぐる論争もある。

（六五八A）

崎門内部で絅斎・強斎、直方の両派が争ったが、それは湯武放伐が、《日本の最高レヴェルでのL

正統の問題に深くかかわっていることを双方は痛切に自覚していた》からだ。それが、《一方で禅譲放伐をあっさりと肯定しながら、他方で我国の皇統連綿を讃える林羅山以下、多くの儒者と》の大きな違いであった。

（六六〇Ａ）

丸山はさらにいう、《若林強斎が、歴史的「事実」のうえに寝そべる「神道者たち」の…楽天的態度に焦立つのは…「…イヅクンゾ湯武アラザルコトヲ知ランヤ。…何時何様ノ変ガ有ラウカト、常々恐怖スルガ今日ノ当務也。…清盛モアリ、頼朝モアリ、何時将門純友ガ出ヨウモ知レ》ないからだ。乱臣賊子に口実を与える《不徳…の天子の出現の可能性が、血統的正統性を前提とするかぎり避けられないからである。…これは近代日本のラヂカルな国粋派を特徴づける…「国体永久危機説」の原型とも見られよう》。

（六六一Ａ）

直方は同じく徹底的に、天照大神の神勅に遡及する。「日ノ神ノ託宣ニ、我子孫ヲバ五百万歳守ラント被レ仰タナレバ、ヨクナイコトゾ。子孫ニ不行義ヲスルモノアラバ、ケコロ（蹴殺）ソフト被レ仰タナレバ、ヨイコトゾ」。これは、歴代天皇を神代から推戴してきた皇御国《すめらみくに》はすぐれた伝統をもつとする本居宣長と、凸凹が逆方向からかみ合って符合する。

丸山はなお続ける、直方、宣長は例外で、おおかたの学者は、《漢意《からごころ》的理念との折衷を免れなかった》。後期水戸学は、儒学とは言えないが、《儒教的規範主義に濃く彩られ、…神儒一致の主張に立っていた。こうした諸事情が、…幕末尊王の大義の大合唱を敬義門からすべて導き出す説明に尤もらしさを与えたわけである》。
こうして、帝国憲法と教育勅語において、《「血」と「聖徳」との二つの正統根拠は公式に合流したのである》。

（六六二A）

《神勅的正統性にとって「肇国以来」の大事件…は、…ポツダム宣言の無条件受諾…であった。…政治形態は国民の自由な選択に委ねられるという命題は、…正統根拠の問題として見るかぎり、…天皇が統治権の総攬者であることが「神勅」によって先天的…に決定されているという建て前とは…相容れない。…紛糾は結局「聖断」によって収拾された。…神勅的正統根拠の致命的な変革を承認するが故なのか、それとも…聖断は聖断なるがゆえに絶対である、という承詔必謹の立場》なのか。この問いは、経済成長とともに姿を消した。

（六六三A）

ちなみに終戦の詔書には《「万世ノ為ニ太平ヲ開カムト欲ス」という句がある。「為万世開太平」は『近思録』の為学大要篇にある張横渠の言である》。浅見絅斎はこの箇所を、大きな声で読んだ。

むすび

（六六三B）

丸山はいう、《程朱学を理論と実践にわたる世界観として一個一身に体認しようと格闘した最初の学派は闇斎学派であった》。それは彼らが自認しただけでなく、古文辞学派からも認められていた。

闇斎学派は「ハヅミ」でもっていたといい、ときに行き過ぎたが、《この行き過ぎによって闇斎学派は、日本において「異国の道」…に身を賭けるところに胎まれる思想的な諸問題を、…先駆的に提示したのではなかったか》。

「むすび」と題するこの部分が、果たしてむすびになっているのか、微妙なところである。

第5章

『現人神の創作者たち』を読む

本書の主役は、丸山眞男であるが、ここでもう一人の主役、山本七平（一九二一―九一年）に登場願おう。

丸山の著作は、学生時代から読んできたが、山本七平の著作も、発表されるたびに多くを読んできた。なかでも本章で取り上げる、『現人神の創作者たち』には感心した。

一九七四年から十年あまり、私は小室直樹博士の主宰する「小室ゼミ」なる非公式の研究会に参加していた。ゼミに参加してしばらく経ったころだと思うが、小室博士はなにかの機会に山本七平氏と知り合いになり、すっかり意気投合したと聞いたことがある。今日、忘れられているが、浅見絅斎の『靖献遺言』が重要であると考える点で、一致したのだという。

小室博士はあるとき、論文を書くための断食のやりすぎで、救急車で病院にかつぎ込まれた。ゼミの学生たちが、交替で病院に詰めた。山本七平氏がさっそく、果物をもって、病院に見舞いに来たと当番の学生から伝え聞いた。私にとって山本七平氏は、恩師の友人にあたる、特別なひとである。

＊

この章では、『現人神の創作者たち』の内容を、なるべく主観を交えないで要約し、つづく第6章で、丸山眞男と山本七平ののべるところを対照して論じていく。

序章

山本七平は、まず、戦前の回顧から筆を起こす。

《戦前、人は何に呪縛されているかを知らなかった。…そこにあるのは…自己の伝統とそれに基づく自己の思想形成への無知である。…無知は呪縛を決定的にするだけで、これから脱却する道ではない。…「何により自分はそういう発想をするのか」という自覚のないことが、私のいう呪縛である》（九〜一〇頁）。

《幕府は…便宜主義的に朱子学を援用していればよいというのが基本的態度であった。だが便宜的援用は逆に権威化を要請する。

その権威化は相手を絶対化すること、いわば中国を絶対化することによって、それを絶対化している自己を絶対化するという形にならざるを得ない》（一五頁）。

《明治は自らの手で、明治型天皇制の〝生みの親〟を抹殺する。それは簡単にいえば、「現人神」という概念の創作者がだれかを、…消してしまった。消してしまったがゆえに呪縛化し、戦後はまたそれを消したがゆえに二重の呪縛となった》（一六頁）。

慕夏思想・天皇中国人論と水土論

山本はいう、徳川幕府もできてしまった戦後政府だった。

《徳川幕府は戦後政府より選択権を明確に持ち、…儒教の選択は基本的には正しく、…合理的であった…》。《その初期の作用を慕夏主義、水土論、中朝論の三つに分けて考えてみよう》（二〇頁）。《慕夏主義とは…、日本の歴史も…位置も一切無視して、ある国…を絶対的なものと考え、それに…近づくことを目標とする主義である》。《これは、思想もなく思考力もない者が権威者として振舞うには最も良い方法であった》（二〇頁）。

《樹立された既成の秩序を、輸入の正統思想に基づいて正当化するため、どのような解釈を施すべきか…徳川幕府の場合これを担当したのが林家であ》った（二二頁）。

《林家の任務は、中国思想を人類普遍の原理として、幕府はこの…原理に基づいて統治し…なければならぬゆえに正統性をもつ、ということを証明することである》（二三頁）。

山本はすかさずコメントする、普遍の原理で正統化がむずかしいのは、伝統である。徳川家は天皇から将軍に任命されているが、それは覇権を獲得した結果である。これだけだと、ほかの誰が覇権を奪って将軍になってもよいことになる（二五頁）。

《慕夏主義と慕天皇主義が一体化してくれればこの問題が片づくことは…明らか》だ（二五頁）。そこで林家は、天皇は中国人（の子孫）であるという説を立てた。

＊

山本は続ける。いっぽう水土論は、《日本には日本の水土があり、…適応した外来思想は残るが、適応しないものは消える。…儒学は決して日本には適応していない》（三二頁）というもの。熊沢蕃《ばん》山《ざん》が唱え、林家の林道春（羅山）はこれを「耶蘇」とみなして排除しようとした。熊沢蕃山は浪人の出身で備前の池田光政に十年仕えたほか、生涯を浪人で過ごした。そして大名や老中が蕃山に臣下の礼をとったことが、道春には許せなかったのである（二六〜三二頁）。

《蕃山は、諸侯に浪費を強要してその勢力を削ごうという幕府の方針には…反対した。…兵農分離以前の状態を目標として、武士も帰農して生産に従事》すべきだとした。諸大名は、朱子学や王学など非現実的な慕夏主義に曇らされた目を開かれて、水土論のリアリズムに立脚した蕃山を歓迎した

（三五頁）。《終生、幕府の要注意人物であったことも…当然であった》（三六頁）。

亡命中国人に発見された楠木正成

山本七平の着眼がすぐれているのは、朱子学を、中国との関係で理解するところである。

山本はいう、明朝の滅亡は、日本に大きな影響を与えた。

明朝からの救援依頼は、《一六四五年から一六八六年まで、約四十年間にわたって二十回近く行われている》（三七頁）。

中国からの手紙に「正京皇帝」、「上将軍」、「長崎王」とあるのが、誰を指すのか不明なため、林道春は長崎に問い合わせの使いを送った（四二～四三頁）。

＊

重要な人物は、朱舜水《しゆしゆんすい》である。朱舜水は明朝の上流階級で知識人で、明帝と関係があったらしく、復興を志して日本に逃れた。三十七歳の光圀は朱舜水を師とし、以後十七年間師事した（四六～四八頁）。

朱舜水は楠木正成を再発見し、文天祥《ぶんてんしよう》（宋の忠臣）と同列に置いた（四八頁）。

《幕府が体制の御用哲学として採用した朱子学の正統主義が奇妙な結果をもたらすことになった。…幕府の正統性を証明しようとしたところ、何が正統かの論議を起す結果になった…。天下を平定して現実に支配している者が必ずしも正統性をもつわけではなく、…その資格がないのに不当に権力を行使しているのかもしれない…。朱子学は…両刃の剣で、体制の哲学にもなり得れば革命の哲学にもなり得る》(五〇頁)。

日本=中国論の源流

山本はいう、中国が滅亡したあと現れた、《「日本こそ真の中国」論ともいうべきものは、山鹿素行の『中朝事実』にはじまる》。蕃山にとっては、日本と中国は別のものだったが、《素行では「日本=中国」で、…今度は日本が絶対化される》(五三頁)。《日本はすべて…「絶対正しい」という発想だから、今の体制もそのまま正しく…極端な体制派になる。…尊皇思想家のように見えながら、幕府から…迫害されなかった理由はここにあった…。…戦時中の超国家主義の祖はだれかといえば、…山鹿素行》だ(五四頁)。

《日本=中国という発想を抱けば、中国が周囲の国々に対してとったと同じ態度であるべきだと言うのは当然の主張で…「アジアの盟主」意識の起源だ…》(五五頁)。

《しかし、日本=中国論は、やはり慕夏主義の一つであり、中国を絶対と考えるがゆえに、「日本こそ中国である」という形で日本を絶対化しているにすぎない》(五六頁)。

そこで素行は、林《道春の「天皇中国人説」に強く反論している》(五六頁)。ならば天皇が絶対なのか。《日本絶対の天皇中心主義…はあくまでも「タテマエ」であり、実際行動の基準ではなかった。…幕府の廃止とか、…天皇の親政とかいったことは考えたことがなかった。…望みは幕府の直参になることであった》。闇斎や絅斎とは違い、素行はまったく危険人物ではない(五八頁)。『聖教要録』を著し序文に、朱子は無視して孔子に帰れ、といった趣旨のことを書いて、幕府の怒りにふれ、赤穂に流されている。

＊

やがて日本人は、中国人の歴史哲学で日本の歴史をみようとし始める。すると、《「易姓革命」をどう評価すべきかという問題が出てくる》（六二頁）。

殷《いん》の紂《ちゅう》王のもとに、西伯（のちの文王）がいた。『史記』によると、紂王は、頭はよいが乱暴で徳がなかった。酒池肉林の宴を催し妲己《だっき》に溺れ重税を課し炮烙《ほうらく》の刑を科した。西伯、九侯、鄂《がく》侯の三公のうち、九侯の娘が紂王の言いなりにならなかったので娘を殺し九侯を塩漬け肉にした。鄂侯がこれを諫めると乾し肉にした。人望のある西伯も捕らえて幽閉した。この様子を描いたのが韓愈の『拘幽操』である。西伯は「天王聖明」と歌をよみ、君臣の義を絶対としていた。西伯の臣下が西伯を救出した。紂王は西伯を許したが暴政はやまず、人心は殷を離れた。西伯が死ぬと、子の発（武王）は父（文王）の位牌を奉持して決起し、自殺した紂王の首を斬り妲己を殺した。武王は周を興し、紂の子を諸侯の一人として周に従属させた（六二〜六八頁）。

そこで山本は問う、《武王の行為は…文王の行き方を継承したものと言えるであろうか。…伯夷・叔斉〔西伯に仕えんとした兄弟〕のように、武王の行為を絶対に容認できないとする者の方が、…文王の行き方を継承しているように思える》（六八頁）。

孟子は武王を完全に正しいとする。紂は、仁義を賊《そこ》なう者だから、すでに王ではなく一夫にすぎない。ゆえにこれを誅殺しても反逆にならない。《これが湯武放伐肯定論の基本である》（六九頁）。

佐藤直方は、文王の道、武王の道は「文武両道」で同一だとするが、無理がある。湯武放伐を基本的に正しくないとする、浅見絅斎のほうが筋が通っている。《だがその絅斎も聖人の武王を否定はできず、…例外のように扱う点では歯切れが悪い》（六九頁）。山崎闇斎は『史記』にあらわれる中国の政治哲学の限界を正しく指摘したのだ、と山本はこの節をしめくくっている。

もし孔子が攻めてきたら

さて、闇斎学派の朱子学解釈と、徳川幕府の体制とは、どういう関係にあるか。山本はいう、《幕府が…求めたものは、…「統合《インテグレーション》」の原理に基づく「個人的倫理」であった。…「凍結した戦国」がゆるんで自己の政権が危くなることはこまる。…ある体制の原理…を個人倫理とし、それで各人を拘束し、この状態を…固定しようという形になった》（七四頁）。

朱子学を「個人倫理」として編集し、教育してくれるなら、幕府にはありがたい。だから林家も、仁斎も素行も危険ではなかった。しかし闇斎は、危険であった。

《体制の外にある何かを人が絶対視し、それに基づく倫理的規範を自己の規範とし、それ以外の一切を認めず、その規範を捨てよと言われれば死をもって抵抗し、逆に、その規範が実施できる体制を求め、それへの変革へと動き出したら危険なはずである。この危険な「芽」はすでに闇斎にあり、弟子の浅見絅斎にははっきりと表われている》（七五頁）。

＊

山本は闇斎について、こうのべる。闇斎ははじめ僧、のち還俗《げんぞく》して儒者になり、さらに神道に入った。性格は狷介《けんかい》で人間関係でトラブルを起こした。《闇斎の朱子学は南村梅軒にはじまる「南学」であり、これは林家の「官学」とは別派と見るべきである》(七七頁)。闇斎はいわば求道者で、幕府の体制擁護の枠をこえ、朱子道ないし朱子教になっていく。

闇斎は、学識や独創性の点では同時代の儒者たちに及ばなかったが、《彼の特徴は論理的徹底性であり、それに基づく一種、エトスの転換とも言えることを、一つの絶対性をもって自ら実行に移し、同時にこの実行を弟子にも強要し強制し、これを行わねばすべてが無意味と考えていた》(七七頁)。

彼の学問を、「崎門学」という。一般の朱子学と崎門学は、どう違うのか。

第一に、《「天の秩序」(自然の法則)と「内心の秩序」(先験的な道徳法則)は基本的には一致するというのが、朱子学というより儒学の基本的な考え方である》(七八頁)。本然の性は「誠」で、何を行なっても聖となるが、それができるのは聖人で、「徳」があるからだ。聖人でないふつうの人間は、朱子の『近思録』が示すような規範を守って生活すべきである(七八頁)。

だがのちに日本人が理解した「誠《まこと》」は、《自己絶対化で、自己の内なる、これが「義である」と信ずる信念の絶対化が「誠《まこと》」であるということになる。…なぜこうなったのであろうか》(七九頁)。

山本はこの問いにこう答える、「誠」は、《道徳論の基礎であるとともに認識論の基礎であるはず…。…「誠」であるための方法論が「敬」であ》る(七九頁)。《闇斎は…この「敬」を絶対化し…自ら「敬義」とも号した》(七九頁)。《こうなると少々問題である。…「敬義」はただに一身修養の「工夫」ではなく、「敬義内外」一致となり、…そのまま自己の外を、広くは社会を、国家を強制的に律する基本になってくるから》だ(七九頁)。これを弟子に要求するところに、《日本独特の「教祖的絶対化」を生ずる》(八〇頁)。《師に向って論争を挑むなど…は、…ただちに破門を意味していた。

…弟子たちはただ戦々兢々と…師の言葉に耳を傾けた》（八〇頁）。《蕃山も素行も闇斎も晩年には神道に向うか神道的になるかの道を歩んでいる》（八二頁）。山崎闇斎の《歴史的役割を考えるなら、それは朱子学を土着化して崎門学とし、それを…観念の世界における議論から、現実に機能する規範とした》（八二頁）ことである。

＊

山崎闇斎の特徴は、《中国的な革命思想の否定すなわち「湯武放伐論」の拒否》（八二頁）である。このことがきわめて重要だと指摘する点で、山本七平はまことに鋭い。

闇斎は《朱子学の正統論には矛盾がある》（八三頁）と指摘する。王朝を建てた者はみな叛逆者ではないか。《では一体なぜ叛逆者が正統性を主張し、これへの叛逆者を賊といえるのか、…論理の矛盾ではないか》（八三頁）。《この論を矛盾として否定すると…革命の否定である》（八三頁）。これだけなら、幕府にとって歓迎すべき説になる。

弟子の浅見絅斎は、これをさらに徹底させる。簒臣《さんしん》、賊后《ぞくこう》、夷狄《いてき》の三つが正統でないとするのはよい。では、穏やかに治めさえすれば、正統か。大義が欠けている点は、大差ないではないか。《「天下を丸めたる者」はそれだけで正統性をもつとは言えないという議論にな》（八四頁）る。

絅斎は、『通《つ》鑑綱目《がんこうもく》』に正統とあるからといって、《朱子が根から許して置かれたと思うは、僻事也》（八五頁）という。朱子学の正統論は不徹底である、という主張である。本当に正しいのは、餓死した伯夷叔斉《はくいしゅくせい》の両名だけだという。《こうなると奇妙な結論にならざるを得ない、…もし朱子が日本の天皇を知っていたならば、これこそ、…唯一の正統性をもつ帝王である、と定義するであろうと》(八六頁)。

＊

晩年の闇斎は、神道に傾いた。ほかの有力な儒者も同じであった。《何でも神道と習合してしまうのは日本の伝統》(八八頁)である。

山本はいう、闇斎は、《孔孟を絶対化している者は、キリシタンが天主を絶対化して、日本を絶対化していないのと同じだといい、自分は、儒者であっても、そうではない》(八九頁)と強調した。もしも孔子孟子が日本に攻めて来たら、自分は武器をとり、《之と一戦して孔孟を擒《とりこ》にし、以て国恩に報ぜん。此《これ》即ち孔孟の道なり》(九一頁)、と闇斎はいう。民族主義の《崎門学とは朱子から見れば異端であったろう》(九一頁)。

闇斎の「日本＝中国論」は、《「彼も中国、またわれも中国」という…中心なき相対論》(九一頁)だった。これは、《思想的対等の主張乃至はその自己証明へと進まざるを得ない》(九二頁)。《一方では、朱子学を論理的に推し進め、それが理想とすべき体制は中国になく日本にあると証明し、一方では、神道そのものを…朱子学――ということは崎門学――で体系づけ》(九二頁)る方向に進むことになる。

国家神道という発想

山本は続けていう、神道は定義しにくい言葉だが、仏教伝来の後は《伝統的な日本の宗教を総称する言葉》(九四頁)だった。《奈良朝末期にはすでに神仏習合説が…、平安朝末期には本地垂迹説が出てくる》（九四〜九五頁）。これらは仏教が神道を取り込もうとしたものである。密教からは両部神道が、天台宗からは山王神道が出た。

卜部兼倶《うらべかねとも》（一四三五—一五一一年）は唯一宗源《そうげん》神道なるものを主唱し、《世の動乱に乗じて神道を独立させて独占し、…日本国中の神祇を…自分の支配下に置こうとした。…この意味では国家神道という発想は彼にはじまる…》（一〇〇頁）。神道のなかみは儒仏からの借り物だが、根本枝葉花実説で《天児屋根命《あめのこやねのみこと》の神宣に基づく日本の固有の思想が基本で、…中国に枝葉をのばし、インドに花開き、その実が落ちてまた日本に帰ったのだとする》（一〇一頁）から、なんの問題もない。

＊

闇斎も、林道春も蕃山も排仏であった。《キリシタンを外来の宗教として排撃した論理はそのまま仏教にも及ぶ》（一〇五頁）。《小型廃仏毀釈が起っても…不思議でない》（一〇五頁）。闇斎の弟子保科正之、光圀がそれを進めた。

唯一神道から吉川惟足《きっかわこれたる》が出て、《仏教的要素を排除する…理学神道》（一〇七頁）が興った。保科正之がこれに帰依し、闇斎はその影響で《惟足に学んで神道に入った》（一〇八頁）。《惟足より垂加霊社の号を付与され…垂加神道なる一派を起した》（一〇九頁）。

正統的な儒学者・佐藤直方

つぎに山本は、弟子の直方に目を向ける。闇斎が神道に走っても、直方と絅斎は同調しなかった。《絅斎が「文王・拘幽操」を絶対化し、直方は…「武王・湯武放伐論」を当然としていた》（一一〇頁)。

直方は、《朱子学正統派＝教条派的であり、…「日本的朱子学」なるものを…拒否し、神儒契合的な要素を絶対に排除した》(一一〇～一一一頁)。「日ノ神ノ託宣ニ…子孫ニ不行義ヲスルモノアラバ、ケコロ（蹴殺）サウト被仰《おおせられ》タナレバ、ヨイコトゾ」とのべている。絶対なのは天であって、天子でないという儒学の原則に合致している。

《日本の神話では…「天照大神が天皇を蹴殺す」などという発想はあり得ず、天地は無媒介的に連続している。…終局的には「現人神」ができてしまう》(一一二頁)。

《では「天」はどのようにして「皇帝」を「蹴殺す」のか。これが「湯武放伐論」である》(一一二頁)。直方は皇統について、同姓婚あり、《弑逆簒奪挙《あげ》テ数フベカラス》(一一三頁)、女帝もありと、口をきわめて批判している。《「日本＝中国論」など…認めなくて当然であった。…これが闇斎に破門された理由の一つだ》(一一三頁)。両者ともに「中国」であるという説も一笑に付す。日本は神道でよい、神儒一体なら儒学を学んでもよい、とする考えもとらない。《彼は…「習合」の誘惑を徹底的に排除した》(一一六頁)。

山本は続ける、《「習合」と「妙契」はどう違うのか。…前者は一種のシンクレティズムを当然とする行き方だが、後者は「混淆させて一致させようとはしないが、客観的に共通点があるのなら『ある』とする」の違い…であろう。…「客観的に『ある』」とするのが主観にすぎなければ、結果に於ては同じようになる。ただし後者には「証明」の義務が負わされ》(一一六～一一七頁)る。そこで崎門派にはつねに論争が絶えなかった。《この「証明」は実際にはできないとなると、あとは罵倒、絶交にならざるを得ない》(一一七頁)。

＊

さて闇斎は、《神道門人には朱子学を必修としたのに、儒学の方には神道の聴講を…強制しなかった》(一一八頁)。神道の門人が、儒学の講座に聴講に来て、しだいに上席に坐るようになる。しかも儒学は生涯学習なのに、神道では《闇斎は、秘伝の伝授を行なっている》(一一九頁)。これを「習合」ではなく「妙契」だといっても、三傑ら弟子たちは納得しない。

直方は、《孔孟程朱の道は天地不易で万国普遍の道であり、この前には日本・中国の差などは、はじめから問題にならない。日本の特殊性を主張して「孔孟の教えの土着化」などを主張するのはばかげた話》(一二〇頁)だと考える。

《外国の「世界観」を自らの「世界観」としてそれを絶対とすることによって生ずる問題は、まず崎門学に先駆的に現われて…いる》(一二一頁)。

丸山を意識してか、山本はのべる。江戸時代の儒学はリゴリズムの要素を強めたというが、《直方はその例外である。彼には…権威者的態度をとる必要が少しもなかった。…権威は『四書・小学・近思録』に置けばよく、自らが「権威」となってそれを「日本なる特殊性」と習合させる必要は少しも感じなかったのだから——》(一二二頁)。

偽書のたどった運命

以下は、丸山眞男に直接、言及のある箇所だ。山本はいう、《丸山真男氏はこの「正統」という言葉を「O正統」と「L正統」に分けている。…確かにこういう分類は可能であろうが、朱子学にはこの分類はなく、朱子学の正統《オーソドキシイ》がそのまま正統《レジティマシイ》であって、…そうなると、もし朱子学の正統《オーソドキシイ》にはずれている者が統治権をもっているなら、朱子学の正統《オーソドキシイ》が正統《レジティマシイ》になるように世の中を変えて行かねばならぬことになる。ここに、体制の学であるはずの朱子学が、…徳川幕藩体制を変革する尊皇運動のイデオロギーになり得る理由の一つがあった》（一二五頁）。

さて日本には、中国のような天の絶対性がない。《そのため絅斎は「湯武放伐論」を否定してしまう》（一二六頁）。だが直方は、「…天カラ見タ時ハ、桀紂ハ家老、湯武ハ用人物頭ノ様ナモノゾ。然レバ天カラ放伐ヲ命ゼラレタレバ、イヤハイハレヌゾ。…」と言う。《さてこれを日本にあてはめれば、「天カラ見タ時ハ天皇ハ家老、将軍ハ用人物頭ノ様ナモノ」となるであろう》（一二六頁）。将軍は天皇を討伐してよい。その基準は仁である。《ところが日本人はこのことを理解しないで、神儒合一などと…ばかなことを言っている》（一二六頁）。

直方は、禅譲も放伐もロジックは同じで、有能な統治資格者に政権が移行することだという。どちらになるかは、そのときの情況によることになる。《直方はそれを晴天に花見をするのと雨降りに花見をするのとの違いにすぎないといった。…目的は「仁」で…、「政治」とはその…ための手段にすぎない》（一二七～一二八頁）。

《直方が言っていることは…明瞭である。…中国思想と神道は基本的発想が全く違うから、…都合のよい『拘幽操』をとりあげて、中国で聖人とされている湯武を否定し、それで「神儒妙契」などといっても無意味だ…。禅譲であれ放伐であれ…「革命」だということを無視》（一二九頁）してはいけないのだ。

山本は続けて、尚斎の『拘幽操筆記』にもとづき、『拘幽操』について紹介する。

《直方のように見ていけば、…文王へ紂王が禅譲すれば理想的なはずである。…それが行われなかった際、第二の手段として放伐があり、…武王は紂を討った。討っても、これが聖人であることには変りはない》（一三一頁）。

《その前提をはずして、どんな暴虐な主君からどんな仕打ちをうけても、絶対服従でこれに仕えるのが「大忠臣大孝子大聖人」だと三宅尚斎のように受けとってしまえば、「君、君タラズトモ、臣ハ臣タリ」という日本的封建道徳になってしまう》（一三一頁）。

＊

この言葉は、中国の言葉だろうか。吉川幸次郎氏の調査によると、『孝経』の注釈にある言葉で、『古文孝経孔子伝』という、前二世紀に漢の孔安国《こうあんこく》が著したことになっているが、七世紀ごろ隋の時代に偽作された書物のなかに見つかったという。この書物は中国では失われたが日本で保存され、太宰《だ》春台《ざいしゅんだい》が復刻して中国に逆輸出された。中国のどうでもよい書物のほんの一行を、日本では金科玉条のように儒教の精髄としてあがめていたのだった（一三二〜一三三頁）。

＊

山本はいう、《直方は朱子学の「正統《オーソドキシイ》」をもって「正統《レジティマシイ》」とした。…その基本は何か。「湯武ハ天ト同徳ナレバ、実ニ天ノ子也。桀紂ハ天徳ニ反シタレバ、異姓也」であって、血統に基づく帝位の継承を原則としていない。…「いわゆる万世一系」（正しくは「百王一姓」）などということは…何の評価にも価しない》（一三四頁）。

《第一彼は、死人を神として礼拝し、それによって何らの力が得られるなどということは全く信じていない。…儒学は本質的に無神論なの》だ（一三四頁）。

《「静」なる状態が宇宙の秩序の基本で…道徳の法則の基本なのである。…心が外物に動かされなければ両者自動的に一致する。しかし人間は知覚をもっているため、心が外物にふれてこれに感応すると情がはたらき、欲望を生ずる》（一三六頁）。

《「静」なる状態なら、中・正・仁・義にかない、その行為はおのずから道徳に一致》（一三六頁）するはずだ。《これが「天理」であり、…人間の心も司っている。…これが五行の性で仁義礼智信をいい、愛することを仁、事を決してよろしきを義、筋道を立てるを礼、是非善悪に通暁することを智、実を守りたがわぬことを信という》（一三六頁）。ひとことで言えば「徳」であり、《この天子が位につけば天の秩序はそのまま地上に成就する…。「万世一系」だから正統だなどという議論ははじめから成り立たない》（一三六頁）。

《直方から見れば「儒神一致」とか「神儒妙契」などという考え方は、ばかばかしくてお話にならない》（一三七頁）い。

殉忠の思想

山本はつぎに、浅見絅斎に目を転ずる。《浅見絅斎…の行なったことは、前記の「敬義内外」一致を基とする「絶対的な個人の規範」通りに人びとを動かす原動力をつくることであった》（一三九頁)。

《素地は…出来ていた。素行の「中朝論」》は《日本人こそ真の中国人…である》という(一三九頁)。《誠《まこと》は「忠信」であるという儒教的発想が、正統性への絶対的忠誠すなわち殉忠と一体化し、…日本人が守らねばならぬ絶対的規範だということになる》(一三九頁)。

《中国…でも…殉忠の人などは例外者である》(一四〇頁)。けれども、絶対的規範となりうる。《この模範とすべき典型的な殉教者的中国人八人について記したのが絅斎の『靖献遺言』である》(一四〇頁)。

絅斎は近江の町人の生まれで、父の期待を背負って学者となり、闇斎と出会って心服し《一一〇パーセントの武士》となった。《「闇斎より闇斎的」といえるのが彼であろう》(一四一頁)。晩年は家業が傾き困窮したが、だれの招聘にも応ぜず、「仰ぎて君となすは、独り天子あるのみ」と言った。

彼は『靖献遺言』の劉因《りゅういん》を範とし、「処士」として市井に過ごした。生活も講義も合法的で説くのは官許の朱子学。《だが合法性を論理的につめて行けば幕府こそ非合法的存在であることが論証できる》(一四二頁)。それを人びとが納得したときどう行動すべきか、実例を示す生き方を厳格に自らに課した。

＊

『靖献遺言』は《生死を問題とせず絶対的規範を順守した者の最後の言葉》(一四三頁)というような意味で、《西欧の「殉教者列伝」に…似ている》(一四三頁)。それと似た影響を与えて不思議でない。

山本は、『靖献遺言』の内容を紹介する。それは、屈原《くつげん》、諸葛亮、陶淵明《とうえんめい》、顔真卿《がんしんけい》、文天祥、謝枋得《しゃぼうとく》、劉因、方孝孺《ほうこうじゅ》、の八人の苛烈な生涯を記す。《範を中国に求めたのは、それに等しい例を日本史に見出すのがむずかしかったこと、と同時に…、日本人こそ真の中国人なのだから、これが日本人の規範であらねばならぬ》（一四五頁）からだった。

《絅斎…は、…朱子学の正統論を一歩進めて、幕府を「簒臣」と規定した…。…本当に望んでいたのは…実際行動で…その日に備えて武術をも怠らず、…江戸を敵地と考えていたので生涯江戸の地を踏まず、…京都を離れなかった。またその門人の三宅観瀾が光圀の招聘に応じて『大日本史』の編纂に従事することにな》（一四六頁）った際は、《水戸とて幕府の分れ、武家に仕えるのはけしからぬとこれを破門した》（一四六頁）。

絅斎が範とした劉因は、フビライの招きに応じず、「処士」として生涯を過ごした。同時代の許衡《きょこう》はモンゴルに仕え、朱子を評価したことで功績があった。しかし絅斎は、許衡を認めない。それは幕閣にあって尊皇を説き、《問題の焦点をあいまいにして、幕府を強化しているような存在》（一五三頁）、あるいは《「官給進歩的文化人」》（一五三頁）である。

《劉因の言わんとする所が明らかになるであろう。天地の秩序は絶対であり、その絶対に基づいて聖人は人間社会の秩序を立てた。…これに従うことは、たとえ短い生涯であっても、その間に「天地と相終始する」ことなのである。…それに則して生きかつ死ねばよいのであって、ただ死を恐れて生を欲する》（一五四頁）ことはむなしい。そうであれば、《正統性を絶対化し、その回復のためにいつ死んでもよい、という人間が出て来て不思議ではない》（一五四頁）。

政治が宗教になる世界

山本は、『靖献遺言』のクライマックス、方孝孺のエピソードを紹介する。

永楽帝は名君で中国に黄金時代をもたらしたが、甥の建文帝に叛乱を起こした「簒臣」だった。方孝孺は、一族を皆殺しにされても、彼を「簒臣」だとして、皇帝と認めなかった。

方孝孺は太祖に重用され、名声が高かったので、永楽帝は即位の詔勅を方孝孺に起草させようとした。頑として聞かないので、《宗族の坐死する者八百四十七人》(一六〇頁)。妻は自殺し、娘二人は連行される途中で河に身を投げた。妻の親族や友人も殺害され、弟も孝孺の目の前で殺されることになった。孝孺が涙を流すと、弟は逆に兄を励ました。最後に孝孺を門外に磔《はりつけ》にし、刀で口を耳まで裂き、七日かけて殺した。その間、罵声が続き、命が絶えてようやくやんだという。

＊

《皮肉なことに、朱子学を正統の学として保存して来たのは、実は、朱子学の基本に違反した人たちであった。…永楽帝も…天下に令して朱子の書以外は禁じた…》(一六七頁)。

絅斎はこのことを、どう考えていたか。彼は、永楽帝に方孝孺がいたように、どの時代にも《豪傑の才、…確く綱常を守り、むしろ世を避け義に就》(一六八頁)いて、朱子学を守ってきた、とする。

だが、誰かが殉教者だと、決める作業はまた問題をうむ。《人々がそれを殉教者として賛美している限り「自分は殉教者の側に立つ」と自称する者に、その社会は対抗できない。従って批判はできない。だが実際に殉教する者はまれであり、殆どのものはぎりぎりのところで変節するであろうが、その瞬間まで彼は、生きていながら「正しい死者」の位置に身を置いて絶対的な権威をもちうる》（一六九頁）。

崎門学の殉教の対象は「神」ではない。しかし「政治的神」が必要である。《その奥にはすでに「現人神」が存在するのである》（一六九頁）。

《日本人は元来、政権に安定と保護と繁栄を求めても、政治に救済を求めない。言いかえれば政治的殉教者はいない…。…日本人にとって政治とはあくまでも統治の技術であ…った》（一六九頁）。《それでいて日本人は、常に、政治的絶対主義を尊敬し、そうでない自分を劣れる者と見なしたがる。…そのために常に「現人神」を求めつづけ…る》（一七一頁）のだ。

志士たちの聖書《バイブル》

《明治は、一種の〝危険思想〟のようにこの書〔『靖献遺言』〕を消した》（一七二頁）。

『靖献遺言』の議論の中心は、「謝枋得」編である。全体の半分近くを占めている。山本は、これを紹介する。

「謝枋得」編は、三章からなり、時系列と逆順に並んでいる。第一章は、謝枋得について。第二章は、宋が元に滅ぼされるまで。第三章は、理宗の登位は正統性にもとったこと。

謝枋得は、宋の理宗帝の時代に郷里から推薦されて試験を受け成績抜群であったが、硬骨漢で、下級官を歴任し、元が進攻すると迎撃して敗れる。《部下を失った敗軍の将枋得は戦死もせず自殺もせず、家族も棄てただ一人「敵前逃亡」をする…》（一七八頁）。変装し売卜《ばいぼく》で食いつなぎながら福建省まできた。地元の役人に、元に仕えるよう説得されるが拒否して義を貫き、最後は餓死する（一八一頁）。

謝枋得が仕えなかった理由は、三つだという。第一に、祖母や親族で死亡した者の本葬をまだしていない。第二に、戦場から逃亡したが自分はまだ元に降服していない。第三に、太皇太后が人民の苦難をみかねて宋の国を元に差し出し無条件降服したことは、十分に理解でき感謝するが、しかし臣としての自分の義がそれでくじかれるわけではない（一八七頁）。

《「士」は、「義に則していない命令」を拒否できた。もちろんその前に「諫」が必要だが、「三度諫《みたびいさ》めて聴かれざれば即ち去る」の拒否権をもっていた》（一八七頁）。《これより見れば、中国の皇帝は、いかに絶大な権力を所有しようと「現人神」ではあり得ない》（一八七頁）。《従って彼は、たとえ宋が亡びても自らの規範を失うことがなかった》（一八八頁）。

中国の皇帝は、現人神ではありえない、という山本の指摘は重要である。

売国奴と愛国者のあいだ

山本はいう、《戦前の日本人は、ある行為をすれば亡国になり、その逆をすれば必ず勝者となって安全であると信じ込んでいた》（一九三頁）。なぜなら、《絅斎が「謝枋得」編で長々と記した宋滅亡の経過とそれへの朱子の批評である。…和平派は全部売国奴で…尽忠報国の岳飛に象徴される軍人はみな愛国者なのである》（一九三頁）。《譲歩妥協して他国と条約を結ぶことさえ悪になってしまう》（一九三〜一九四頁）。《非常に把握しにくい客観情勢の変化が入る余地がなくなってしまうのである》

（一九五頁）。

《それは一言でいえば「攘夷」なのである》（一九五頁）。

幕府も誰もが尊皇を主張しているのに、絅斎が尊皇を唱えても変革はできない。《「尊皇攘夷」となれば、「攘夷でないものは、たとえ…本人が尊皇を口にしても、実際は尊皇ではない」という主張ができる》（一九六頁）。洋夷＋東夷（幕府）を一掃すること、が真の尊皇になる。

＊

宋末の内外情勢は複雑怪奇で、和平派と抗戦派の論争と謀略が渦巻いていた。そのとき朱子が和平に反対して唱えた主戦論の言葉は、絅斎にとって、また幕末の志士にとって、神託のように絶対的に作用した（一九九頁）。

朱子の言葉を受け、絅斎はこう結論する。「古《いにしえ》より国家の敗亡を見るに、その失、講和より甚だしきはなし。…実に万世の殷鑑《いんかん》（戒めとすべき前例）なり」。《これでは「平和」を主張する者はすべて「亡国の徒」になってしまう》（二〇二頁）。

いまから見ると、馬鹿馬鹿しいとみえるかもしれない。しかし、《絅斎の発想に従ってやって来た幕末から維新にかけての行き方が一応の成功をおさめて来た》（二〇二頁）のは事実なのだ。

『靖献遺言』の八人の共通点は、《みな、何らかの形で「現実の体制の外」に絶対性を置き、その絶対性に従うことが「義」だと考え、その「義」のために、体制が自分を殺しても外敵に亡ぼされてもそれを甘受するという行き方である》（二〇三頁）。それが個人倫理ではなく、国民倫理でもあらねばならぬとする。《これは国家民族の存続よりも、ある種の対象が絶対化され、そのためには全員が殉教してもよいという考え方になる》(二〇四頁)。

山本は問う、《なぜこの『靖献遺言』が現実へと機能したのか》(二〇五頁)。朱子がこう言ったという外国の話なら、歴史的事実であり研究対象にしかならない。《だが…『中朝事実』以降、中国とは日本のことであり、朱子は自己の伝統の形成者なのである。…これは過去の外国の思想がイデオロギーとして機能する第一歩であり、絅斎のとき…下地は形成されていた》(二〇五頁)。

＊

加えて《その思想の体現者・殉教者がおり、…各人の絶対的規範とならなければならない。…中国人朱舜水は、正成と正行のなかに文天祥を見ていた》(二〇五～二〇六頁)。藤田東湖《とうこ》は、文天祥の「正気の歌」にならって、「正気の歌に和す」をつくった。比べてみると同じでない。《しかし東湖自身も、…これを吟じて〝軍歌〟にしたものも決してそうは思っておらず、文天祥＝正成・正行の思想と行動を真に継承しているのは自分たちだと信じているのである。…異質の文化の中に生れた異質の思想が、他国に移転してイデオロギーとして機能しはじめ、中国には存在しない「現人神」を生み出していくのである》(二〇七頁)。

歴史への「共鳴・掘り起し現象」

山本七平はさらに、崎門学と日本史との交錯へと論を進める。

普遍的思想が流入すると、伝統文化のなかにあったものと共鳴し、掘り起こすことになる。社会主義が掘り起こしたポル・ポト政権の残虐性もそうであった。

朱子学は、《闇斎の垂加神道に象徴される国家神道》(二一六頁)を掘り起こした。

加えて、歴史ブームが起こり、幕府は林道春、春斎父子に命じて『本朝通鑑』を編纂させた。

《正閏論とは…『三国志』のような状態が現出した際、いずれの王朝を正統とするかという議論だが、これが日本に移入されると「南北朝正閏論」を掘り起す》(二一八頁)。

三国志について、司馬光は統治の実態から、魏を正統とし、朱子は劉姓の蜀を正統とする。しかし《正統性を絶対化して…殉じた者への賛美では両者…に差はない》(二一八頁)。『資治通鑑』の張巡《ちょうじゅん》は、安禄山の乱で玄宗と離れ孤立して戦った。馬を食い鼠を食い、愛妾を食い、老弱を食い、投降の呼びかけを拒否し、ついに玉砕する。皇帝が名君であるか暗君であるかは関係なく、義に殉じている。

日本書紀が再発見され、後陽成《ごようぜい》天皇が神代の巻を刊行させ、慶長十五(一六一〇)年には全部が刊行された。清原国賢《くにかた》の『日本書紀』跋文にはこうある。「けだし神道は、万法の柢たり。儒教は枝葉なり。仏教は花実なり。彼の二教は、みなこれ神道の末葉たり。…神国に於ていかでか神書をうとんぜんや」(二二一頁)。

《春斎は『本朝通鑑』では…次のように記している。「本朝通鑑前編三巻、日本書紀を以て正となす。…神国の宗源をたずね、皇胤の正統をたっとぶ。もしそれ少康泰伯の事(天皇中国人説)は、すなわち異域の伝称するところ、今は取らず」》(二二一〜二二二頁)。

＊

こうして、歴史への関心が整えられた。《光圀が『大日本史』の編纂を思いたった背景には、以上の…歴史ブームがあった。…その編纂は、副次的にさまざまな著作を生み出したが、その中で忘れることができないのは、栗山潜鋒の『保建大記』と三宅観瀾の『中興鑑言』であろう。…『靖献遺言』とともに、…明治維新を招来した革命の書だ…》（二二二頁）。

水戸学は、《崎門学の亜流の雑学》（二二二頁）であるが、明治維新には決定的な影響を与えた。安《あ》積澹泊《さかたんぱく》（朱舜水の直弟子）、栗山潜鋒《せんぽう》（闇斎の孫弟子）、三宅観瀾《かんらん》（絅斎の弟子）、の三人が中心人物である。

光圀が『大日本史』の編纂を思い立った動機は、よくわからない。忠誠の対象は幕府でなく天皇であり、天皇の命があれば幕府を倒してもかまわないという、自分のイデオロギーを歴史的に証明したかったのではないか、と推測できるかもしれない。

徳川慶喜は父に言われた、《「…わが水戸家は祖先以来、一意勤王を以て本旨とし、…もし宗家が朝廷に対して弓を向け…れば、…宗家を亡す決心なかるべからず…」》（二二三〜二二四頁）。崎門学イデオロギーは水戸藩、そして幕府のイデオロギーとなって、大政奉還に結びついたのである。

光圀は小石川の藩邸に彰考館をおき、二十六歳の安積澹泊が総裁となった。澹泊は中国語がよくでき、新井白石、室鳩巣、荻生徂徠とも親友で、八十二歳で死去するまでその職にあった。

編纂の作業は困難だった。《史料があっても…そのまま信頼できず、…信頼できる史料さえない場合があり、…たとえ史料があっても、日本の典礼、掌政に習熟していなければ正しい理解把握はできない》（二二六頁）からである。

聖人から極悪人へ

山本はいう、義は、天地ある限り滅びないはずだから、生を捨てて義に生きる生き方がありうる。すると裏返しに、宋の滅亡はこの基準に違反したからだ、という考え方も出てくる。形而上学からする歴史批判である（二二七～二二八頁）。

司馬光は、《「正閏の際《けじめ》は敢て知る所に非ず。但だその功業の実に拠りてこれを言うのみ」》（二二九頁）とのべ、天下を統一すれば結果的に正統だという考えを示した。朱子は、これを批判した。

司馬遷の確立した「紀伝体」は、本紀（歴代王朝の帝王）、世家（諸侯国の列国史）、列伝（人物の伝記）、表（年表）、書（制度史）に分かれている。記述を年代順に揃えることはできない。『資治通鑑』は編年史的に編纂してあり、論賛（批判）が付してある。

『大日本史』は両方を取り入れた。《㈠朱子の正統論を中心に据え、…㈡『史記』のように紀と伝を分けていながら、その各々に論賛を加え、それによって㈢日本史を記す》（二三〇頁）ものだった。

＊

山本は続ける、《『大日本史』編纂の基本方針が二転三転し論賛は支離滅裂ともいうべき奇妙なものになり、最終的には削除されてしまった》（二三〇頁）。

《まず問題は、南北朝の正閏である》（二三〇頁）。南朝が正統だと考え、《北朝を「列伝」に入れ、足利尊氏を「叛臣伝」に入れたらどうなるか。以後の天皇家は、叛臣によって虚位に就けられた正統性なき存在となるであろう。…徳川家も、その支配権の正当性を失うことになる》（二三〇頁）。《「三種の神器」…をもっていれば、…正統性を持つ》（二三一頁）としても、《少なくとも北朝のうち光厳院、光明院などは偽の神器しかもっていなかったのだから、叛臣に擁立された偽帝としなければならない。…もしそれを正統とするなら、…中国のように王朝の交替があったことになり、「万世一系」なるがゆえに正統であるという議論は成立しなくなる》（一三一頁）。

澹泊が総裁として彰考館に入ってから、方針を再検討し、《一応「南朝を正統」とするが、神器が京都に入ってからは後小松帝を正統とすることになった》（一三二頁）。

論賛をどう書くかも問題だった。澹泊の草稿は率直なものだったらしいが、そのあと改められた。山本が引用するのは、

・天皇大友紀の賛
・天武天皇紀の賛
・欽明天皇より以下、崇峻天皇に至る紀の賛
・推古天皇・舒明天皇紀の賛
・聖徳太子厩戸伝の賛
・逆臣蘇我馬子及び子孫の伝の賛
・北条義時伝の賛
・北条泰時伝の賛
・伊賀光季伝の賛

である。《澹泊は、聖徳太子をまるで叛臣のように扱っている…。…「仏」を絶対としたことが、正統性の絶対が否定されてゆく原因なのである》（一三五～一三六頁）。伊賀光季《みつすえ》は、《承久の変における

京都守護》（二四三頁）だが、《後鳥羽上皇の召に従わず、父子官軍を拒《ふせ》ぎ、力闘して死す。京師に在りては則ち逆臣たり、関東に在りては則ち忠臣たり。その禄を食む者《は》は、その難に死す。守職の臣は、分《ぶん》、当《まさ》にこの如くなるべし》（二四三頁）。そういう言い方が通るなら、楠木正成は北条氏の家人だったから、天皇の軍と戦うべきだということになるはずだ、と山本はいう。

「輸入史観」適用の無理

山本は、澹泊の論賛を、なおも紹介する。

・楠正成伝の賛
・足利尊氏伝の賛
・新田義貞伝の賛

山本はいう、《光季も立派だが正成も立派、正成は張巡に等し》（二四五頁）い。《一切を無視して正統に殉ずるのも立派、正統を無視して「守職の臣」の「分《ぶん》」に殉ずるも立派》（二四五頁）ということだが、澹泊はそこに矛盾を感じないのか（二四五頁）。

足利尊氏《たかうじ》については、どうか。尊氏は、北条氏をも後醍醐天皇をも裏切っている。その論賛は、《「尊氏も悪いが、武士団も悪い、しかし天皇もよくない」にな》（二四七頁）ってしまっている。

新田義貞《よしさだ》はどうか。《徳川家は新田氏の裔と称した》（二四八頁）のだが、論賛は、《あくまでも天皇に忠誠であった新田氏は、一時的には敗滅したとはいえ、徳川家になってついに天下を得た》（二四九頁）とする。これは応報論であって、《一種の相対論》（二四九頁）だ。方孝孺について絅斎がのべていることとは大いに異なる。

安積澹泊には、闇斎・絅斎にない考え方がある、と山本は注意する。

㈠ 天皇の政治責任・戦争（内乱）責任を問う「天皇責任論」
㈡ 忠・不忠の「未来応報論」
㈢ 「その禄を食む者は、その難に死す」の、「主従絶対論」
㈣ 「勢去り」「時、利あらず」の「民心動向論」
㈤ 「天に非ずや」の天命論

である（二四九頁）。さらに山本は、二つの論賛を紹介する。

・後醍醐天皇紀の賛
・長慶天皇・後亀山天皇紀の賛

後醍醐天皇は、皇后の《言葉にまよって賞罰を乱し、…諫臣が去って紀綱が乱れ、忠臣…の戦野に惨死したものは放ったらかしておく無責任で、…暗愚な支配者だった…。たった一つ立派だったのは…「神器」を、けわしい山の中で保持しつづけていたという点》（二五〇頁）である。

《後醍醐は天命があると考えて神器を保持し、後亀山は天命すでに去れりと考えて神器を後小松にわたして南北朝が合体した》（二五一頁）とある。このあと《後小松帝の賛に「神器の軽重は、人心の向背に係る。人心帰すれば則ち神器重く、人心離るれば則ち神器軽し」と》（二五一頁）ある。

朱舜水は《夷狄の満州族の正統性を絶対に認めず、…明朝回復運動をつづけ、…ベトナムに舟山列島に奔走し、六回目の来日にはじめて亡命・定住を決意した》（二五二～二五三頁）。彼を批判する日本の儒者もいるが、正統絶対をふりかざしながら、それが否定されている幕藩体制下に安住しているだけではないか。山本の議論は、原則的だ。

崎門学は朱子学なのか。崎門学では《崎門絶対で、反対者への態度は「異端審問」的になる。…絅斎門下では「湯武放伐論」を是とする者は打ちはたしてよい、といった気風まであった…。では、…孟子が絅斎のところに入門したらどうなるか》（二五四頁）。

＊

『孟子』は湯武放伐を、どのように考えるか。《孟子は「仁を賊《そこ》ない、義を賊《そこ》なう者」は「残賊」だから、湯王も武王も、残賊の一匹夫を誅殺しただけで「君主を殺した」とは聞いておりません、と答えている》（二五五頁）。ならば《「簒臣」ではないから、正統性をもつことになる》（二五五頁）。《「簒臣」はあくまでも内政問題で、「夷狄」は外交問題…である。…この両者を…併列して論ずること自体がすでにおかしい…。「賊后」…は中国では則天武后…、はじめから定義が明確…。一番問題なのは「簒臣」の定義である》（二五六頁）。

注記しておけば、山本はここでこのようにのべるが、「賊后」は、不法に政権を奪った者とその後継者、の意味にとるほうがよいだろう。

孟子は、君主を放伐した者が「簒臣」かどうかを判別する基準は、《「人心の動向」》（二五六頁）だとした。《この人民の動向が「天命」であった》（二五七頁）。禅譲でも原理は同じで《皇帝は後任を「天」に推薦できるだけで…「天の意向」もまた民心の動向に表われる》（二五七頁）。

では、伯夷叔斉を、孟子はどう評価するか。孟子は伯夷を、伊尹《いいん》、柳下恵《りゅうかけい》と並べて相対的に評価する。《孔子以前の伯夷は決して絶対ではな》（二五九頁）いとみる。《「四書」を絶対とするなら、絅斎の「伯夷・叔斉」絶対論は確かに少々おかしい》（二五九頁）。

＊

山本は、武家政権の評価に論を進める。

《この点で、最も興味深いのは、天皇家から武家への政権の移行が、天皇家の「失徳」によると論じた栗山潜鋒の『保建大記』である》（二六〇頁）。

澹泊の論賛が支離滅裂になるのは、幕府があるからだ。中国に幕府はない。筋を通すなら、《幕府を否定…するか、…朝幕併存は中国よりまさる立派な政治機構だとするか、いずれか…。…天皇の命に直接に従った者を「君側の奸」として、正成も義貞も否定すれば、…筋が通る。だがそれには…朱子学の否定・排除が必要であろう。…彼には出来ない。それならば結局、「日本の歴史の過ちを自ら正す」という形で、大政奉還に帰結してしまう…》（二六一頁）。

源義朝は大悪人か

栗山潜鋒は早熟の天才で、十八歳で『保平綱史《ほうへいこうし》』を著し、二十三歳で彰考館の館員となり、そこでの議論を踏まえて改訂出版したのが『保建大記《ほうけんたいき》』である。三十七歳没。この著は衝撃を与えたが、あまりの名文のため、一般の人びとにはわかりにくかった。そこで、闇斎門人の谷秦山が『保建大記打聞《うちぎき》』という連続講義を行なって、それを出版しているほどである。

山本は《戦後になって本気で尊皇思想を調べはじめ…『保建大記』に示された天皇批判と天皇の政治責任の追究に驚いた》（二六三頁）という。《戦後の戦前批判に一貫して欠けていたものが、戦前の「現人神」の「神の像《イマゴ・デイ》」は一つの「思想」の結実であり、その結実までには実に長い歴史的経過があったということへの無視と無知…である》（二六三頁）。

《「保」は「保元」、「建」は「建久」であり、天皇家が政権を喪失してこれが武家の手に移った日本史の一転換期の史論である》（二六三頁）。《これほどの失政の君主、これほどの強権の臣下がいながら、…神器を奪って天皇になろうとした人間がいなかったという奇蹟を喜ぶ》（二六四頁）べきである。

君主の失政とは、具体的に言うと、

・崇徳《すとく》上皇（兄）が後白河天皇（弟）の位を奪おうとした。

・近衛天皇は、弟であるのに兄を養子にし、親族秩序（昭穆《しょうぼく》）を乱した。

・鳥羽上皇の寵愛する美福門院《びふくもんいん》が政治に口を出し、近衛天皇を即位させ、さらに二条天皇（守仁《もりひと》）に皇位を継承させるため、後白河天皇を即位させた。

秦山はいう、《帝ト申テモ院ト申テモ、皆天道ヲ身ニ体シ行ヒ、天照大神ノ統ヲ継ナサレタル天子、皆…二ツナイハズノ主君ヂヤ、…如何択ンダモノデアラフゾ》（二六八〜二六九頁）。《日本の場合はあくまで天皇側に立てばそれが正しい、とは必ずしも言えず、もしそう言えるなら、安徳天皇を奉じた平家側が正しく、後白河法皇の院宣を基にこれを追討している頼朝は逆賊ということになる。だが別の面から見れば、鳥羽上皇に、近衛帝への譲位を崇徳帝に命ずる権限があるなら、崇徳上皇にも後白河帝に重仁親王への譲位を命ずる権限があることになり、この命令に従わない後白河帝の方が反逆者ということになろう。こうなると、正統性を何によって定めるかは、不明になってしまう》(二六九頁)。

*

潜鋒は言う、《「院(崇徳)は兄たりと雖も、位を去ること久し。帝は弟たりと雖も、当今の天子なり。…未だ失徳有らず。院の兵を構うること、其何の名あらんや。是の時に当りては、宜《よろ》しく、躬《み》、三器を擁するを以て正と為すべし。…」》(二六九頁)。しかし神鏡は天徳・長久の火事で焼け、宝剣は壇ノ浦で逸した。《後鳥羽天皇三種ノ神器無シテ位ニ即《つき》玉ヒシハ、人謀ノ差《たが》極《い》レリ》(二七〇頁)と、秦山は言う。

山本はいう、《中国と違って、法皇・上皇・天皇のいずれが統治権を持っているのか不明であった日本では、「神器の保持者」という基準しか出てこない…》(二七〇頁)。《理由の如何を問わず神器のある方につけばよいということになり、その点で潜鋒は清盛の行為を正しいとし》(二七〇頁)ている。

《この乱(保元の乱)の経過は、…崇徳上皇側の敗走に終る》(二七一頁)。《潜鋒の考え方は…明確で…、朝廷が武家に権力を奪われたのは、朝廷自体が規範を失ったからだという。その筆頭が白河帝であり、ついで鳥羽帝、崇徳帝、後白河帝とつづく。…規範の喪失した「失徳」の状態を回復し、「徳」に基づく生活をし、…政治を行うことが第一なのであって、それを行わずに、(一)過酷な刑罰を下したり、(二)組織の一新や建設などを行なっても、すべて無駄であると説く》(二七三頁)。

崇徳上皇側の処分は厳しかった。清盛は、自分がおじ忠正を殺せば源義朝《よしとも》は父の為義《ためよし》を殺すだろうと考え、忠正を処刑し、義朝に父を殺せと迫った。義朝は天皇にも命じられ、やむなく為義を処刑した。潜鋒の言う通り、儒教では法ではなく血縁原理が絶対である。《「瞽瞍〔舜の父〕人を殺さば、善悪をえらまず負てのがれて隠れ玉ふべしと、孟子ものたまふ…」と、石田梅岩のような町人学者ものべている》（二七五頁）。《この場合に義朝がなすべきことは、父とともに処刑されても、天皇の命令には従ってはならないこと…》（二七五頁）であった。

義朝は、平治の乱で天皇に背いてもいるから、忠孝のいずれにも反している。けれども日本人は、義朝に同情的で、神にも祀られている。山本はコメントする、《これから見れば日本人は決して「忠孝」絶対の民族ではない》（二七六頁）。

潜鋒は、助命すると偽って出頭させ全員を殺すような行為は、仮に法的に正しくても、失徳の行為だと批判する。三百四十年間も死刑は実施されなかったのに、保元の乱を境にゲームのルールが変わってしまった。

＊

自ら権力を放棄した朝廷

山本は、つぎのように、保元の乱を総括する。

朝廷は《なぜ政権を武家に奪われたか、それは朝廷が規範を喪失して背徳行為を重ね、自ら政権を放棄した結果である。簡単に言えばこれが潜鋒の結論である》（二七八頁）。

第一段階。白河帝（父）が鳥羽帝（子）の女御に通じて崇徳帝を生ます。鳥羽は、自分の子でないと知っている崇徳帝に、近衛帝への譲位を強要する。近衛が死ぬと、その兄の後白河帝を立てるが、どちらも寵妃の美福門院のさしがねである。鳥羽帝が死ぬと、崇徳帝は皇位を奪い返そうとして、保元の乱となり、敗れて讃岐に流される（二七八頁）。

第二段階。後白河上皇は、二条天皇に譲位し、ホモ相手の藤原信頼《のぶより》を近衛大将に任じようとして、信西《しんぜい》にたしなめられる。信頼は義朝と結び、平治の乱を起こす（二八〇頁）。

《結局、天皇家・公家なるものが勢力を失って行ったのは、上皇後白河が直接に清盛と手を結んだ結果である》（二八一頁）。

＊

義朝について、潜鋒の評価はどうか。

《朝廷が血縁倫理の規範を失う。そうなると臣下が「君臣の義」という組織原理の規範を失う。その両規範の喪失は父を処刑して…反乱を起すという…許すべからざる人間を生み出す。しかし社会も…両規範を喪失しているがゆえに、義朝を批判する者はなく、…同情が集るという倒錯した状態を現出する。そして…朝廷が政権を喪失するに至る。これが潜鋒の考え方である》（二八四頁）。

《この点…信西と清盛も責任を免れ得ないと》（二八四頁）、潜鋒は言う。

《後白河は、長幼の序を乱して、姪《おい》の皇太子に叔父を立てるという倒錯を行う》（二八五頁）。《仁安元年、…憲仁親王を以て皇太子と為す。憲仁は上皇の第五子、帝に於ては叔父たり。帝は年三歳にして、太子は六歳なり。時人、これを笑う》（二八五頁）。甥が叔父を子としたのであるから、《父、父たらず、子、子たらず》（二八六頁）である。《潜鋒の立場は峻厳な儒教的リゴリズムであり、それに基づく批判である。…この原則に違反した行為は天皇であろうと臣下であろうと容赦はしない》（二八七頁）。

＊

天皇が君、君たらずであれば、臣、臣たらずで、義朝、清盛が現れる。清盛を撃とうとする以仁王《もちひと》について、《潜鋒は…一応は評価しつつも次のように評する》（二八八頁）。《以仁王の兵を徴するや、令して曰く『位に即きて賞を行わん』と。…此れ、王も亦君父に叛するのみ》（二八八頁）。とは言え、清盛が法皇を幽閉し、上皇を脅迫し、外孫を安徳天皇として擁立するような状態のとき、たった一人で抵抗し、法皇を救出したのは、よくやったと評価する。

平家が逐われて、義仲らが京に入ると、法皇の決定で、高倉天皇の第四子が後鳥羽天皇となった。《時に年四歳。践祚に神器無きは、古に無き所なり》（二八八頁）。

後白河法皇は、《義仲に頼朝追討の院宣を出し、ついで頼朝に平家追討の院宣を出し、つぎに義経に頼朝追討の院宣を出し》（二九〇〜二九一頁）、権威を喪失し、ついに政治に関わらないと頼朝に約束する。《朝廷に代わって、頼朝は全国に守護・地頭を置いてその支配権を確立していく》（二九二頁）。

「華」を目指す「夷」の優等生

山本は、中国の価値規準によって、日本の歴史を判定することの困難を指摘する。

《日本は「華」なのか「夷」なのか。これは徳川時代にさまざま論じられ…「議論の基準」がすべて「中国の尺度」なのである。…それが時には「日本＝東夷論」にも「日本＝中国論」にもなる。…やがて「中国は中国、ただし中国が中国というなら日本も中国」という形に落着く》（二九六頁）。

《潜鋒の意見は、…浅見絅斎の議論に基づいていると思われる。…『絅斎先生講義』…を…引用しよう》（二九六頁）。《わが国に生れて、わが国…たとい徳及ばざる迚《とて》、夷狄の賤号を自ら名乗り、とかく唐の下に付かねば成らざる様に覚え、己が国の戴く天を忘るるは…己が親を賤しむると同然の大義に背きたる者なり。…全体の道徳礼義、何の異国に劣ることあらん。…道に主客彼此の間なければ道の開けたる書に就て、その道を学べば、その道すなわちわが天地の道なり》（二九七頁）。

中国は大きく日本は小さいが、大小は関係ない。《わが国にて春秋の道を知れば則ちわが国則ち主なり。…わが国より他国を客とみる、則ちこれ孔子の旨なり》（二九九頁）。このように論じる根拠は『春秋』である。

秦山の『打聞』をみると、潜鋒の趣旨がなお明らかになる。《天地ハ只一丸而已《のみ》。何レノ処カ中ナラザラン》（三〇三頁）。すると華／夷は、自国／外国のような相対的な概念となりそうだが、《中国ト云（う）国モ夷狄ノ作法ヲ用レバ、スグニ夷狄トアシラヒ、夷狄トアシラフ国モ中華ノ道ニススメバ、中華トアシラフ。…何（ぞ）釘《くぎ》ヅケノ夷狄アランヤ》（三〇三頁）とあるところからみると、華／夷はいまの先進国／後進国という言い方に近い。

《日本は…「優等生」であろうとした。…「自己批判」の書ともいうべきものが『保建大記』である》（三〇四頁）。

絅斎同様に《潜鋒にも、この「湯武放伐論」を認めていると思われる点は全くない。しかし、だれが放伐しなくても、失徳の天子は自動的に政権を喪失してしまうことを彼は証明しているわけである》（三〇六頁）。潜鋒は神器を絶対化したと言われるが、《「徳・絶対」であっても「神器・絶対」ではない》（三〇七頁）。

歴史の過ちを正すという発想——大政奉還の預言

山本はいう、《『保建大記』は維新における大政奉還の「預言」であった》（三〇八頁）。《徳川幕府が決戦をせずに政権を失ったということは、その敗北が武力的よりむしろイデオロギー的であることを示している》（三〇八頁）。

《戦国時代の日本人には正確な意味での「叛逆」という意識はなかった》（三一〇頁）。

《「あるべき天皇像」を基に、潜鋒がどれだけ徹底的に個々の天皇を批判したとて、それは天皇制の否定にはなら》（三一一頁）ない。後白河法皇を反面教師に《「あるべき天皇像」で過去を再構成すると天皇家そのものが日本人が考えた「中国型皇帝理想像」になってくる。…これが「皇国史観」の基本であ》（三一一頁）る。

＊

孟子の議論との関連はどうか。

山本はいう、《孟子が言っていることは、夏の桀王と殷の紂王が政権を失ったのは、民心を失ったからであって、湯王、武王に討たれたからではない》（三一四頁）のだ。《「有徳」の方には自然に民が来る》が《「失徳」の方はこの「有徳」の方へ民を追いやる結果になる。そこで「失徳」は自動的に政権を失い、「有徳」は自動的に政権を得る》(三一四頁)。

《潜鋒は闇斎・絅斎系統の人だから、「湯武放伐論」を表面的には是とせず、…触れていない。…だが…「失徳」が自動的に政権喪失に至るとしている点では孟子の考え方の通りである。ただ政権をすでに喪失して無害な存在となった天皇家をそのまま放置しかつ利用しているという点だけが孟子との違い》(三一四〜三一五頁)である。

《「徳を慎めば」天皇家がそれを欲しなくても自動的に政権は朝廷に帰ってくる。…それは、当時の人間が考え得る唯一の「平和裡の政権交代の方法」であった》(三一五頁)。

*

潜鋒は三十六歳で没した(なお、二六二頁には、三十七歳で没とある)。《たとえ神器を保持しても失徳は自動的な政権喪失になることを論証している。これは「限定的放伐肯定論」というべきであろう。この点潜鋒の考え方は澹泊よりはっきりしている》(三一七頁)。

《こうなると潜鋒の考え方は絅斎の三原則に基づく正統性は必ずしも政権を保証し得ないことになる》(三一八頁)。《彼の思想が尊皇思想となり、維新を招来した原動力となり得たのは、朝幕併存を正常な状態と見ず、天皇に政権がもどるのが正常な状態と見た点であった。絅斎は正統性を絶対化し…個人の規範を絶対化した。一方潜鋒は、天皇の規範を絶対化し、その絶対化を政権回復の基本と見たのである》(三一八頁)。

*

山本は、三宅観瀾の、『大日本史』の論賛を紹介する。

・「将軍伝」序
・源頼朝伝の賛
・足利義満伝の賛

《いずれも、将軍の賛でありながら天皇批判にもなっており、「秀才の文章」というべき》（三二三頁）だとコメントしている。

失徳・無能の天子・後醍醐天皇批判

三宅観瀾は、《寛文二年（一六六二年）京都に生れ…絅斎ついで木下順庵に学ん》だ（三二四頁）（実際には、延宝二年（一六七四年）生まれである）。水戸家に仕え、絅斎から破門され、《彰考館の総裁となり、ついで新井白石の推薦で幕府に登用され…四十三歳で世を去った》（三二五頁）（実際には、四十五歳で死去）。

山本によると、三宅観瀾は、事実を淡々と調べるタイプの文体だが、『中興鑑言』の《後醍醐帝への「筆誅」的な書き方》（三二五頁）はあまりに激しく、戦時中の刊本は伏せ字だらけだった。《観瀾のこの書は、なぜ後醍醐帝の建武中興が失敗し、「南朝」なるものが滅亡したかの分析である》（三二七頁）。神器の授受で南朝から北朝に続いたとは考えない。《南朝は亡び、その残存政権も消え去ったわけで、北朝は別王朝なのである》（三二八頁）。

観瀾のいうように、《南朝が完全に滅び、北朝を新しい王朝と解するなら、清朝の学者が明の建文・永楽両帝を論ずるように南朝を論ずることができるはずである。…観瀾がなぜこのような発想に転じたか明らかでない》(三二九頁)。

本来なら、《幕府が滅亡するか天皇家が滅亡するか、いずれかにならねば決着しないはずである。だが…幕府が虚位の北朝を擁立するという形になった。…いわば「政権奪取・保持」より「復讐」となっていること、同時に幕府の介入で朝廷内が団結せず二つに分れていたことに建武中興が失敗した遠因がある》(三三二頁)と、観瀾は見た。

*

山本はいう、三宅観瀾《の言葉を簡単に要約すれば「正統のつづく限り、そこには必ず器があるが、といって、器の在る所が正統とは必ずしも言えない」ということである》(三三七頁)。《正常な状態なら「天皇と玉璽」のように一体化しているわけだが、その本質は「義」であり、それを義ならしめているものが「徳」である》(三三七頁)。

《では…「徳」とは何であろうか。…まず統治者の個人倫理・政治倫理・統治能力であることがわかる。…そこで…観瀾は後醍醐帝の受けた教育を取り上げる》(三三七頁)。それは和歌である。《歌のことで常に頭がいっぱいでは、…統治などできない》(三三八頁)。また《後醍醐帝は仏教に凝りかつ溺れていた》(三三九頁)。おまけに《強烈な帝王意識だけは徹底的に教育されていた》(三四〇頁)。《後醍醐帝は「帝王」という自意識のみ強烈だが、それと怨念だけであって、…自己がどうあるべきかという規範は全然もっていない人間であった》(三四〇頁)。

天皇批判の逆効果

山本は続ける、《後醍醐帝は謙虚に歴史を学ぼうとせず、なぜ朝廷が権力を喪失したかを考えようともしなかった。…怨念と憎悪があるだけ…。…後醍醐帝を、同轍共覆（前車の轍を踏み同じように転覆した）の者と見た》（三四七頁）。《その時代の倫理観や共通した時代感覚（常識）を無視し》（三四八頁）、《そのために賞罰がでたらめになっては…如何ともしがたい》（三四八頁）。《以上のような基本的な欠陥に加えて、後醍醐帝は行政にも軍事にも基本的な誤りをおかしていた》（三五〇頁）。本質的には武家政治なのに、それを理解しないからである。

後醍醐帝は、《日本で最初に紙幣を発行した》（三五六頁）というが、これは、財政難を補う窮余の策であった。

＊

山本はさらにいう、武家にはもともと《「正統《レジテイマシイ》」という意識がなかった》（三五八頁）。《また…譜代以外は徳川家に忠誠を尽す義務はなく、徳川家以上の力をもつ大名が出てくればそれが天下人となって一向にかまわない》（三五八頁）。徳川家は率先して朱子学を受入れ、尊皇となり、正統性の観念を取り入れた。けれどもその結果、《「幕府」という存在は一種の非合法政権になって行かざるを得ない》（三五九頁）。これが歴史の編纂だ。

《このような思想は徐々に全日本に浸透して…、幕末となると至る所に「尊皇の志士」なるものが出てくる。…渋沢栄一も、自分は天皇に直結していると感じ、領主も将軍も無視して尊皇運動に加わる…。これは封建制の否定で…、中央集権的絶対主義を指向する。これは日本の近代化の決定的な要因であ》(三六〇〜三六一頁)る。

応用問題としての赤穂浪士論

最後に山本が、特に頁を割いて論じているのが、赤穂事件である。

さまざまな論者が赤穂浪士なるものをどう把握したか。まず、《三宅観瀾の『烈士復〔報〕讐録』に基づくのがよい》(三六五頁)。短いが、《事件の経過も各人の紹介も実に的確》(三六五頁)である。

事件の経過。浅野《長矩卒《にわか》に刀を抜き、…吉良義英《よしひで》(義央)を撃つ。義英血を被って脱走す》(三六五頁)。《観瀾は「長矩の妄怒《ヒステリー》だ」いや「吉良が悪辣なのだ」といった議論の前に、まず二人の「直接的な証言」を記している》(三六六頁)。幕府の判決については、《少なくとも審議は十分でなかったことを、ただ事実を記すことによって明らかにしている》(三六六頁)。

原因については当時、さまざまな噂があったが、真相はわからない。ついで、赤穂城の明け渡しとなる。家老の大石良雄は五十八名とともに自刃せんとするが、使者に諭され、城明け渡しに応ずる。《幕府が、長矩への量刑が不当に重かったと考えていれば、事件の五カ月後に…このような処置をすることはあるまい。…「喧嘩両成敗論」などは、…事件の実態を知っている者には、はじめから取り上げられぬ議論だったに相違ない》(三六八頁)。

続いて、大石良雄の決行前の十三条におよぶ注意書き、幕府宛ての署名入りの書状、四十六人の短い紹介、が付されている(三六九〜三七一頁)。観瀾は、《これを「報復」と記し…「義挙」とはしていない》(三七二頁)点に注意しよう。

＊

山本はまたいう、《崎門三傑…も、この事件の評価で…対立した。…絅斎は支持、尚斎は評価もしくは条件つき支持、直方は否定である》（三七二頁）。

山本は、三宅尚斎が質問し直方が答えた『重固問目《しげかたもんもく》』を紹介する。《自分の父を殺した者とは共に天を戴かず》（三七四頁）の「常式」について、両者は一致する。ただし孟子は《「人の父を殺さば、人もまたその父を殺さん。…」》（三七五頁）とするから、《間接的に自分の父親を殺すに等しい行為だ》（三七五頁）とのべ、さらに《朱子はこの間接殺人を直接殺人として》（三七五頁）いる。よって、《朱子学を基にすれば赤穂浪士のやったことは「常式の仇討」ではないことを、尚斎も認めている》（三七五頁）。《浅野は公法を犯して処刑されたのだから、吉良を仇とするのは不当だという点では尚斎も直方も一致している》（三七七頁）。《浅野の行為はもちろん「四十六士」も…、公朝より私怨を先にした者で、同情の余地すらないと直方は見る》（三七八頁）。

なるほど《徳川時代には「仇討」は認められていた。しかしこれは…「無法に殺された者」の子や親族に限られ…いわば捜索・逮捕・処刑の権限を委託されたような状態であり法を犯して処刑された者の子に仇討を行う権利はない》（三七九頁）。尚斎のように赤穂浪士の行為に肩入れするのは《孔子から朱子に至る思想を否定することになるというのが直方の主張である》（三八一頁）。

＊

山本は続ける、《「義士称揚」は…実は幕府の政策であり、人びとはそれに乗せられていたのである》（三八二頁）。《幕府は大名を統制する。…統制に服さねば…処刑する。…同時に家臣がその大名に…忠誠であれば間接的に家臣団も統制しうる…。そこで浅野を処刑し、四十六士を処刑しながら一方ではこれを称揚した》（三八二頁）。

音頭をとったのが《大学頭林信篤であ》（三八二頁）って、『復讐論』を著した。仇討によって《義に向うの心起り、君は臣を信ずるを知り、臣は君に忠なるを知るなり》（三八三頁）という。吉良が浅野を殺したのならともかく、浅野は処刑されたのだ。林信篤《のぶあつ》の議論を突き詰めていけば、《「幕府の法は義に反する」ということにな》（三八三頁）る。《「幕府の法は義に反する」から、そして心情的に君主と一体化すれば「義」だから、…法律を破り、…処刑されても倫理的に立派だということになってしまう》（三八四頁）。

絅斎の立場もこれに近い。だがこれは幕府に、致命的な結果をもたらす。《心情的に天皇と一体化することを当然に「義」とし、「敬義内外」一致でこれを否定する「法」を不義とし、幕府を讐とする者が出てくれば、それを法によって処刑しても、倫理的には正しいとせねばならなくなるからである》（三八四頁）。

現人神の育成者へ、そして明治維新へ

山本は続ける、《赤穂浪士に対しては、佐藤直方だけでなく、荻生徂徠も太宰春台も否定的で批判的なのだが、世論はそれを受けつけなかった》（三八七頁）。

太宰春台は、《事の発端は幕府の「長矩への誤判」であるとする》（三八九頁）。幕府法は、城中で人を殺す者は死刑としたが、吉良は傷ついただけだった。誤判ならば陳情を続けるべきだろう。しか

し赤穂浪士たちはそうしなかった、と。

しかし、世論も幕府も、法律はどうあれ、《私心なく亡君と心情的に一体化してその遺志を遂行したのは立派だ》（三九五頁）という流れになった。

＊

山本はさらにいう、《もしその対象が天皇で、幕府が天皇に対して吉良上野介のように振舞ってこれを悩ませ、天皇が幕府を怨んでいると思い込んだ人間が『靖献遺言』を読んだらどうなるであろうか。…浅見絅斎の「四十六士論」は、『靖献遺言』と併読すると、そういう人間が出てくることを暗に期待》する《煽動文書のような感じがしてくる》（三九六頁）。

《もし絅斎が本当に心の底から赤穂浪士を方孝孺に比定しているなら、彼の朱子学理解に疑問を感じざるを得ない》（三九九頁）。こうコメントする山本だが、ここはポイントだ。

《中国では父子と君臣の間は同じではない。それを「君父同然之理、此則忠孝之至也」としてしまえば、「忠孝一致」となる。いわば浅野＝赤穂浪士を彼は「父子」の倫理にして、この関係を肉親の如く絶対化してしまう…。では忠孝一致で、「天皇」を「父」としたらどうなるか。…幕藩体制否定、天皇絶対、明治維新への道となりうる》（四〇〇頁）。

＊

《絅斎の『四十六士論』を読むと、それが非常に巧みに、赤穂浪士絶対支持の当時の世論に隠れつつ主張されているという気がする》（四〇一頁）。《一諸侯である天皇家を絶対視して私的盟約を結び、亡君の遺志なる確認不可能な志を自己の志として行動に移》す《人間の出現を彼は待っていたのであろう》（四〇三頁）。

《絅斎は確かに明治維新を招来した原点である。その意味では評価せねばならぬが、それを清算しなかったことが、昭和にどれだけの「猛毒」をもたらしたか》（四〇四頁）。

このように、『現人神の創作者たち』は、閉じられる。この書物の内容を、次章で詳しく検討するとしよう。

第6章 丸山眞男と山本七平

『日本政治思想史研究』で山崎闇斎と闇斎学派をほとんどパスした丸山眞男は、晩年このテーマで論文を書くことになった。先に紹介したとおりである。岩波『日本思想大系』第三一巻『山崎闇斎学派』巻末の解説論文「闇斎学と闇斎学派」（一九八〇年）である。

なぜこれを書くことになったのか、その経緯は私には、よくわからない。『山崎闇斎学派』には丸山のほかに、二人の編集者・校訂者が立っている。巻末論文の執筆を、断ろうと思えば断れたのではないか。でも、引き受けた。『日本政治思想史研究』の仕事を、戦後になってふり返り、そこになお欠落（論じ残したアナ）があるとみたからだろう。

この論文は、必ずしも注目されているとは言えない。けれども、丸山眞男とその仕事を理解するうえで、大事な論文だと思う。本章では、この論文の内容を詳しく検証する。

＊

この論文とほぼ同時期に、実は、もうひとつ注目すべき、闇斎学派論が書かれていた。山本七平の『現人神の創作者たち』（一九八三年）である。そのあらましを、第5章で紹介した。

この著作はもともと、およそ二年間にわたって雑誌に連載されたもの。本文中に、丸山眞男についての言及（O正統／L正統）もある。山本七平は丸山の「闇斎学と闇斎学派」をおそらく読んでいたこと、従ってその執筆時期は丸山論文より後であること、は確かだろう。

山本七平は戦後、丸山眞男と正反対にずっと沈黙を守ったあと、ようやくこのテーマにたどりついた。丸山眞男の議論と山本七平の議論を対照することで、闇斎学派をどう論ずべきかという、線の太い構図が明らかになると思う。

1　闇斎学派のリゴリズム

朱子学のなかでも山崎闇斎とその学派は、とりわけ峻厳な学風で知られていた。丸山眞男の表現によれば、《リゴリズム》である。たとえば、師弟や弟子同士がしばしば互いに交流を絶ってしまう。山崎闇斎は、有力な弟子（崎門三傑）のうち、佐藤直方、浅見絅斎を絶門（ないし準絶門）した。また、佐藤直方と浅見絅斎は互いに絶交した。さらに浅見絅斎は、弟子の三宅観瀾を破門した。闇斎学派のこの緊張をはらんだ人間関係をまず、丸山眞男は議論の手始めとする。丸山眞男と山本七平はこれを、それぞれどのような現象と理解しているだろうか。両者を対照しながら確認してみよう。

＊

まず丸山眞男は、こんなふうにのべている。

a　山崎闇斎は、著作がなく、師弟の人間的つながりで学派を形成した。
《有力門人による闇斎学の人格的継承というパターンが崎門の伝統となった》（六〇八B）。

b　学派はだんだん亜流になる（縮小再生産する）。
《学派の歴史的発展は…不可避的に亜流化を伴う》（六一〇B）。

c　人びとの偏狭な気質は、闇斎学派に内在する必然にもとづく。

《闇斎学に内在するある種の思考と感受の様式が、…一定の気質にまで鍛えあげ、相似た行動様式を刻印するのである》(六一二A)。

d　渡来した世界観をめぐる教義論争は、全人格をかけて、過熱したものになった。朱子学の正統論を日本の状況にあてはめたからである。

《教義やイデオロギーをめぐる論争は、…人間…を丸ごと引き入れるような磁性を帯びる…》(六一四A)。《中国渡来のこの全体的な世界観に日本の学者が全人格を賭してコミットしようとすれば…中国や朝鮮の儒者には起りえない…深刻な思想問題が待ち構えていた》(六一五A)。

e　闇斎は、聖人の道と日本の神道はそれぞれ独自で別々のものだけれども、符合(妙契)しており、「一つの真理」だとした。

《純神道と純儒教(具体的には程朱学)とがあって、内容的に両者は妙契…によって普遍的な「一つの真理」に合流すると考えられる》(六二四B)。

f　朱子は中庸をとなえ、正統は、両極の異端のあいだで平衡を保つことだとした。これはむずかしいので、リゴリズムが生じる。

《正統の生々とした保持は、紙一重の差で異端に踏みこむ「観念の冒険」を賭さなければならない。…朱子学の平衡性を、…静的に維持しようとする瞬間に、正統は「俗学」に顚落する。…崎門のリゴリズムとは、…中庸の保持とその逸脱との、間一髪の差の自覚から生れる精神的態度にほかならない》(六四二A)。これは微妙なバランスの問題であるだけに、《相互の「偏向」呼ばわりが、正統論議には…必ず随伴する》(六四五A)。

＊

要するに、どういうことか。

丸山ののべるところを、もっと平たく言いなおすと、こういうことである。

闇斎学派のリゴリズムは、ギクシャクした人間関係として現れる。しかしそれは、最終的な現象形態であって、その根底には、外国の思想を受容することのむずかしさがある。外国の思想を本気で取り入れて、日本の現実にあてはめようとすれば、正統性をめぐって微妙なバランスをとらねばならない。それは困難で、緊張を強いることなので、互いにささいな違いを批判し、対立しあう結果となるのである。

《闇斎学派に内在するある種の思考と感受の様式》（六一二A）は、結局のところ「外国の思想を受容することの一般論」としてだけ、論じられている。

もしもそうなら、闇斎学派のリゴリズムは、闇斎学派の場合にとりわけ目立つだけで、朱子学一般に共通するリゴリズムだと言わなければならない。さらにそれは、仏教であれ、キリスト教であれ、近代思想であれ、日本に伝わった普遍思想を奉ずるグループの共通した特徴でもあることになる。

＊

もしも丸山の考察の通りであるとすれば、朱子学／闇斎学派で起こったことは、マルクス主義／新左翼で起こったことと、パラレルな現象であることになる。

マルクス主義を単なる知識として、あるいは教養として、日本の現実と関係ないものとして受け入れる限り、人びとが深刻に争いあうまでのことはない。けれどもたとえば戦後の新左翼のように、日本で革命を起こすのだ、それこそがわれわれの任務だ、本気で革命を起こすつもりのない日本共産党はただの体制派（反革命）だ、と真剣に思い詰めてしまうならば、その集団はずっと厳しい緊張状態を強いられる。まず、適切なタイミングで革命的な行動を起こさなければならない。早すぎれば「左翼小児病」、遅すぎれば「右翼日和見《ひよりみ》主義」というレッテルを貼られる。では、いつがちょうどよいタイミングなのか。それが、テキストの読解を根拠に判断できる、としよう。すると、正しい読解を逸脱するさまざまな異端が現れる。これらと戦い、これらを切り捨て、粛清しなければ、日本の革命を実践することはできない。こういう論理によって、新左翼の多くのセクトが分立し、互いを異端、反革命と断じ、内ゲバに明け暮れた。

丸山眞男は東大闘争のさなか、新左翼の流れをくむ東大全共闘の学生らによって、法学部の研究室を追い出された。「闇斎学と闇斎学派」が書かれたのは、それからあまり日を経ていない。丸山が新左翼のなかに、闇斎学派のリゴリズムをみていたと、想像してみてもよいのである。

*

丸山眞男は、論文「闇斎学と闇斎学派」をこのように結ぶ。《程朱学を理論と実践にわたる世界観として一個一身に体認しようと格闘した最初の学派は闇斎学派であった》。彼らはしばしば行き過ぎたが、《この行き過ぎによって闇斎学派は、日本において「異国の道」…に身を賭けるところに胎まれる思想的な諸問題を、…先駆的に提示したのではなかったか》（六六三B）。

この結びのとおりだとすると、闇斎学派は、外国の思想をまともに受け入れるとどうなるかという困難を、《先駆的に提示》している実例にすぎない。朱子学一般に起こりうる問題を、行きつくところまで追いつめた極端な事例、ということになる。明治維新という、日本社会に根ざした近代化の巨大な運動を起動させた、根拠としての闇斎学派の思想は、深く考察されないまま見逃されてしまっている。

２　リゴリズムなのか

これに対して山本七平は、闇斎学派の独自性をどのように説明するのだろうか。まず第一に、闇斎学派はふつうの朱子学ではなく、別系統のグループだとする。《闇斎の朱子学は南村梅軒にはじまる「南学」であり、これは林家の「官学」とは別派とみるべきである》（七七頁）。なぜならば、いくつかの重要な点で、彼らの行き方は、ふつうの朱子学と異なっているからだ。これを踏まえたうえで、つぎのような順序で、闇斎学派の独自性が帰結するという。

ａ　闇斎は求道者のように、朱子学の原則を、自らや弟子たちに徹底的に課した。《彼の特徴は論理的徹底性であり、それに基づく…エトスの転換とも言えることを、一つの絶対性をもって自ら実行に移し、同時にこの実行を弟子にも強要し強制し、これを行わねばすべてが無意味と考えていた》（七七頁）。

ｂ　「誠」であるための方法論である「敬」を、絶対化した。

「誠」は、《道徳論の基礎であるとともに認識論の基礎であるはず…。…「誠」であるための方法論が「敬」であ》る。《闇斎は…この「敬」を絶対化した》（七九頁）。《こうなると…「敬義」はただに一身修養の「工夫」ではなく、「敬義内外」一致となり、…そのまま自己の外を、広くは社会を、国家を強制的に律する基本になってくる…》（七九頁）。

c　闇斎は、湯武放伐論を拒否した。

山崎闇斎の特徴は、《中国的な革命思想の否定すなわち「湯武放伐論」の拒否》（八二頁）である。浅見絅斎もその論理を受け継ぎ、さらに徹底させた。

d　ゆえに闇斎は、朱子学の政治思想を不徹底とみることになり、中国よりも日本が朱子学の理想に合致する、とする。

《一方では、朱子学を論理的に推し進め、それが理想とすべき体制は中国になく日本にあると証し、一方では、神道そのものを…朱子学——ということは崎門学——で体系づけ》（九二頁）る方向に進むことになる。

e　闇斎は、朱子学と神道が「妙契」すると考え、神道に深くコミットした。絅斎は、神道にそこまでコミットしなかったが、闇斎の考えをさらに徹底した。

「妙契」は、「習合」（そもそも同じものだと信じること）とは違い、二つの観念の体系（神道と朱子学）が、異なっていながらも、《客観的に共通点がある》（一一七頁）と考える行き方である。

f　いっぽう直方は、朱子学は普遍思想なので、その前では、中国と日本の差など無意味だと考えた。

直方は、《孔孟程朱の道は天地不易で万国普遍の道であり、この前には日本・中国の差などは、はじめから問題にならない。日本の特殊性を主張して、「孔孟の教えの土着化」などを主張するのはばかげた話》（一二〇頁）と考える。江戸時代の儒学はリゴリズムの傾向を強めたというが、《直方はその例外である。彼には…権威者的態度をとる必要が少しもなかった。…権威は『四書・小学・近思録』に置けばよく、自らが「権威」となってそれを「日本なる特殊性」と習合させる必要は少しも感じなかった…》（一二二頁）。

g　朱子学と神道が「妙契」するか否かは、証明が必要な問題なので、崎門学派はつねに論争が絶えなかった。

「妙契」が、《「客観的に『ある』」とするのが主観にすぎなければ、…「証明」の義務が負わされ》（一一七頁）る。《この「証明」は実際にはできないとなると、あとは罵倒、絶交にならざるを得ない》（一一七頁）。

＊

丸山眞男と山本七平は、どのように違うのか。

丸山眞男のいうところを簡単にまとめるなら、学派（党派）形成→リゴリズム→論争・絶交、である。こうしたことは、外国の権威によって学派（党派）が形成された場合に、ありがちな現象であると、丸山は考えている。要するに、アナロジーである。

アナロジーは、類推であるから、対象に内在した独自性の考察をしないですませる。闇斎学派を闇斎学派として、個性あるユニークな思想として、独自に把握するのとは違う。

山本七平は、これに対し、闇斎学派の思想がどういう具合に独特であるかに、徹底してこだわる。

闇斎学派の独特の考え方（それは朱子学一般とは異なる）↓独特の態度・行動様式↓論争・絶交。リゴリズムとみえるものも、闇斎学派の独特な思想から副次的に生まれたものだとする。それに、闇斎学派であっても佐藤直方は、リゴリズムと無縁であったともいう。

山本七平のいうところをまとめると、闇斎学派を包む緊張感の根源は、朱子学（中国社会の原則）と神道（日本社会の本質）とをどのように関係づけ統合するかという、思想的チャレンジにある。山崎闇斎、佐藤直方、浅見絅斎はそれぞれ、この課題に異なる解答をひき出し、闇斎学派そのものが流動的なダイナミズムのただなかにいた。その具体的な実像を山本七平は、アナロジーによらずロジックによって、再構成しようとする。

3 朱子学と闇斎学

闇斎学が直面した課題をとらえ、闇斎学派の本質を掘り下げる。その最初の出発点は、朱子学と闇斎学はどこがどう同じでどう異なるのかを、おさえることだ。

丸山眞男と山本七平を対照しながら、しばらく議論を追ってみよう。

＊

まず丸山眞男は、どう理解しているか。

大枠で言うならば、闇斎学を、朱子学の一部分（特別な場合）と理解している。

「闇斎学と闇斎学派」から、その点に触れた箇所をひろってみよう。

a《これほど「学派」らしい学派は江戸儒学のなかでも珍しい…。…江戸儒学についての事典…類の書に載っている学派の分類図を見ればよい。…殆どの場合に、闇斎派または「敬義学派」は、他の朱子学派から——いや南学派からさえもとり出されて、独立項目の扱いを受けている》(六〇二A)。

b《垂加神道という分野をかかえこんでいることが闇斎派の大きな特色である…。けれどもそれが崎門派を他の程朱学派から区別しているすべての原因ではない》(六〇二A)。

c《実際に、崎門派を、江戸時代の他の程朱学派からさえ自他ともに区別し、別格に位置づけるほどの完結性と連続性も、一歩その内面に立ち入って具体的様相をみると「一枚岩」どころか、むしろ団結のルーズな他の学派よりもはるかにはげしい緊張と対立が同門に渦巻いている…》(六〇八B)。

d《「林家之阿世、崎門之絶交」という言葉がある。…崎門を他の学派から区別せしめた閉鎖性と排他性は、まさに崎門の内部においても機能していたわけである》(六一〇A)。

e《敬義学派〔闇斎学派〕は朱子学を「日本化」した最初の学派といわれる。それは大局的に言って間違いとはいえない》(六三八A)。

f《闇斎学はたしかに朱子学を日本化したが、それは朱子学の日本化であったかぎりにおいて、右のような思考パターン〔二元的緊張をはらむ、朱子学の正統の思考パターン〕をまさに朱子学の思想構造から学んだ。それも必死に学んだ。崎門派の、「道」へ賭けた一途の情熱にもかかわらず、その学習方法や程朱学理解に見られるある種の平衡感覚とか、矛盾する要素を同時に一つの真理として表現しようとするところから生れる逆説的命題とかは、深くそこ〔朱子学の思想構造〕に根ざしているように思われる》(六四〇B)。

g《この争点〔＝湯武放伐〕をあくまで日本の「皇統一系」の正統性に照し合わせて、同じ学派のなかで具体的に議論を交したのは闇斎門が最初であり、…これほどはりつめた対蹠的立場をかかえこんだ点では唯一であった》(六五五A)。

h《それが、一方で禅譲放伐をあっさりと肯定しながら、他方で我国の皇統連綿を讃える林羅山以下、多くの儒者と》の大きな違いである(六五八A)。

i《程朱学を理論と実践にわたる世界観として一個一身に体認しようと格闘した最初の学派は闇斎学派であった》(六六三B)。

いろいろのべているが、要するにどういうことか。

朱子学者たちの集団がある。闇斎学派というグループもある。これは経験的な事実である。ではその、二つを分ける特徴はなにか。闇斎学は、朱子学なのかどうか。闇斎学の定義はなにか。闇斎学であるための必要十分条件はなにか。はっきりのべてある部分は、見当たらない。この論文が、「闇斎学と闇斎学派」というタイトルであるにもかかわらず、である。

丸山眞男は闇斎学派を、扱いかねている。言っていることは、みんなが闇斎学派だと思っているものが、闇斎学派です。闇斎学と朱子学は共通点が多いですが、闇斎学は言っていることが同じでも、程度が極端なのです、にすぎない。

朱子学と闇斎学派とは、要するに程度の違い。と受け取ったからこそ、丸山は闇斎学派を、「リゴリズム」によって特徴づけようとしたのである。

＊

では、山本七平はどうか。

朱子学と闇斎学派の関係については、『現人神の創作者たち』のうち、「「輸入史観」適用の無理」の節にまとめて書いてある。以下、重要なフレーズを抜き出してみる。

a（朱舜水の弟子であり、『大日本史』の編纂を担当した安積澹泊の「論賛」が、崎門学と比べて奇妙なものになっていることを指摘して）《それは言葉を換えれば、「崎門学が果して朱子学なりや」という問でもある》（二五二頁）。

b《「崎門家は朱子学なりや」の問は…「官学マルクス主義者はマルクス主義者なりや」の問に似てくる。…闇斎であれ絅斎であれ、このような問を発したものは即座に破門したであろう》（二五三頁）。

c《少々皮肉に「朱子が彼の門に入ったら、どうなるであろうか」を考えてみよう。…たちまち破門されるであろう》（二五三頁）。

d《というのは、「論理の純粋性の保持」は必ず捨象を伴うが、この捨象された部分こそ最も重要な部分だからである》（二五三頁）。

e《絅斎…は次のようにのべている。「世ニ朱子ノ学ト称シ候モノヲ見候ニ、朱子ノ外ニ学アレドモ、朱子学ヲ学ブト思ウ合点ユエ、外《ほか》ノ学ヲ聞《きけ》バ又心ウツリイタシ、又一流ノ説ヲ聞バソレモ其《その》トオリノ様ニ存ジ候。朱子ノ学ハ天地宇宙ヲナラシ、モノサシ定規ノ自《おのずか》ラ易《かう》ベキコトナキ如クアルユエニ、天下万則ノ則《のり》トモナリテアルコトニ候。」（『講習余録』）》（二五四頁）

f《これが朱子学でなく崎門学だということになると、その「学」を他の「学」の中の一つと認めることさえ拒否することになるから、崎門絶対で、反対者への態度は「異端審問」的になる。…絅斎門下では「湯武放伐論」を是とする者は打ちはたしてよい、といった気風まであったが、これも不思議ではない》(二五四頁)。

g《『孟子』を頭に浮べただけで、崎門学は決して朱子学でなく、その歪曲であると言わざるを得ない》(二五四頁)。

以上のように、山本七平の見方はたいへんはっきりしている。

闇斎学は、朱子学の基本テキストを読み、それにもとづく。ゆえに、その限りで、朱子学には違いない。具体的には、朱子が定めた第二正典たる四書(『論語』、『孟子』、『大学』、『中庸』)、加えて、『小学』、『近思録』のような、ごく限られた書物を繰り返し読む。徹底的にたたき込む。それを生き方として、骨肉化する。それ以外の書物(ほかの考え方)はなきがごとくである。

ところが同時に、山崎闇斎も浅見絅斎も、「湯武放伐論」を否定する。湯武放伐は、湯王と武王がそれぞれ、暴君に対するクーデターを起こして、武力で政権を奪った故事をいう。『孟子』は、湯武放伐を肯定する。朱子も、湯武放伐を肯定する。「湯武放伐論」を否定するなら、朱子学の基本テーゼを否定したことになる。たとえて言うなら、キリスト教を受入れたうえ、ナザレのイエスは神の子でなく復活もしなかった、と主張するようなものだ。あるいは、ユークリッド幾何学の体系をすべて受入れながら、平行線公理(平行線は交わらないとする、五番目の公理)を否定するようなものだ。そうすることで、まったく当初は想定しなかった世界(ユニタリアニズム、非ユークリッド幾何学)が開けていくのである。

このようなメカニズムによって、闇斎学派は、外見は朱子学のままでも、朱子学とは違ったものになる。それを山本七平は、《決して朱子学でなく、その歪曲である》（二五四頁）とのべている。まことに明快で、卓見と言うべきだろう。

同じ闇斎学派でも、佐藤直方は、「湯武放伐論」を肯定する。「朱子学の原則に忠実」な、原理主義的な態度だと言える。このような傾向・要素をも、闇斎学派は含みこんでいる。

けれども闇斎学派の主流は、山崎闇斎、浅見絅斎のラインだった。闇斎がどうして「湯武放伐論」を否定しなければならなかったかは、闇斎が垂加神道を構想したことと関係がある。これは奥行きが深い問題なので、節を改めて考察しよう。ともかく、朱子学に立脚しているにもかかわらず、朱子学の基本テーゼを否定したところに、闇斎学派の本質がある。

＊

丸山眞男は、この点に目をつけることをしなかった。闇斎学派が、湯武放伐論を否定したことは、「闇斎学と闇斎学派」でも繰り返し触れられているが、その背景を掘り下げないまま議論は流れてしまっている。

4　湯武放伐論

湯武放伐は、孔子の時代にすでに広く知られていた故事である。『孟子』が詳細に論じて以来、儒学の中心的なトピックのひとつである。

儒学のなかでも朱子学はとりわけ、正統論に議論の力点を置いている。朱子は、南宋のひと。夷狄《いてき》が侵入し、宋は敗れる。夷狄に屈辱的な臣従の礼をとらねばならなかった。政権内部では、主戦派と和平派が抗争を繰り返した。朱子は、主戦派の立場から、儒学のロジックを深めていった。朱子学の正統論は、正統であるはずの宋の政権が、なぜ夷狄に屈服するのかという、厳しい情勢のなかから紡ぎだされた考察である。

＊

ではまず、湯武放伐とはどのような出来事か。

殷の紂王を放伐（武力で打倒）して、周の王朝を樹《た》てた武王について、『史記』の「殷本紀第三」、「周本紀第四」に記事がある。『現人神の創作者たち』に七頁にわたって詳しく紹介してあるものを、再度、要点にまとめよう。

紂王は頭がよく、武技にも優れていた。そのため誰の言うことも聞かなくなり、重税を課し、「酒池肉林の宴」（中庭の木に焼肉をぶらさげ、プールを酒で満たし、裸の男女おおぜいで催す乱痴気パーティ）を開き、「炮烙の刑」（炭火の山の上に膏《あぶら》をぬった銅の棒を渡し、その上を罪人に歩かせ、焼け死ぬのを見物する刑）を科すなど、暴虐の限りを尽くした。

西伯、九侯、鄂侯の三人の重臣がいた。九侯の娘が美人だというので宮中に招いたが、淫《みだ》らなことは嫌だと反抗したので殺し、父の九侯も殺して塩漬け肉にした。鄂侯が咎めたので、これも殺して乾し肉にした。西伯は人望があったので、紂王は捕らえて幽閉した。西伯は紂王の暴虐をよく知っていたはずだが、「天王ハ聖明ナリ」とのべ、反抗しなかったという。

唐の韓退之《たいし》（韓愈）は西伯（文王）を主題に『拘幽操』を著し、程子や朱子はそれについて注釈を書いている。「君臣の義」を絶対化しているところがよい、というのが趣旨である。

西伯の臣下が紂王に贈り物をして、西伯は赦された。このあと西伯は、善政や外敵討伐を行ない、声望が高まって、政権に脅威を与えるほどになる。けれどもほどなく、西伯は死亡し、息子の発（後の武王）が後を継ぐ。

発が東方に軍を動かすと、殷に叛いて参集する諸侯が多くあった。紂王の横暴はますますひどくなり、諫言する臣下を殺害した。ここで発（周の武王）はついに決起し、父の文王（西伯）の位牌を奉持して、紂王の軍勢を打ち破った。「今予発《ワレ》維《コ》れ共《ツツシ》みて天の罰を行わんとす」。紂王の首をはね、妲己を殺し、紂の子・庚禄父《こうろくほ》を諸侯に封じて周に従属させた。

武王発の行ないは、正しいのか、それとも否定すべきものか。《武王の行為を絶対に容認できないとする者の方が、むしろ、文王の行き方を継承しているように思える。では武王をどう評価すべきなのか。これを完全に正しいとしたのが孟子である》（六八頁）。

孟子はいう、《「臣にしてその君を弑《しい》す、可ならんか。曰く、仁を賊《そこ》なう者これを賊といい、義を賊《そこ》なう者これを残という。残賊の人は、これを一夫という。一夫紂を誅するを聞けるも、未だ君を弑せるを聞かざるなり」》（六八頁）。紂王は仁義を賊なう者だから一夫にすぎず、これを殺しても、君主を殺したことにはならない、とする。

いっぽう、伯夷叔斉の兄弟は、周は主君に背いた賊臣の建てた国であり、その食糧は口にしないと、山中に入って食を絶ち、餓死した。二人の行ないは立派だと、孔子はほめている。そして、武王も、文王も、立派だと、孔子はほめている。いったいどうすればいいのか、誰だって混乱する。湯武放伐論は、儒学を学ぶものにとって、頭の痛い難題なのである。

＊

闇斎学派の人びとも、湯武放伐について苦慮している。

佐藤直方は、「文王の道」も「武王の道」も、同一のもので「文武両道」だとする。けれども、正反対のものを同一と考えるのは、いかにも無理である。紂王は天命に背いた賊子だからこれを討つのは当然、と歯切れがいいが、では文王はなぜ紂王を討たなかったのかになると、《「其レハ何トゾ訳ガアッタデアロフゾ。聖人上ノコト後世カラウカヾハレヌゾ」と…歯切れが悪い》（六九頁）。

直方の論に比べると、《湯武放伐を基本的には正しくないと》する《浅見絅斎の方が論理の筋は通っている。だがその絅斎も聖人の武王を否定はできず、これを例外のように扱う点では歯切れが悪い》（六九頁）。

朱子学の政治哲学はこのように矛盾しており、限界がある。山崎闇斎は、そのように見限って、独自の政治哲学を打ち立てようとした、と山本七平はみる。だからこその垂加神道なのだが、この事情は改めてのべよう。

*

丸山眞男は、湯武放伐にどのように言及しているか。

「闇斎学と闇斎学派」では、言及がある箇所はそれほど多くない。

a《「…主君を殺すも事によりて不㆑苦と申候道、去（る）方に有㆑之候。此方（日本を指す）より見申候時は、以の外の事と存候得共、其国の人は中々申とも聞不㆑申、聖人の正道じやと申候。剰、他国にもばかもの御座候て（日本における湯武放伐是認論者を暗喩する）同意仕候。…」》（六三一A）。

（ ）は、谷秦山の言葉を引用するなかで、丸山眞男が注記したものである。

b《易姓革命の思想は表見ほどには君主制を現実におびやかすものではない。…賢徳者による暴君放伐が義認されるのは、あくまで非常事態に限られる…》（六五四A）。

「暴君放伐」は実質的に湯武放伐のことである。

c《湯武による桀紂放伐説話にしても、知識世界の間では殆ど常識であった。…けれどもこの争点をあくまで日本の「皇統一系」の正統性に照し合わせて、同じ学派のなかで具体的に議論を交したのは闇斎門が最初であり、また…これほどはりつめた対蹠的立場をかかえこんだ点では唯一であった》（六五五A）。

d《儒教古典の範疇及び成句でとくに争点になったのは第一に、「経」と「権」との解釈論を湯武放伐にいかに関係づけるかにある》（六五七A）。

e《程朱学自体においても、湯武放伐や文・武の相違については、具体的文脈においてデリケートな揺れがあり、崎門の両派も、一方が『拘幽操』程朱解を援用すれば、他方は、「堯舜湯武其揆一也」

という程子や、「堯舜之禅授、湯武之放伐、無適而非平常矣」という朱子（中庸或問）を引くなど、それぞれ自派に有利な言説を経学から動員する。…事は日本の最高レヴェルでのL正統の問題に深くかかわっていることを双方は痛切に自覚していた》（六五八A）。

d、eは、闇斎学派の内部で論争が熾烈であったこと、それは湯武放伐論が日本の正統論に直結していたからだと思われること、をのべている。

湯武放伐への言及は、以上の五箇所である。

まとめると、どういうことか。

闇斎学派には、浅見絅斎、谷秦山のように、湯武放伐を否定するグループがいた。湯武放伐論は儒学者に、知識としては広く知られていたが、日本の天皇の統治と結びつけて真剣に論じたのは、闇斎学派だけの特徴である。湯武放伐の否定派と肯定派（佐藤直方ら）は儒学のテキストを引用して、激しく論争した。丸山眞男がのべていることは、これにつきる。それらしく言葉を飾っているが、議論の骨格は、常識をなぞっているだけだ。

5　ドグマの形成

では、湯武放伐をめぐる議論を、どう整理できるだろうか。

初期の儒学なら、こうである。

中国では、王朝が交替する。孔子、孟子の時代には、周が滅びかけていた。孔子は周を正しい王朝とし、文王、武王、周公旦《しゅうこうたん》を聖人と崇める。けれども、周は、夏（禹《う》王に始まる）、殷（湯王に始まる）に続く三つ目の王朝であった。湯王も、武王も、前の王朝を武力で打倒して、政権を奪ったのである。この事実を正しい歴史として認めなければ、聖人（模範とすべき過去の政治家）の観念が成り立たない。

同じことを別なふうに言ってみよう。どのような政権も、武力なしに、統治権を手にすることができない。湯王、武王だけではない。最初の王である堯も、武力なしにその地位には就けなかったはずだ。この事実を肯定することが、儒学の、いやどんな中国の政治哲学にとっても、不可欠であり必然である。

けれども政権は、安定するため、血縁によって子に王の地位を世襲させる。血縁による継承の原理も、王の統治の正統性の根拠となる。儒学は、世襲（血縁による継承）の原理もまた、正当と考えなければならない。

儒学によれば、統治権の継承には、三つのパターンがある。放伐（武力による継承）、世襲（血縁による継承）、そして禅譲（能力による継承）である。伝説によれば、最初の王たちである堯↓舜、舜↓禹への継承は、禅譲によったという。禅譲は、血縁ではないが統治能力（徳）のある後継者を抜擢して、統治権を継承すること。禅譲ならば、後継者が統治能力（徳）をそなえていることが保証できる。王が徳を（政権が統治能力を）そなえているべきこともまた、儒教の原則である。

＊

さて、なぜ三つのパターンがあるかと言えば、どれも完全ではないからである。三つのあいだにはつぎのような対立軸がある。

禅譲〃放伐＋世襲：禅譲は、統治者が統治能力（徳）をもつことが保証されるので、儒学の理想である。放伐は武力で、世襲は血縁で、統治者のポストにつくことなので、統治能力（徳）を保証しない。

世襲〃禅譲＋放伐：世襲は、血縁によって政権を継承する仕組みで、政権を安定させ持続させる。禅譲も放伐も、血縁によらない。血縁による継承を正統とするなら、禅譲も放伐も、正統ではない。

放伐〃世襲＋禅譲：放伐は、武力によって政権を奪うこと。もっとも正統性から遠いと言えるが、武力（正統性ではないもの）によって正統性を創造する行為でもある。世襲は血縁により、禅譲は合意による。どちらも武力によらない。

放伐／世襲／禅譲は、中国の歴史を通じて、政権の継承・交替のそれぞれの局面で、状況に応じて使いわけられてきた。それらのどれかには純化できない、政治の現実である。儒学もまたこの現実を認め、正当化する。

*

さて、このうち放伐を肯定する議論が、孟子の湯武放伐論である。

孟子が湯武放伐を肯定し、孔子がそうではない、というのではない。放伐は、儒学を成り立たせる「公理」のひとつである。ゆえに孔子は、武王を、文王や伯夷叔斉と並べて、聖人とする。武王を聖人とみなすとは、放伐を肯定するということである。

放伐／世襲／禅譲が、幾何学の公理と異なるのは、厳密に考えるなら互いに矛盾することだ。ゆえに、なにが正しいかを、形式論理によって考え尽くすことはできない。具体的な状況によってどれが適当であるかを決める、運用の問題なのである。

放伐（武力による政権の奪取）は、ふつうは、叛逆になる。しかし、統治権力者が徳（統治能力）を失い、秩序を回復するためにほかに方法がないときには、むしろ放伐を起こすべきなのである。儒学は、放伐を否定して、放伐という選択肢をまったくなしにするわけにはいかない。

そこで考えられたのが、「天」の観念である。

政権は途絶するが、天は永続する。永続する天の意思によって、誰が政権を担当するかも決まる。天の意思（天命）によって政権が交替するというのが、「革命」の思想だ。天を説明変数に加えることで、矛盾は解消された。

皇帝は、天命を受けた天子である。皇帝のみが、天を祀ることができる。天は血縁を越えた、正統性の根源であると理解される。

＊

朱子学は「正統論」を強調する点が、初期の儒学と異なっている。

朱子学は、宋代の儒学。その特徴は、皇帝を頂点とする統一政権を前提にすること、科挙によって政府職員を採用する中央集権の官僚制を前提にすること、仏教や道教の諸説を吸収して抽象的な形而上学の体系を擁していること、である。

朱子学は、正統論を洗練させた。

宋は北方の遊牧民の侵入に苦しめられ、ついに滅んでしまう。その過程で、抗戦派と和平派が複雑に対立し、正統な政府がなぜ夷狄により圧迫され、政権を失わんとするのか、議論が戦わされた。岳飛（金を相手に戦った将軍）や文天祥（宋に忠誠を尽くした官僚）のような英雄も現れた。

宋を倒した元を、さらに倒して成立した漢民族の王朝が、明である。明の永楽帝は、甥から皇帝の位を奪った人物であるが、朱子学を正統とし、保護した。その明が、北方の遊牧民たる満洲族の王朝に取って替わられてしまう。正統性について悩みながら倒れた、宋と同じ状況になったわけだ。

わが国に朱子学を伝えたのは、こうした時期の明であった。その代表格である朱舜水については、項目を改めてのべよう。

＊

宋や明の儒学者は、正統な王朝を夷狄に倒されるという苦境にありながら、放伐（武力による政権奪取）を否定しようとはしなかった。湯武放伐が正しい、は儒学（朱子学）の基本テーゼだからである。

ではなぜ、正統なはずの王朝が、夷狄に打倒され、政権を奪われるのか。それは、現王朝の側に、政権を奪われるだけの原因があるからだ。その原因を取り除くべく、各人がその持ち場で奮闘するのが、朱子学を体現して生きる者のつとめである。

このことを考えるなら、朱子学に立脚しながら、湯武放伐を「否定」することが、どれだけ特異なことか理解できよう。湯武放伐を否定するとは、朱子学の基本テーゼを否定すること、すなわち、朱子学でなくなることにほかならない。

闇斎学派は、あえてこれをした。これが闇斎学派の、特異な思想の根幹であることは言うまでもない。日本の儒学のなかで、闇斎学派だけが、これをしたのである。

これが、ユークリッド幾何学に立脚しながら、その基本テーゼのひとつである平行線公理を否定することと類同なのは、さきほどのべた通りである。その結果、異なる空間が開けていくのだ。

＊

儒学（朱子学）のなかに、湯武放伐の「否定」だけを必ず導く根拠をみつけることはできない。

西欧の政治哲学で、湯武放伐と似ているのは、憲法制定権力である（人民の抵抗権や革命権、国家緊急権もこれと関係がある）。憲法と現政権と法秩序があるのだから、その根源に、憲法制定権力がある、と考えなければならない。憲法制定権力は、法秩序の基礎であり根源なのだから、それ自身は法秩序のなかに基礎づけられない。ゆえに、端的な実力としてイメージもされる。ふだん憲法制定権力は、存在しないかのように扱われ、封印されている。けれども論理的に、憲法を支える背後の実質として、憲法制定権力は想定されている。そして何かの理由で、法秩序が解体してしまうようなことがあれば、憲法と法秩序を回復するために、現前してくると考えられる。

憲法と法秩序のなかで、憲法制定権力は明示的に言及されない。「われわれ人民は…」のように、間接的に暗示されるだけである。法秩序のなかで、その存在はいわば否定されている。しかし憲法の秩序のなかで、その存在は肯定されている。西欧の政治哲学・法哲学のなかで、憲法制定権力は、肯定／否定の両義性を帯びたもの、と理解されるしかないのである。

儒学でも、現政権と法秩序の根源に、湯武放伐がある、と考えられている。それはふだんは、封印されている。ゆえに湯武放伐を、肯定する考えと否定する考えの、両方がのべられている。湯武放伐を否定する考えや行動をみつけるのは簡単だ。たとえば、西伯（文王）の行動。伯夷叔斉の行動。孔子はそれらを、立派だとしている。

だがそれは、放伐がなくてよいとか、放伐があってはいけないとかいう意味ではない。儒学が湯武放伐を、否定し尽くすという話ではない。

湯武放伐を肯定する言説と、否定する言説とが、同時に存在する。それが儒学の、そして朱子学のノーマルな状態である。

*

ゆえに、湯武放伐を「否定」することは、通常の儒学・朱子学のなかでは、論証することも反証することも不可能な「ドグマ」（根拠のない断定）としてのみ、可能となる。

闇斎学派は、朱子学の普遍主義（そうしたドグマは不要であるという考え）に立つ佐藤直方の流れと、「ドグマ」絶対の山崎闇斎、浅見絅斎の流れとに分裂した。互いに対話ができないのだから、破門、絶交となって当然である。

したがって、山崎闇斎学派の本質は、儒学・朱子学の内部では成立しないはずの「ドグマ」を成立させた、という点にある。なぜ、いかにして、またどういう必要から、その「ドグマ」が成立したのか。それが、つぎの問いである。

「ドグマ」が先で、リゴリズム（緊張した人間関係）はその結果にすぎない。リゴリズムにまず注目した丸山眞男は、現象にまどわされ、考察の順番を間違えたのである。

6 日本の正統論

朱子学は、統治権力の正統性を厳しく議論する学風があった。それを継受した日本の儒学は、それをどう受け止め、消化するかを考えた。中国の政治システムと日本の政治システムは、異なるからである。

中国の政治システムは、儒学に合わせて、言うなればカスタマイズされている。天の意思にもとづいて、過去の聖人の統治をいまの時代に再現する、天子（皇帝）と行政官僚とが、政府を構成する。すべての資源は政府に集中し、軍事指揮権は政府が握り、集権的な統治機構ができあがっている。天と、天子（皇帝）の一族とは、別物である。ゆえに、儒学の概念で理解しやすい。

これに対して、日本の政治システムは、儒学のフレームと関係ない。もともと自生的にヤマトの政権が営まれていた。それが中国の影響を受けて、律令制の体裁をとった。けれども、武士なる階層が出現し、天皇の政府とは別に、武家の政府を樹立した。朱子学を継受した江戸幕府も、こうした武士の政権である。

＊

日本の政治システムの現状を、朱子学のフレームに合わせて手っ取り早く説明するやり方は、こうであろう。

まず、正統な天皇の政府が存在する。なぜ正統かと言えば、天を治めるカミの子孫だからである。カミの子孫が天皇であることは、古い書物（日本書紀）に書いてある。

つぎに、天皇が、武士のトップリーダーを、将軍に「任命」した。将軍は、天皇に委任されて、政治を行なう。天皇が正統だから、将軍は正統であり、将軍の政府もまた正統である。

頭のよい誰かがこういうアイデアにもとづいて、鎌倉幕府なるものを開いた。徳川家康もこれにならって、江戸幕府を開いた。江戸幕府を開いた目的は、戦国時代に終止符をうち、平和を実現することである。武士はもともと、独立した領主で、必ずしも主君に従う必要がなかった。この状態を是正するため、武士たちに朱子学を奨励し、おとなしく政府の言うことを聞くようにさせた。朱子学は、「君臣の義」（政治的リーダーに対する服従）を強調するからである。

以上のことは、どんな日本史の教科書にも書いてある。そして、たいていの日本人の常識になっている。

＊

朱子学を知識・教養として、しっかり勉強する。そして、そこから役に立ちそうな教訓や指針をひき出し、立派な武士として、社会人として、日本社会を生きていく。――このようなやり方が朱子学なら、毒にも薬にもなりはしない。

闇斎学派はそういうなまぬるい態度の、対極にあった。そして、江戸時代の儒学の流れのなかで唯一、湯武放伐を「否定」した。それは、なぜなのか。

それは山崎闇斎が、朱子学と神道を融合したから。そして、日本の正統論を独自に樹立しようとしたからである。

実際それは、どういう作業だったのか。日本の正統論を樹立しようとすると、どうして湯武放伐を「否定」しなければならないのか。それを以下、考えてみよう。

＊

順序としてまず、丸山眞男が、闇斎学派が日本の正統論に向かった事情をどのように押さえているか、確認しよう。

a《闇斎学派において…「正統」という言葉はしばしば登場する。…一定の教理・教義がまず前提されて、その学問ないしはイデオロギーの「正統」が論じられている…。…ヨーロッパ語でいうオーソドクシーにほぼ対応している…。ところが同じ正統の語が》別なふうに、すなわち、《日本の皇統一系の君主制…、『神皇正統記』がいうのと同じ「正統」である》（六一七A）とされる。

b《…堯舜禹湯武においては「学統」と「治統」…との両面での正統の本来的な一致があり、春秋以後戦国への展開は、そうした一致の欠如態である…。…というのが、程朱学の基底に流れる根本確信であった》。そして闇斎が《『闢異』において、「程朱之門、千言万語、只欲レ使下学者守二正道一闢中異端上而已矣」…と宣言して以来、崎門の学者はそれぞれ師の精神に忠実に、まさに崎門の存在理由を賭けて右の二重の意味での「正統」の投げかける思想的課題と格闘し、それをあくまで日本の歴史と風土のなかで追究しようと試みた》（六二一A）。

c《…闇斎学の正統性（O正統）をめぐる最大の問題性は、その神道との出合いであり、とくにそれが垂加神道という教義として発展したところにあった》（六二三A）。

d　闇斎学派は《…正統思考の内包する普遍性と全体性の要請を果して、またどこまで神道の「信仰的真理」にも貫徹できるか、という課題にたじろがずに立ち向った…。どうして聖人の道と日本の神道とが「一つの真理」として共存できるのか》（六二四A）。

e　闇斎→絅斎によれば、《神代巻なり「神道」なりが日本独自の道を独自に語っており、易なり儒教の経典は、唐の道を独自に語っている…。…純神道と純儒教（具体的には程朱学）とがあって、内容的に両者は妙契…によって普遍的な「一つの真理」に合流すると考えられる》（六二四B）。

f　中国と日本の道の関係をめぐる、浅見絅斎と谷秦山の《二人の真の争点は、「天地の道」の普遍的基準から日本の皇統一系の優越性を弁証しようとするか（絅斎）それともそういう国体を超越した道を前提にすること自体が倒錯だと考えるか（秦山）にある。そうして、好むと好まざるとにかかわらず、日本の記紀神話の構造は、普遍的規範主義に立つ絅斎の「妙契」論にとっては不利にできているのである。何故なら、そこでは天地の開闢神話はそのまま葦原中国とその統治者についての国産み神話に直結し、天つ神はアマテラスに、アマテラスは歴代皇統に系譜的に流れこんでいるからである。…天つ神が国生みの神へ、「国」生みの神が「統治者」としての皇室の祖神へ、と系譜的に連っている日本神話に依拠するあらゆる日本主義は、皇祖神をそのまま世界神にまで普遍化して、日本を「万国の親国」とするか、それとも、世界から断絶し、普遍－特殊の論理とは無縁な閉鎖的な独自性にたてこもるか、いずれかの方途を辿るほかない…。…超国家的超民族的な普遍的な真理と正義とが具体相として、中国では儒教に、日本では神道…に内在し、両者の間に「妙契」があるという立場は、色褪せたものになろう》（六三五A）。

g《崎門内の神道派といわず、儒教の「日本的」修正主義者は、『大学章句』や『中庸章句』の序にある「継天立極」を見事に読みかえる…。…朱子…が「自上古聖神、継天立極而道統之伝有自来矣」（中庸章句序）として、これを成句としたのは、…天道もしくは天の意思を継承して、「道」の規準を立てた、という意味》だった。《これを…、「人君ハ天地ノ宗領、乍レ憚吾ガ国天照大神ガ直グニ天地ノ御宗領デ、継レ天立レ極テシ聖神ユヘ、万世ト雖モ正統（L正統）ノ変ゼラルルコトハナイ筈ゾ」（強斎先生雑話筆記巻十、…）というように、「天」を皇祖神に直結し、天照→瓊瓊杵尊→歴代皇統という血統的連続の正統性の引照基準として「継天立極」を持出す解釈と対比すれば、彼我の意味の異質性は明らかであろう》（六五三A）。

おおよそ以上が、丸山眞男による言及のすべてである。では、ここからどのような理解がみえてくるのか。

＊

ここでキーになる概念が、「妙契」である。妙契とは、中国社会と日本社会とが、「符合」することをいう。符合とは、数学にいう、位相同相写像（isomorphism：数学的構造が写像元でも写像先でも保存される写像）のことだとイメージするとよいかもしれない。

妙契とは、中国と日本が同じ構造をそなえているという主張である。同じ構造なのだから、どちらが優れているということはない。日本が優れているとも言えない。丸山眞男は闇斎学派のベースを、このような主張とみる。

これは、言い換えるなら、闇斎学派を、朱子学（の一学派）とみることである。

すると、何が見落とされるか。

山崎闇斎が、湯武放伐を「否定」したことが、見落とされてしまう。湯武放伐は本来、朱子学のなかで「否定」できない命題のはずである。それを否定することで、闇斎学は朱子学を「歪曲」し、朱子学と別なものになる。その構造が、見えなくなってしまう。

山崎闇斎はなぜ、湯武放伐を「否定」したのか。それは、朱子学を典型とする中国の政治哲学が不完全で、間違っていると考えたからだ。ゆえに、その不可欠のパーツである、湯武放伐を「否定」した。意図して、わざわざ。それは、自分の考えが、もはや朱子学の枠には入らないかもしれない、いや入らない、入らなくてよいと覚悟したから。

それでも闇斎が「朱子学」の名前を使い続けたのなら、それは、中国の朱子学は間違った朱子学であり、自分の朱子学こそ正しい朱子学であると、確信しているからである。名称が同じ「朱子学」だから、中国の朱子学と自分の学問とが同じものだと考えていたと早とちりしてはならない。

＊

では、山崎闇斎が、中国の政治哲学が間違っている、と考えた理由はなにか。それは、日本の伝統的な政治システムを朱子学の見地から考察してみて、日本のシステムのほうが優れていると考えたからである。その優れた政治システムにコミットする彼なりの態度表明が、垂加神道である（垂加《すいか》は、山崎闇斎の号）。

儒学者である闇斎が、神道にコミットするとはどういう意味なのか。これについては、節をまたいで論じよう。

山崎闇斎は、知識に生きるただの学者ではなく、態度に生きる実践者である。

これは、闇斎がはじめ僧侶であったことと、関係がある。僧侶として生きることは、仏道を実践すること。ブッダをめざし修行を続けて、ブッダの覚《さと》りを体現するように生きることにほかならない。仏道の修行には、戒というものがある。戒は、修行を成立させるための日常行動のルールで、修行者はこのルールで自分の身体を包み、昼夜二十四時間、このルールに従って行動しなければならない。全生活、全人格をルールに従って組織化するのが、僧侶としての修行である。

儒学を志すようになった闇斎が、ふつうの武士で儒学を学ぶほかの人びとと違って、修行の場合と同じ態度で、儒学のルールをわが身に課するようになったと考えるとわかりやすい。それは本来あるべき、宗教的態度である。儒学は中国社会では、人びとの日常生活をすっぽり包み込む規範である。日本社会では、ふつうの人びとの日常を包む規範は、儒学のルールとは異なっている。日本社会の日常規範と、儒学のルールとの乖離を、そのまま放置したのでは、儒学を体得することはできない。このことの明瞭な自覚に立って、行動と態度を儒学化すること。これが、山崎闇斎が弟子たちに課した謹厳なリゴリズムの正体ではないか。

丸山眞男は闇斎のある逸話を紹介している。《「山崎先生、死ニ臨デ女ノ手ニ死ヌルハ本意ナラネドモ、…貧ナレバヤムコトヲ得ヌトアラバ、尤ナリ、ナンゾヤコレガ日本ノ道ジヤト。…」》（六二九A）。儒学のルールでは、男性の手を経て死ぬべきであるが、貧しいので、日本流でもやむをえない、と。日本の規範と儒学ルールの落差をつねに意識し、可能なら儒学ルールをとり続けたことがみてとれる。

丸山眞男が「闇斎学と闇斎学派」でのべるところを詳しく検討しても、山崎闇斎がなぜ自ら神道の一流派を興すまでの動機をもったのか、踏み込んだ考察はない。江戸時代に儒学と神道が歩み寄り、相携える一般的傾向があったこと、そのなかで闇斎学派は、正統性の議論を神道にも徹底して求めた点が特異だったこと、をのべるに留まる。《たんに神儒一致というテーゼを掲げることなら何もとくに崎門学の特質とするにはあたらない。それは…程朱学にかぎらず江戸儒学に広く見られる主張であ…る。他方、教義神道の側でも、中世から近世にかけての転換は、…「習合」の相手を仏教から儒教へと切りかえて行った道程であった…。…闇斎学派における神道との出合いを、右のような儒学と神道との双方の側からの「交歓」と区別するものがあるとするならば、それは…さきに辿って来たような正統思考…の要請を…どこまで神道の「信仰的真理」にも貫徹できるか、という課題に…立ち向った点に求めるほかはなかろう》(六二四A)。

なんとも生ぬるい、詰めの甘い考察ではないか。

それでは、同じこの問題を、山本七平はどのように考察しているだろうか。

＊

順を追って、『現人神の創作者たち』のなかから、関連する部分をたどってみよう。

(1)日本の歴史を中国の歴史との関連で理解しようとすると、「易姓革命」(湯武放伐)をどう評価するか、という問題が出てくる。

《やがて日本人は、中国人の歴史哲学を援用して自らの歴史を記そうとし、またその哲学から出た正統論をもって日本を批判しようとするようになる。これも「中朝論」の一変型といえるが、そうなると「中国の歴史は正しいとすると、日本の歴史は誤っている」という発想が出てくる。これが「中国式に日本の歴史を正そう」という考え方にもなってくるわけである。

だがそうなると…「易姓革命」をどう評価すべきかという問題が出てくる》(六一～六二頁)。

「中朝論」は、中国を規準とし憧れる慕夏主義の一種で、日本こそ中国であるという主張である。山鹿素行が唱えた。《日本＝中国論は、やはり慕夏主義の一つであり、中国を絶対と考えるがゆえに、「日本こそ中国である」という形で日本を絶対化しているにすぎない》(五六頁)。
(2)山崎闇斎は、中国の政治哲学は間違っていると考え、湯武放伐論を否定する。
《興味深いことは、蕃山も素行も闇斎も晩年には神道に向うか神道的になるかの道を歩んでいることである。…ここで闇斎の歴史的役割を考えるなら、それは朱子学を土着化して崎門学とし、それを儒学者たちの観念の世界における議論から、現実に機能する規範とした…ことである。…ではその規範に革命に通じる要素があったのであろうか。面白いことに表面的にはむしろこれが逆であり、彼の大きな特色は中国的な革命思想の否定すなわち「湯武放伐論」の拒否なのである》(八二頁)。

山崎闇斎の論を《現代的に言いなおせば、朱子学の正統論には矛盾があるという指摘なのである。出来た王朝は正統性をもち、これに対する叛逆は許されざることという。だがそういうなら、その王朝を建てた者はみな叛逆者ではないか。…では一体なぜ叛逆者が正統性を主張し、これへの叛逆者を賊といえるのか、これでは論理の矛盾ではないか、一体どこに大義名分があるのか、ということになる》(八三頁)。

(3)山崎闇斎はそうして、民族主義的儒者となり、朱子学からみて異端となった。

《闇斎は弟子に問うて言った。「…彼邦孔子を以て大将とし、孟子を副将とし、…来りて我が邦を攻めば、…之を如何となすかと。弟子咸《みな》答うる能わず。…」…これに対して闇斎は次のように言った。「不幸にして若し此厄に逢わば、…之と一戦して孔孟を擒《とりこ》にし、以て国恩に報ぜん。此《これ》即ち孔孟の道なりと」。…

以上の言葉は闇斎が一種の「民族主義的儒者」であったことを示している。…中国から見れば一種の異端であろう。…従って崎門学とは朱子から見れば異端であったろう。

異端者である彼にもまた「日本=中国論」があった。だがそれは素行と違って、「彼も中国、またわれも中国」という発想であり、中心なき相対論になっている。…

…闇斎のように対等を主張するなら、それは…思想的対等の主張乃至はその自己証明へと進まざるを得ない。ということは、一方では、朱子学を論理的に推し進め、それが理想とすべき体制は中国になく日本にあると証明し、一方では、神道そのものをこの形の朱子学――ということは崎門学――で体系づけ、両者を一体化して神儒習合の学へと進んで不思議でない》(九〇~九二頁)。

(4)山崎闇斎は、儒者であるまま、廃仏的な理学神道に与《くみ》し、神道家となった。

《朱子学・神道一辺倒だったのは、幕府の重鎮である光圀、〔保科〕正之だけでなく、…尾張の義直も同じであった。…いずれも当時賢侯といわれた最も影響力の強い大名、特に徳川一門の考え方であり、これが全般的な風潮となっても不思議でなかった。そしてこの点では闇斎は決して先覚者ではなかった》(一〇六~一〇七頁)。

《神道の側からも当然これに対応する動きがあった。…吉田流の唯一神道の中から、仏教的要素を排除する吉川惟足が出た。これが理学神道である。…この惟足が…正之に会い…その秘伝をことごとく正之に譲ったという。…闇斎はこの正之から影響をうけ、惟足に学んで神道に入ったのであって、この点では彼はむしろ弟子の位置にあった》(一〇七〜一〇八頁)。

《その彼が神儒習合の理学神道に接してこれに帰依し、吉川惟足より垂加霊社の号を付与されて…垂加神道なる一派を起した。といっても彼は儒者であることをやめたのでなく、それはむしろ朱子学の土着化としての神道であった…》(一〇九頁)。

(5)山崎闇斎は、儒学と神道を習合させようとはせず、別々に保とうとした。

《闇斎自身は、少なくとも主観的には「神」と「儒」を習合させようとはしなかった。彼は両者をあくまでも分け「垂加翁、儒書を語るや、一言も神道のうはさなし。神道をかたれるや、半句の儒書の沙汰なし。別席にあつて、別人の話を聞くが如し」(谷秦山『俗説贅弁』)のようにこの二つの『道』を明確に分けた。さらに神道門人には朱子学を必修としたのに、儒学の方には神道の聴講を決して強制しなかった》(一一八頁)。

《ではこの二つの「道」が一体、闇斎の内心ではどういう形で一体化していたのかとなると、それはわからないが、日本人の心性のある面を物語っているであろう》(一一八〜一一九頁)。

＊

このように山本七平は、山崎闇斎がどのように神道に接近して行ったかについて、比較的行き届いた考察を加えている。まとめてみよう。

第一に、背景として、儒学（朱子学）を受け入れた有力武士や世論の大勢が、仏教を排斥するいっぽう神道を尊重する流れにあった。

第二に、吉川惟足が、仏教を排斥した理学神道を生み出しており、闇斎はその影響を受けて門下となった。

第三に、闇斎は儒者であり続けつつ、神道の門流を開いて弟子をとった。

第四に、闇斎は、儒学の言説と神道の言説を分離し、儒学の弟子たちと神道の弟子たちとを分離した。儒学と神道を融合し統一する思考が、彼のなかでどのように組み立てられていたかは、外部からうかがうことができない。

つまり、「信仰をもつ自然科学者」の場合のように、闇斎にとって、儒学と神道は別々のもので、矛盾せず、しかもどちらも不可欠のものだった。このような儒学と神道の関係を、「妙契」と表現するのである。

＊

第四の点が大事なので、さらに掘り下げて考えてみよう。

山崎闇斎は仏教と袂《たもと》を分かって、朱子学を学ぶ儒者となった。朱子学が、この世界の普遍的真理をあらわすものだからである。でもそれを言うなら、仏教も普遍的真理をあらわすもののはずだった。なぜ仏教ではなくて、儒学（朱子学）なのか。

仏教はただ観念の世界で、あるいは宗教の制度の内側で、囲われた小世界をつくって生息しているにすぎない。それに対して儒学は、人びとの生きるこの日本社会の、政治的現実をうみだしている。

儒学は、戦乱を終わらせ安寧な生活を保障してほしいという人びとの切なる願望を背景に成立した、江戸幕府をささえる政治哲学である。儒学者であるひとりの人間個人の生き方と、全体社会の政治システムとの、両方を包み込む思想である。闇斎には、仏教に対する儒学の優位は、ゆるぎなく明らかなことであった。

問題があるとすれば、中国の政治システムと、日本の政治システムとが異なることである。儒学（朱子学）と中国の政治システムは、互いに調和的である。儒学の政治哲学が中国の政治システムをつくり出し、中国の政治システムが朱子学をうみ出した、と言えるからである。そして、儒学（朱子学）は十分に普遍的だから、日本の政治システムを記述することもできる。日本の儒者は、朱子学の概念とロジックによって、日本の政治システムを記述し解釈することを任務とする。そうでなければ、日本の政治システムに責任をもってコミットしたことにならないのだから。

だが日本の政治システムは、儒学（朱子学）に合わせて（カスタマイズされて）つくられたものではない。中国文明と接触する前にもう存在していて、接触したのちも独自の歴史と伝統を積み重ねてきた。とりわけ中国に存在しないのは、天皇。そして武家政権である。

天皇は、中国の皇帝ではない。中国の皇帝は、天命を受けて（武力によって）政権につき、統治権力を行使する。しばらくは血統で皇帝の位を世襲する王朝を構成するが、やがて天命（統治能力）を失って、王朝は途絶する。いっぽう天皇は、神話時代のカミの子孫であるという。その位の継承が途絶していないことになっている。

この、日本の政治システムと調和的なのは、神道である。

中国の政治システムと日本の政治システムは、並立するふたつのシステムである。それなら、儒学（朱子学）と神道とは、並立するふたつのシステムでなければならない。

このことを正面から課題とするため、山崎闇斎は、神道にコミットしなければならなかった。そこには深い必然があった。

7 儒学と神道

では、儒者でありながら、神道の主宰者にもなった山崎闇斎の頭のなかで、なにが起こったのであろうか。

儒学（朱子学）と神道の並立（パラレリズム）。これを、「妙契」とよぶのであった。妙契は、習合ではない。習合は、もとの異なる双方が独立でなくなって、それぞれの独自性を問題にする必要がなくなる（神仏習合、など）。それに対して妙契は、もとの異なる双方が独立で、それぞれが独自な存在のままである。ゆえにその「関係」を、問題にする必要が生じる。

闇斎のやり方（儒学と神道の言説を分離したこと、そして、弟子たちのグループを分けたままにしたこと）が、このことを示している。

この「妙契」の構図（中国の政治システムと日本の政治システムの双方が独立なまま同一であること）を維持したまま、論理一貫した議論を展開しようとすると、中国の政治システム、日本の政治システムにそれぞれ「歪み」を与えることになる。もともと双方は異なったものなのに、両者のあいだにパラレリズム（同一性の関係）を想定するからだ。

＊

「歪み」の第一は、湯武放伐を「否定」することだ。湯武放伐は、儒学（朱子学）の、不可欠のパーツのひとつである。これを否定することで、闇斎の朱子学は、名前は朱子学でも、朱子学とは違ったものになる。このことは、すでにのべた。

闇斎は、神道にコミットしたから、湯武放伐を否定したのか。いや、その順序は逆であろう。闇斎は、日本の政治システムを朱子学によって基礎づけ正統化するには、天皇に対する臣従を無条件に絶対化することが必要であると、直感していた。日本の政治システムを規準に、中国の政治システムと政治哲学の矛盾・欠陥をつくというのが、闇斎が（無意識に）やっていることである。

孟子をはじめ儒学では明確に肯定されている湯武放伐を、わざわざあえて、否定すること。このように思い切った主張は、闇斎がはじめて独創的にのべたことだ。

＊

「歪み」の第二は、日本の政治システムを朱子学のロジックに照らして、中国の政治システムより優れているとしたことである。

天皇の伝統は、朱子学によって合理化され、正統化された。神道が、天皇を中心とする正統性の政治哲学に、書き換えられた。

神道はもともと、正統論と関係なかった。長いあいだ仏教と習合してもいた。神道を朱子学化するには、神道から仏教の要素を払拭し、合理的に組織し直さなければならない。こうして神道は、それまで存在したことのなかった政治哲学に生まれ変わる。

神道は朱子学と、なにが異なるか。

神道には、「天」の考え方がない。

天は、儒学（朱子学）の中心的なアイデアである。天から、ふさわしい統治者に、天命が下る。天があるからこそ、政権の正統性を批判的に検討する、政治哲学が成り立つ。天と政権とが別々の実体だからこそ、こうした批判が可能である。

統治者でないふつうの人びとには、天から（天命ではなく）気が下る。朱子学はとくに、この点を強調する。中国の政治システムは、気が満ち満ちている。気は、キリスト教の聖霊のようなもので、人びとの精神活動を通路づける。すぐれた気（正気）を受けた人びとは、政治に関わる積極的態度と能力と責任感を生じて、統治者のもとに参集することになっている。

日本には、気の代わりに、空気が満ちている。

空気は、天と関係なく、人びとが集まるところにおのずから生じてくる。ローカルで、一時的で、巻き込まれる人びとを絶対的に拘束するいっぽう、その場にいない人びとはその影響をまぬかれる。空気は、山本七平がとくに注目する現象で、日本の政治システムの作動を支配している。

日本の政治システムには、天の代わりになにがあるか。

日本書紀ほかのテキストに書き留められた上古の伝承は、神話のカミ（天照大神）の子孫がそのまま天皇の系譜に連なる、としている。

神話の時代が、切れ目なく歴史時代と接続している。「神話と歴史が連続している」ことは、ロマン主義の特質である。ロマン主義の定義だと言ってもよい。

日本書紀、古事記を組み込んだ神道は、この理由によって、政治的ロマン主義の源泉となる。尊皇思想は、日本における政治的ロマン主義のかたちなのである。

儒学は、堯・舜・禹から政治制度が始まったと考える、歴史主義であり、リアリズムである。決して、政治的ロマン主義ではない。儒学には、尊皇思想なるものはありえないのである。

＊

山崎闇斎と闇斎学派がなしとげたのは、神道を朱子学化し、歴史化したことである。

神道はそもそも、神話の時代にさかのぼるカミガミの臨在感にもとづいて、成立している。神話にさかのぼる神道と、歴史についての形而上学である朱子学とは、そもそも異質で反りが合わないものなのだ。ゆえに、神道を朱子学化し、歴史化することは、大きな困難をともなう。

山崎闇斎は、儒者であるまま神道にコミットし、神道を朱子学化するというアイデアを思いつき、夢中になった。楽天的だった、と言ってもよい。闇斎が神道にコミットしたのは晩年なので、日本の政治システムの伝統を朱子学化することがどれだけ困難か、具体的な作業については思い至らなかった。その課題は、もっと若い世代の人びとが悪戦苦闘することになる。

＊

天皇をいただく日本の政治システムの伝統が「優れて」いることになるのは、皇統一系で、継承が神話時代から現代まで途切れることなく続いているからである。

しかしこれは、朱子学のロジックに照らして、正当に主張できることなのか。

朱子学（儒学）には、天があり、気がある。血縁による継承のルールもはっきりしている。統治者が、絶対規準である天に背くとき、天命を失って、政権を喪失する。血縁による継承が途絶える。王朝が途絶したことが誰の目にもはっきりする。湯武放伐の場合はことのほか、このことが明らかである。

日本には、天もなく、気もない。代わりに、空気があるのだった。空気は、関係する人びとの「総意」のことである。ある天皇を倒して別の天皇に置き換えるとしても、それを実行しようという「総意」があったことになる。よって、統治システムは連続している。こういうやり方で天皇の位が「継承」されていくから、途切れるはずがない。

ゆえに、天皇の継承が途切れず連続しているとしても、儒学（朱子学）のロジックにもとづく継承であるとはとても言えないのである。

このように、継承のルールが異なるのだから、日本の政治システムが「優れて」いることにはならないはずである。だが尊皇思想は、そのあたりを蔽いかくしている。

＊

歪みの第三は、忠孝一如を当然とすることである。

「忠」は、政治的リーダーに対する服従義務。「孝」は、親族内の年長者（とくに親）に対する服従義務。どちらも儒学（朱子学）の基本となる行動規範だ。

もともと忠と孝とが、別々の規範であることが、重要である。忠が求められるのは、政治のアリーナ。政治活動に従事するために選ばれた一部の人びと（行政官僚）の行動規範だ。孝が求められるのは、家族・親族のアリーナ。中国のすべての人びとの行動規範だ。別々の規範であるから、互いに矛盾することも起こる。忠ならんとすれば、孝ならず。…。これもまた儒学の基本である。

ところが日本人は、儒学にいう忠と孝の扱いに戸惑った。日本の政治システムは、中国の政治システムと異なり、イエ制度でできている。幕府もイエなら、藩もイエ、それに仕える武士もイエ。イエが重なり合い複合することで、幕府や藩（政治制度）ができている。イエは家族以外のメンバーを含むことができるので、イエとイエが複合して、中国の官僚組織にもあたる機構をこしらえることができるのだ。政治のアリーナと家族・親族のアリーナがこのように区別できないのなら、では、忠と孝とはどのようであればよいのか。

そこで必要になるのが、「忠孝一如」の考え方である。

忠孝一如とは、忠＝孝、すなわち、忠と孝とは異なるものではない、という主張である。儒学（朱子学）の原則からはっきり逸脱している。けれども、闇斎学派に限らず、日本の多くの儒者の主張するところとなった。なぜならば、日本社会の組織原則と合致していたからである。

＊

忠孝一如の主張は、いくつもの含意をもつ。そのひとつは、政治的リーダーへの服従が「絶対化」されることである。

中国の儒学（朱子学）では、忠（政治的リーダーへの服従義務）は、絶対ではない。忠を相対化するものはまず、孝（親への服従義務）である。忠が条件つきであるのに対し、孝は無条件で、忠より重いとされている。孝のほかには、幇（血縁のない者同士が誓約を結ぶことでつくり出す連帯）も、忠を相対化する。

忠が相対化される（絶対ではない）からこそ、忠にもとづいて組織される統治機構が解体し、新たなものに取って替わられるのである。家族・親族は、孝が絶対なのだから、壊れることがない。

日本の社会では、孝や幇が、忠を相対化することがない。孝は、忠と同じものとされるし、幇の慣行は存在しないのである。

忠と孝が一致するのであれば、忠は相対化できない。闇斎学派が、忠孝一如の考え方を取り込み、それを湯武放伐の否定と結びつけるなら、忠をさらに絶対化できる。これがのちに、尊皇思想としてひとり歩きすることになる。

*

忠孝一如が、神道の朱子学化と結びつくと、さらに破壊力を増すことになる。

神道は、神話時代から現在までの連続性を想定する。では武士は、神話時代から存在したのだろうか。神話時代には存在しない。神話時代には、武装した親族のメンバーが集って、戦った。万葉の時代には、天皇の命令で、ふつうの農民が武器をとり防人《さきもり》となった。武士が出現したのは、ずっと時代が下って、平安時代になってからである。

武士が統治権を握ったのは、日本史をふりかえるなら、比較的新しい。それに対して、朱子学化した神道の歴史認識は、武士が存在しなかった時代にさかのぼって、政治システムを考察することになる。

そもそも中国に、武士は存在しない。

中国の政治システムでは、軍事力は政府の正規軍のものであって、武器も人員も政府の行政官僚がコントロールした。統帥権（軍事指揮権）は、皇帝（を補佐する行政官僚）が握っていた。武士（武器を自弁する領主で、領地の統治権をもっている）は、中国には存在しない。そのようなものは、存在してはならないのである。

中国で儒学を主体的に担う人びとを、「士大夫《したいふ》」という。士と大夫は別々の存在で、時代によって意味も異なるが、「士」は読書人階層、「大夫」は資産家階層、と理解すればよいという。このうち特に重要なのは、士である。

朱子学を勉強した武士たちは、この「士」を、武士と読みかえることにした。そうすれば、儒学のテキストを、自分たちのことが書いてある、と思って読むことができる。これは誤解なのだが、人びとはそのように読んだ。

朱子学を、江戸幕府の体制を正当化し補強するものとしたいなら、誤解であろうと、こういう読み方は意味がある。朱子学は、安全な体制派の思想、というわけである。

けれども朱子学が、変質して闇斎学となり、朱子学化した神道と結びついた場合、安全な体制派の枠に収まらなくなる。なぜならば、朱子学化した神道（神道化した朱子学、と言ってもよい）は、その担い手（士）として、武士が出現する前の時代の、ふつうの人びと全員を見出すことになるから。江戸時代、武士は、農民や町人、職人の上に立つ身分であって、統治階級を構成していた。そうした幕府の身分制度は、神道化した朱子学のなかでは、消え失せてしまう。もともと儒学（朱子学）に、身分などというものはない。誰でも経典を読み、士たる規範を身につければ、政治に参画する資格がある。もともと神道には、身分などというものはない。誰でも天皇に服従しその命令に従えば、日本共同体の一員である。身分の垣根を越え、すべての人びとに、主君（天皇）のもとに参集する義務と権利とを供給することができるのだ。すべての人びとが、「われわれ日本人」という自覚をもつことができるようになった。

＊

このように闇斎学派は、日本のナショナリズムをうみ出した。

闇斎と闇斎学派の思想は、この意味で、「近代的」な思想なのである。

ナショナリズムはなにかと言えば、ある範囲の人びとが、共通の過去をもち（歴史を共有し）、共通の文化をもち、自分たちをひとつの運命的な団体と考え、自分たちの政府をもつのが当然と考える運動である。西欧世界では、プレ近代の絶対王政期に、ナショナリズムが芽生え、いくつかの国民国家が成立した。

明治維新は、成功したナショナリズムの革命である。

明治維新が、ブルジョワ市民革命であるのかどうか、歴史学者らがあれこれ議論してきた。マルクス主義の歴史学にとって、大事な問題だったからだ。ブルジョワ市民革命でないことは、明らかであろう。立ち上がった人びとの階層も、その理由も異なる。けれどもそれは間違いなく、近代に向けた大きな一歩であった。では、どこが近代的なのか。ナショナリズム（国民を形成する運動）である点だ。

西欧社会の近代化のステップと、順序もロジックも異なっている。西欧社会のステップをものの差しにして、どの段階にあたると議論してみても、見当はずれになる。

西欧では、都市を足がかりに、市民階級が力を伸ばし、絶対王政が出現した。絶対王政は、常備軍を擁し、封建領主など旧勢力を打倒した。そのあと市民階級が、ナショナリズムの担い手となった。日本では、封建領主のもとにある旧勢力の一部が、ラディカル（急進的）なナショナリズムの担い手となって、政治革命をなしとげた。その本質は、ナショナリズム革命なのである。市民階級は、そのナショナリズム政権のもとで、時間をかけて成長して行った。

なぜこのようなことが可能だったか。その秘密はすべて、闇斎学派をはじめとする江戸思想のなかに隠れている。それを理解するのに、お手本となる都合のよい西欧のもの差しは存在しないのだ。

――このようにはっきり書いてあるかは別として、山本七平の『現人神の創作者たち』は、その秘密に迫ろうとする明確な志向をもつ書物である。いっぽう丸山眞男の「闇斎学と闇斎学派」は、せっかくの素材をまえに右往左往するだけの、ピントのぼけた論考にすぎない。

人びとは丸山眞男を、近代主義者（モダニスト）だという。私は丸山は、近代主義者ではないと思う。なぜなら、近代とはなにか、丸山はわかっていないから。闇斎学派のなかにひそむ近代的なところを取り出して評価することができないから、である。

闇斎学派の思想は、皇国史観の源流となり、のちに昭和初期の右翼的（反動的）傾向の底流となったけれども、それとこれとは別である。右翼的傾向のゆえに、対象を正当に評価できないとすれば、それは単なる政治主義的な偏向にすぎないのである。

＊

山崎闇斎と闇斎学派は、湯武放伐を否定し、独自の議論を繰り広げた。そして、徳川幕府の正統性を否定した。山本七平はこうのべる。

《〔浅見〕絅斎の大きな特徴は、闇斎が論理的につめた朱子学の正統論を一歩進めて、幕府を「簒臣」と規定したことであり、明治維新への第一歩はこのとき…にはじまったといってよい》（一四六頁）。

この、闇斎学派のロジックに、どのように近代が隠れているのか。それをみるには彼らが、日本の歴史をどのように読み解くかを追ってみる必要がある。

8　直方と絅斎

儒学と神道を組み合わせるなら、大きなパワーが生まれる。

このように洞察しただろう、山崎闇斎の直感は正しかった。が、彼の構想した儒学（朱子学）と朱子学化した神道との並走関係を、弟子たちは受け継がなかった。

《闇斎は神道に走ったが、それはその弟子たちもまた彼に従ったということではない。闇斎自身が非常に個性の強い学者であったことは、その弟子たちもまた個性が強かったということである。そして闇斎自身が最も優秀な弟子としていた佐藤直方と浅見絅斎が、この点では絶対に師と同調しようとはしなかった》（二一〇頁）。

儒学と朱子学化した神道との並走関係は、国学のカードを一枚加えて、（後期）水戸学において再現されることになる。水戸学は「雑学」と評される。雑学とは、異なるものの並存（ハイブリッド）である。なぜ水戸学がハイブリッドであるのに（いや、あるからこそ）、政治的な能動主義をうみだしたのか。本書は、そのほんの入り口のところまでしか行かないが、そのカギは、闇斎学派にあると言えよう。

＊

佐藤直方も浅見絅斎も、山崎闇斎の弟子となって、儒学（朱子学）を学んだ。闇斎が、儒学に加えて神道でも門流を開いたのは、彼らが弟子となったあとのことである。闇斎は、儒学の弟子たちに、神道にコミットすることを求めなかった。直方も絅斎も、神道に関心を示さなかった。では両名は、闇斎の思想をどのように継承・発展させたのか。

佐藤直方は、朱子学の正統を歩もうとする、原則主義者である。よって湯武放伐論を、肯定する。それに対して、浅見絅斎は、闇斎の考えをさらに徹底させた、忠実な後継者である。よって湯武放伐論を、否定する。闇斎学派といえば、山崎闇斎→浅見絅斎の系譜を本流とする。

この優れた二人（直方と絅斎）が、どのように思索を進めたのか、追ってみよう。

＊

丸山眞男は直方について、どのようにのべているか。

a《佐藤直方は交友の二種類について次のようにいう。「吾党諸生、有二以レ学交者一焉、有二以レ故交者一焉。以レ学而交者実道義之友、而終身之交也。…」…崎門の同志は人間関係の縁故による直接的なつき合いではなくて、あくまで「道学」を媒介とした友であり、またそうであらねばならない。絅斎に比べて、性格も洒脱で淡白であり、「無レ厳二師弟之礼一」…といわれた直方にしてこの言がある》(六一三A)。

交友関係をめぐる考え方についての、丸山のコメントである。

b《資質峻峭な〔浅見〕絅斎にたいして洒脱不拘、一見徂徠に似た性格でよく対比される〔佐藤〕直方も、正統護持と闢異の激しさの面では絅斎や若林強斎にひけをとらない。やはり仁斎にたいして直方は『辨伊藤仁斎送浮屠道香師序』で「仁斎直斥二程朱一、自以二孔孟正脈一任、則其自視為二如何一。…」と痛罵する》(六二二A)。

直方が仁斎に反駁したことについての、丸山のコメントである。

c《佐藤直方は、同じく闇斎の「宇宙一理」を継承しながら、トータルに世界観としての程朱学を肯定し、トータルに神道を――したがって「妙契」論をも――否定する》(六二九A)。

闇斎没後に書かれた『討論筆記』の内容を紹介する、丸山のコメントである。

d《直方は朱子学の理気論を、つぎのような、二つの「偏向」の間に位置づける。一つは禅によって代表される仏教的異端である…。…けれども他方でこれと正反対の偏向がある。…つまり「理気ノ二ツノモメアイノアヤデ道理ハスム」のに、「異端ハ片足デ行(ク)」として、この矛盾の統一の「全体性」を喪っていずれかの偏向に傾くことに異端化の思考を見る》(六四〇B～六四一A)。

朱子学の正統の思考パターンについての、丸山のコメントである。

e《いかにもドライな議論のようであるが、直方も君主を自分の都合でとりかえてよい、というのではなく、「事ヘテ義理ニ合ヌコトアツテ不レ得レ已主君ヲ取カユルコトハ君子モスルコト」であり、これに比べて「父ノ如キハ天地ノ間タダ一人」だから、異姓養子が絶対に不義となる…、という原則的な対照を述べているのである》(六四八A)。

忠と孝の原則的な対比に関する、丸山のコメントである。

f《天命的正統性に普遍的原理を認める直方は、同じ徹底性をもって、日本のケースを天照大神の神勅という原点にまで遡及させねばやまない》(六六一A)。

日本の政治システムの正統性のありかをめぐる原則的立場についての、丸山のコメントである。

これらのコメントはいずれも、断片的な言及にすぎない。強いてまとめると、「常識的で穏健で、それでいて原則主義的な朱子学者」という描像を、直方に与えていることがわかる。

＊

ではいっぽう、山本七平は、どのように佐藤直方に言及しているか。

a《直方は、天子とは天の子だから、紂のように「天理ヲ亡シ天命ニソムキ天職ヲ空シ」くする者は「実ニ父ニアダスル賊子」だからこれを討つのは当然とする点で歯切れがよいが、文王のこととなると「然ラバ文王ハナゼ紂ヲ其儘《そのまま》置レシゾト云ヘバ、其レハ何トゾ訳ガアツタデアロフゾ。…」と…歯切れが悪い》(六九頁)。

湯武放伐をめぐる直方と絅斎の議論についての、言及である。

b《佐藤直方はすでに忘れられた人、否、崎門の中でも比較的早く忘れられた人であった。忘れられたと言って語弊があれば、後代に熱狂的な「直方派」はできなかったと言えばよい。…俗に、「崎門三傑」と言えば浅見絅斎・佐藤直方・三宅尚斎だが、この中で直方は朱子学正統派＝教条派的であり、それなるがゆえに傍流となっていった。いわば彼は「日本的朱子学」なるものを明確に拒否し、神儒契合的な要素を絶対に排除した。…崎門は本来は、あらゆる意味の「習合」を排除していたはずである。だがこの「はず」が「はず」にならなかったのは、直方の次の言葉を彼以外はだれも口にできなかった点にも表われている…。「日ノ神ノ託宣ニ、我子孫ヲバ五百万歳守ラント被仰《おおせられ》タナレバ、ヨクナイコトゾ。子孫ニ不行義ヲスルモノアラバ、ケコロ（蹴殺）サウト被仰《おおせられ》タナレバ、ヨイコトゾ」と》（二一〇〜二一一頁）。

天と統治権についての直方の議論についての、言及である。

c《…直方は明確に普遍主義の立場に立ち、まことに論理が一貫している…。すなわち孔孟程朱の道は天地不易で万国普遍の道であり、この前には日本・中国の差などは、はじめから問題にならない。日本の特殊性を主張して「孔孟の教えの土着化」などを主張するのはばかげた話で、逆に、孔孟の教えで日本を律すべきなのである。…そう考えれば、徳あるものが天子の位につくのが当然なのだから、「百王一姓は万世一系」などとはまことに下らぬことになる》（二二〇頁）。

直方が徹底した普遍主義の立場に立つことについての、言及である。

d《…直方によれば、残念ながら日本は、天皇に「不行義ヲスルモノアラバ、ケコロ（蹴殺）サウ」という「天」の絶対性はないのである。…「…天カラ見タ時ハ、桀紂ハ家老、湯武ハ用人物頭ノ様ナモノゾ。然レバ天カラ放伐ヲ命ゼラレタレバ、イヤハイハレヌゾ。…」と。

　さてこれを日本にあてはめれば、…将軍は天皇を討伐してよいことになる。…その基準は「仁」なのである》（一二五～一二六頁）。

　直方が中国ならびに日本の、湯武放伐を肯定するロジックから、何が帰結しうるかについての、言及である。

　e《こうなると、禅譲であれ放伐であれ一にそのときの情況によることになる。直方はそれを晴天に花見をするのと雨降りに花見をするのとの違いにすぎないといった。…

…

　ここで直方が言っていることはきわめて明瞭である。中国と日本、というよりむしろ中国思想と神道は基本的発想が全く違うから、その中から自分に都合のよい『拘幽操』をとりあげて、中国で聖人とされている湯武を否定し、それで「神儒妙契」などといっても無意味だということである》（一二七～一二九頁）。

　湯武放伐を否定する論法は恣意的だという直方の議論への、言及である。

　f《直方は朱子学の「正統《オーソドキシイ》」をもって「正統《レジティマシイ》」とした。ではその基本は何か。…血統に基づく帝位の継承を原則としていない。…儒学は本質的に無神論なのであり、この点でも神道とは「妙契」しない》（一三四頁）。

　このほか山本七平は、赤穂事件についての直方の論評にも言及している。赤穂事件については、本章の最後でまとめて論じよう。

山本七平の描く佐藤直方は、聡明なだけの秀才ではなく、筋金入りの原則主義者で、日本人離れした合理性の持ち主だという鮮明な印象がひしひしと伝わってくる。とりわけ、天に代わって天照大神が、「不行義をした天皇がいたら蹴殺すぞ」と言っておいてくれたらよかったのに、とする歯切れのよさは、格別のものがある。

*

対する浅見絅斎はどうか。

丸山眞男の「闇斎学と闇斎学派」には何箇所も絅斎について言及があるが、いちばん大事と思われる箇所をひいておこう。

《浅見絅斎がこの問題で、朱子の『綱目』あるいは明の方孝孺の正統論議を援用するのは、中国の古来からの王朝交替の歴史に照して、一つの基準によって王位または王朝の継承を説明するのに、宋学でさえ成功していないことを見抜いたからである。…方孝孺が簒臣・賊后（人民の「乱賊」から立って君となったもの）・夷狄の三者をすべて正統から除いたのを、絅斎は「一代ノ名論」となしつつ、「扨正学…ノ云足ラヌ所ガアル。是ナレバ、此三ツノ外ハ、天下ヲ円メテ穏ニ治サヘスレバ正統トスル合点ゾ。…是等トテモ根ヲ推セバ大義皆欠テ居ルゾ」といい、…朱子の正統論さえ、中国の歴史的現実から来る「ヨリ少い害悪」の選択と見る…》（六五六A）。

ここは、浅見絅斎の思考の徹底性を示していて、重要な箇所である。

だが、よく考えてみると、「天下ヲ円メテ穏ニ治サヘスレバ正統トスル合点ゾ。…是等トテモ根ヲ推セバ大義皆欠テ居ルゾ」と言ってしまうと、それが中国の皇帝の政権の継承にあてはまるだけではなく、日本の天皇の政権の継承にもあてはまるということになりそうである。それなら、「子孫ニ不行義ヲスルモノアラバ、ケコロ（蹴殺）サウト被仰《おおせられ》タナレバ、ヨイコトゾ」とのべた、直方と同じことにならないか。

丸山もこの点を気にして、《「日本デ天子ノ御筋目ヲ立テヲクハ、国風ノ律義ナル也、徳カラシタコトデモ、神代ノ光ト云コトデモナシ。ソノ風俗ナリニ従フタト云モノ也。君ヲ尊ブノ義ヲ知テノコトデハナシ」として、皇統一系が「風俗」による幸運の結果にとどまり、なんら「義理」のレヴェルの問題ではない、という直方の批判が挙げられる所以である》（六五六A）としている。《論争はやや水掛論の観を呈する。結局、…たんなる王姓一系の歴史の引照でなしに、天照大神の神勅によって、君臣の分が——つまり皇統の不変が永遠に、先天的に決定されているという神勅的正統性に依拠せざるをえない。中国正統論の引照は、…この神勅的正統性の前には十ぱ一からげにされる運命にある》（六五六A）というまとめになっている。

《神勅的正統性》なる観念は、朱子学からは、逆さにしても出てこない。それは日本の風俗にすぎず、天皇の政権が継承されているのは単なる幸運の結果だ、という直方の指摘は正しい。その朱子学の原則論が、《十ぱ一からげにされる》のはなぜか、丸山はそれ以上、議論を掘り下げない。

＊

浅見絅斎が、佐藤直方と異なるユニークな思考をどう展開させたか。山本七平の『現人神の創作者たち』が行き届いた考察を加えているので、以下、山本の論述に従って、絅斎の思想をあとづけるとしよう。

浅見絅斎は、《本名は浅見重次郎安正、…武士の生れでなく町人の生れ、近江の富商の二男、家業は米穀商であった》。父は、教育熱心を通り越して、《一種の教育マニア》だった。兄は医者となり、絅斎も医者を開業するが、《父はそれに満足せず、…家産を傾けても、絅斎に天下の名士と交わらせそれに師事させようとした》。家業は三男が継いでいる。絅斎は《だれ一人として心服できる者を見出し得なかった。そして…ついに闇斎と相会い、この峻厳きわまる師に文字通り心服し、彼の弟子となった》(二四〇~二四一頁)。

武士でない彼は《「一一〇パーセント」の武士であった》と、山本は言う。儒学(朱子学)に武士の観念はないから、「一一〇パーセント」の士であった、と言うべきなのかもしれない。ともかく絅斎は、朱子学の倫理でみずからを律し、誰よりも原則的な生き方を貫こうとした。だが晩年、絅斎は貧しかった。実家は破産同然となり、絅斎にも負担がかかった。それでも絅斎は、誰の招きにも応じず、仕官しなかった。《「…天子を措きて節を侯伯に屈するは、臣子たるものの徳に悖るものなり」と言ったという》(二四一頁)。

＊

では、絅斎の正統論は、どのようなものだったか。《絅斎の大きな特徴は、闇斎が論理的につめた朱子学の正統論を一歩進めて、幕府を「簒臣」と規定したことであ》る。《絅斎が本当に望んでいたのは著作よりむしろ実際行動であった。そして彼は日々、その日に備えて武術をも怠らず、その日常は最も自らに厳格なる武士と同じであった。彼は江戸を敵地と考えていたので生涯江戸の地を踏まず、「我已に足関東を踏まず、食を求めて諸侯に仕えず、出処進退の事に於て、一も古賢に恥ずる所無し」と言い、生涯、京都を離れなかった》（一四六頁）。これは、「隠れ過激派」と言ってよい。とは言え、《絅斎は自己の生存中に、徳川の天下が天皇の天下に変るとは思っていなかった。従って「外面的に」いわば「行動的に」幕府に抵抗することはせず、その点ではあくまでも幕府に従いながら、ひたすら教育によって将来に期し》（一四二頁）たのである。

＊

この点から注目すべき絅斎の著作が、『靖献遺言』である。『靖献遺言』は、幕末の志士たちのあいだで広く読まれ、また岩波文庫となって、戦前から戦中期にかけて戦地に赴く若者の心をつかんだ。だが今や、忘れられた書物だと言ってもよかろう。その要点を、重複を恐れず、繰り返しておこう。

《一体『靖献遺言』とは何を意味するのか。…生死を問題とせず絶対的規範を順守した者の最後の言葉ともいうべきもので、…「殉教者列伝」にきわめてよく似ている。…これが社会に与えた影響が、「殉教者列伝」が西欧キリスト教社会に与えた影響と同じであって不思議ではない》（一四三頁）。取り上げられているのは、屈原、諸葛亮、陶淵明、顔真卿、文天祥、謝枋得、劉因、方孝孺、の八人。いずれも中国の歴史で、義に生きた人びとである。

《では八人中のだれを自らの模範としたのか。それが…「処士劉因」であった》（一四六頁）。劉因は、保定の人。堯舜の故地であったが、夷狄の領土となること三百年、元の時代の人物である。夷狄の地ゆえ、誰にも仕えず、継母に孝行しながら学問を教えた。元のフビライに召されると出仕したものの、給与を受けず一日で辞してしまう。夷狄の君主だからなのだが、フビライは、劉因のような者が「召さざるの臣」なのかと納得して、なお彼を尊敬した。絅斎にも病気の継母がいたので、自らの境遇と重ねあわせたのであろう。

劉因のどこが、義に殉じる生きざまなのか。《天地の秩序は絶対であり、その絶対に基づいて聖人は人間社会の秩序を立てた。従ってこれに従うことは、たとえ短い生涯であっても、その間に「天地と相終始する」ことなのである。従ってそれに則して生きかつ死ねばよいのであって、ただ死を恐れて生を欲することは「是れ其《そ》の生を全うせんと欲して、而も実は未だ嘗《かつ》て生きず…」になってしまう。…

こうなれば、正統性を絶対化し、その回復のためにいつ死んでもよい、という人間が出て来て不思議ではない》（一五四頁）。

＊

さて、『靖献遺言』の八人のうち最初の、屈原から文天祥までの五人は《ページ数から言えば約三割にすぎ》（一七六頁）ない。残りの三名、日本では当時も現在もほとんど知名度のない謝枋得、劉因、方孝孺に絅斎は多くの頁を割いている。

このうち圧巻である、方孝孺についてみよう。方孝孺は明の時代のひと。名君といわれた永楽帝の時代であった。永楽帝は太祖の第四子で、燕王に封じられていたが、甥の建文帝（太祖の孫）に叛乱を起こして帝位を奪った。簒臣である。方孝孺は太祖にも建文帝にも重用された、著名な学者であった。永楽帝は方孝孺を捕らえ、即位の詔勅を起草させようとする。方孝孺は、死んでも起草しない、と拒む。永楽帝は《汝、焉《いず》んぞ能《よ》く遽《にわ》かに死なんや、朕まさに汝の十族を滅すべし》（一六〇頁）と怒った。結果、《宗族の坐死する者八百四十七人》、墓もあばいたが、方孝孺はまだ言うことをきかないので、母族妻族、朋友門生までも殺害された。

方孝孺の《妻子は、逮捕される前に自殺してしまった。…十五歳にならぬ二人の娘…も…途中、淮《わい》〔河〕に身を投げて死んでしまった》（一六三頁）。末弟が捕らえられ目の前で殺される番になると、方孝孺もつい涙を見せた。末弟は、泣かないで、いまこそ生を捨てて義をとるときではありませんか、と逆に励ました。

最後に方孝孺は、門外に磔《はりつけ》にされ、刀で口を耳まで裂かれた。七日間、罵声は絶えず、死んでようやく静かになった。遠い親戚もさらに数百人が殺された。永楽帝は、方孝孺の文章も徹底的に探索して破棄し、歴史から抹殺してしまおうとはかった。

方孝孺の行為は、どんな意味があるのだろうか。永楽帝はすでに帝位についており、方孝孺が抵抗したからといって、現実にはなんの効果もない。永楽帝が「簒臣」である。これが唯一の原因だ。朱子学の原則、すなわち《自己の絶対的な規範を生きるため》であって、《その前には何も考慮しなかった》（一六五頁）。

＊

主張を曲げない方孝孺もすさまじいが、弾圧する側の、永楽帝もすさまじい。並みの精神力ではない。どちらも、政権の正統性と義の追求にすべてを賭けている。

方孝孺のように、ここまで原則的に生き、義に殉じるひとは、中国でも絶対的な少数者だろう。

なぜ『靖献遺言』は、中国の人びとだけを取り上げて、模範とするのか。なぜ日本人をあげないのか。日本の例をあげると、幕府を賊とすることになり差し障りがあるからだ、と絅斎は言う。いや、《日本人こそ真の中国人なのだから、これが日本人の規範であらねばならぬ》（一四五頁）と考えたからではないか、と山本七平は言う。

さまざまな中国人、さまざまな人間がいるなかで、純粋形として取り出された八人は、伯夷叔斉のように、理想化された極端な例である。『靖献遺言』を読んだふつうの人びとは、しかし、義に殉ずるという観念をもつかぎり、鉄片が磁石に吸いつけられるようにそれら八人の生きざまに吸いよせられる。幕末維新にはそのようなことが起こった。これが「殉教者列伝」の機能である。

＊

ではその、殉ずるべき「義」とはなにか。

八人がそれぞれ義としたのは、特定の政権への忠誠ではない。

正統な政権は、樹てられては倒れるのが、中国である。永楽帝は、たしかに簒臣であろう。でもそれを言うなら、明を樹てた朱元璋《しゅげんしょう》（太祖）は、もともと農民出身で、叛乱軍の首領ではないか。儒学（朱子学）の原則を機械的に振り回して、正統性を言い立てれば、わけがわからなくなる。

義は、政権や政治を越えたもので、天地を貫く究極の原理である。それに忠実であることが、正しい自分の生き方である。地上の政権の具体的なあり方とは独立した、世界観のようなものを、義の観念は必要とする。

武士はもともと、この種の義の観念など持っていなかった。武士の集団を形成する秩序は、自生的なもので、血縁や地縁や利害や、さまざまな関心にもとづいた慣習によって成立していた。そうであったものが、武士の政権を樹立するようになって、それ以上の秩序に昇格させなければならなくなった。江戸幕府が朱子学を受容したのは、そうした試みであった。

＊

神話のなかに起源をもつ系譜としていまにつながる天皇の系譜に、義の対象をみる。これは、武士の観念よりも古いもの、すなわち、古代的な、神秘的な、前近代的な感性と心情にもとづくものだろうか。

江戸幕府のもと、朱子学と、神道の朱子学化とにもとづいて現れた、このような義の観念は、近代的なものだと私は思う。なぜなら、それは、合理的で、体系的で、個人的だからである。合理的で体系的で個人的な信念は、所属する集団の力学や社会的文脈から相対的に独立に、人びとの行動を律することができる。それは、近代的な社会関係の基礎となる。

こうして形成される人びとのモラル（行動様式）は、しばしば、「武士道」とか「国家神道」とかとして、回顧的に表現される。明治以降にうまれた、おおまかで中身のないレッテルである。後期水戸学や吉田松陰に代表されるような幕末維新の精神のあり方を、もっと正確にありありと把握するすべを持たなければならない。

この作業を阻害している一因が、わが国の「近代主義者」たちの偏見であると思う。

近代主義者たちは、明治以降の近代化の経験に縛られて、近代化とは、近代的な思想に触れ近代的な制度を習得することである、と考えた。何かもともと近代的なものに、感染することが「近代化」

である、と。その結果、プレ近代のさまざまなことがらのなかから、近代につながる要因をみつける能力と感度が低くなった。

丸山眞男が、荻生徂徠に過剰に注目し、そこから「作為の契機」を取り出したこと、そして、それ以外の要素をプレ近代の世界から見つけなかったことは、そうした近代主義者のふるまいの一例である。丸山の試みは、半分正しい。明治になって近代と接触してからではなく、江戸時代の、近代と接触する以前の思想のなかから、近代の要素をみつけようとしているから。そして半分正しくない。明治になってから近代と理解されたものに類似する断片的な要素を、江戸時代の、近代と接触する以前の思想のなかからみつけようとしているだけだから。

＊

近代は、近代でないものから初発するしかないのではないか。

西欧の近代化は、キリスト教の合理化から始まった。キリスト教の合理化の根拠は、イエスでありパウロである。彼らは古代の人びとで、古代の考え方に従って生きていた。その彼らの言葉や行動をコメントし、解釈し、自らの規準とすることによって、近代的な態度がかたちづくられた。彼らに、神の「義」をみたからである。

「義」によって人びとが、自己を根拠づけようとすること。それを最優先し、所属する組織や社会的文脈を、相対化すること。これが「合理化」であり、近代の重要な徴候であるのではないだろうか。

浅見絅斎は、人びとのそうした合理化のプロセスに、火をつけたのである。

9　歴史との格闘

「義」の観念は、みずからの社会の歴史を、記述し分析するなかで、具体化する。儒学（朱子学）、とりわけ闇斎学は、日本の歴史をどのように、記述し分析したか。

まず注目すべき人物は、朱舜水である。山本七平『現人神の創作者たち』によって、朱舜水のあらましをたどってみよう。

＊

朱舜水は《浙江の生れ、その姓「朱」は明帝と同姓で何らかの関係があったらしく、いわば明朝の上流階級で知識人の一人であった。…彼はまず舟山列島に逃れ、ここを根拠地とし、…祖国回復のため中国、日本、ベトナム等の間を東奔西走すること実に十五年、日本には六回来て、六回目にやっと日本に定住する決心をした》（四六〜四七頁）。

朱舜水の生き方は、日本の多くの人びとに感銘を与え、支持者の輪を拡げ、やがて水戸光圀の知遇をえるに至る。

《寛文四年（一六六四年）光圀は家臣を長崎に派遣して適当な中国人を招聘しようと物色させた。…そして偶然に舜水を知り、相会った瞬間、光圀もまた彼に惚れ込み、舜水もまた強い親愛の情を光圀に抱いた。…以後十七年間、…舜水八十三でこの世を去るまで、二人の関係は変らなかった》（四八頁)。

朱舜水という人物の、《日本の民衆一般への絶対的影響は楠木正成の再発見であり、彼を文天祥と同列に置いたことである。…楠木正成は徳川時代の、戦国時代から「後れて来た青年」の間に、病的なほど流行した軍学の英雄であっても、朱子学的な正統主義者…と見られていたわけではなかった》(四八～四九頁)。

＊

水戸光圀は、家康の孫(三代将軍家光の従兄弟)で、徳川御三家のひとつ水戸藩の第二代藩主。その光圀が、『大日本史』の編纂という大事業に着手した。《水戸三十五万石のうち八万石をこれに投じた》(二二三頁)ともいうから、相当な決心である。

《光圀が『大日本史』の編纂を思いたった背景には、以上のような歴史ブームがあった》(二二二頁)。《光圀がなにがゆえに『大日本史』の編纂を思い立ったのか、その動機は少々わかりにくい。…光圀の野心は、おそらく、自分のもっているイデオロギーを歴史的に証明したいという点にあったであろう。彼にとっては、正統性をもつ忠誠の対象はあくまでも朱子学的原則に基づいて、天皇であっても、決して幕府ではなかった。幕府は彼にとって宗家にすぎず、もし天皇の命令があれば、宗家である幕府を滅ぼしてもかまわなかった。…それが自分の基本的な思想であることを…明確にしておきたかったのが、その動機であったと私は思う》(二二三頁)。

光圀は三十歳のとき、史局を開き、寛文十二(一六七二)年、それを小石川の藩邸に移して彰考館と名付けた。彰考館は水戸藩の外からも、多くの儒者を招いた。安積澹泊(朱舜水の直弟子)、栗山潜鋒、三宅観瀾らがここを舞台に活動した。

＊

日本史編纂のひとつの焦点は、南北朝正閏《せいじゅん》論争である。

《中国における「正閏論」とは元来、…たとえば『三国志』のような状態を現出したとき、どれを正統とするかの議論である》(二二八〜二二九頁)。司馬光は《天下を統一した魏が、結果に於ては〝正統〟ということとな》(二二九頁)るとする。朱子はこれを批判して、蜀漢を正統とする。このように儒学の内部でも、具体的な政権をどのように正統と考えるか考えないかをめぐって、論争がある。

南朝と北朝の両方の天皇が対立した、日本の南北朝はどのように考えるべきか。

司馬遷は、「紀伝体」を確立した。《「本紀」は…歴代王朝の皇帝、「世家」は諸侯国の列国史、「列伝」はそれぞれの時代の人の伝記、「表」は年表、「書」は制度史という形に分れて》(二二九頁)いる。

南朝が正統なら、《北朝の天皇は「本紀」(帝紀＝天皇編)に入れることはできず「列伝」に入れざるを得ない。…では、北朝を「列伝」に入れ、足利尊氏を「叛臣伝」に入れたらどうなるか。以後の天皇家は、叛臣によって虚位に就けられた正当性なき存在となるであろう。…この正統性なき天皇家から将軍に宣下された徳川家も、その支配権の正統性を失うことになる》(二三〇頁)。

そこで、三種の神器をもっているから正統、という考え方も出てくるのだが、それでも、南朝から神器を譲られる前に立てられた北朝の天皇は、正統でないことになってしまう。安積澹泊が彰考館に入った当時、出来かけの紀伝は、《偽の神器しかなかった北朝の五帝(光厳・光明・崇光・後光厳・後円融)は「列伝」に入れられ、足利の一党はすべて「叛臣」に入れられていた》(二三一頁)という。光圀は編集方針を改め、《一応「南朝を正統」とするが、神器が京都に入ってからは後小松帝を正統とすることになった》(二三二頁)。このように《『大日本史』編纂の基本方針が二転三転し論賛は支離滅裂ともいうべき奇妙なものになり、最終的には削除されてしまった》(二三〇頁)。

＊

天皇の政府と武士の政権との関係は、そもそも中国には存在しない。よって、儒学の正統論で切り分けようとしてもむずかしい。

もうひとつ例をあげるなら、北条義時《よしとき》・泰時《やすとき》の扱いである。《頼朝は少なくとも形式的には〝正統性らしきもの〟を重んじて、必ず院宣とか令旨とかを受けており、名目的には「朝敵征伐」という形になっている。だが義時はそうではない。彼はしばしば詔旨を拒否し、怒った後鳥羽上皇が義時追討の院宣を下し、京都守護の伊賀光季《みつすえ》を討ち、勢に乗じて鎌倉へ進撃しようとしている。これに対抗して兵を挙げれば言うまでもなく反乱だが、彼はそれを実行して三上皇を島流しにしている。しかし彼の名は「叛臣伝」にも「逆臣伝」にも見えず「将軍家臣伝」に入っている》(二三九〜二四〇頁)。伊賀光季は、天皇の政府と戦ったのだから叛臣のはずであるが、安積澹泊は、《京師に在りては則ち逆臣たり、関東に在りては則ち忠臣たり》(二四三頁)とのべてしまう。朱子学の原理を逸脱していく。楠木正成は北条氏の家臣なのだから、話はさらにややこしくなっていく。

まとめよう。

＊

中国の統治システム（律令制）では、忠（＝政治的リーダーに対する服従）は、すべて皇帝に向けられる。上級の命令に従うとしても、それは上級の職位と権限に従うのであって、上級である個人に服従するのではない。儒学（朱子学）はこれを前提とする。そして、誰が正しい皇帝であるのかが、正統性の問題である。

日本の統治システムでは、武家政権のもとでは、忠は、天皇に向けられるか、あるいは将軍にむけられる。いやむしろ、直属の主君である、大名に向けられる。天皇←将軍←大名←武士、といった服従の階梯があって、それぞれが忠によって結ばれている。この階梯を安定させるため、幕府は武士たちに、朱子学を学ばせ、忠を義務づけたのであった。だがこの階梯は、官僚制（律令制）ではない。封建制の分権的な主従関係が、連鎖して安定しただけのものである。なぜ安定したかと言えば、戦うよりも臣従したほうが有利だという、状況的理由による。幕藩制は、状況的な（＝条件つきの）臣従にもとづく階梯をそなえているにすぎないのである。

武家政権の服従の階梯が、状況的なのは、必然的である。なぜならば、この階梯は、主君（大名）が武士たちを従えたまま、まるごと集団として、より上位者（将軍）に臣従することで、形成されたものだから。ゆえに、もともとの主君（直属の大名）に対する臣従関係のほうが、より上位者への臣従関係よりも、優先される。

ここで朱子学が、忠の価値を強調し、義（忠の普遍的価値）を絶対化すれば、どういうことが起きるか。

ひとつの可能性は、直属の主君（大名）に対する臣従関係を絶対化して、より上位の秩序（幕府）と無関連化してしまうことである。赤穂事件のとき、これが起こった。そして、儒学者たちのあいだに、さまざまな見解の対立と論争とを巻き起こした（赤穂事件については、節を改めて、考察しよう）。

もうひとつの可能性は、忠の対象を、究極の主君（天皇）に置き換えることである。言い換えるなら、天皇←将軍←大名←武士、の階梯から将軍と大名とを「中抜き」して、天皇←武士、の直接の臣従関係にしてしまうことである。これが幕末の、尊皇思想にほかならない。

いずれにしても、朱子学が義を徹底するなら、幕藩制の臣従の階梯は解体してしまう。朱子学の義が絶対的（無条件）であるのに対して、幕藩制の臣従は状況的（従属的）だからである。幕藩制が、その正統性の根本から動揺する——江戸時代、朱子学を武士たちが学んだことの、意図せざる効果である。

山本七平の『現人神の創作者たち』に以上のようなまとめが書いてあるわけではない。しかし、そのロジックを凝縮して取り出すと、いまのべたようになるであろう。

＊

それでは、天皇の政府が儒学（朱子学）の想定する本来の統治システムであるとするなら、それはどのようにして、またどういう理由で、武士の政権へと移行したのか。これがもうひとつの、議論の焦点になる。

この点をめぐって、ユニークな議論を展開したのが、栗山潜鋒である。

栗山潜鋒は寛文十一（一六七一）年の生まれ。山城国淀藩の儒者長沢良節《りょうせつ》の子で、闇斎の弟子の桑名松雲《しょううん》に学び、十四歳で後西《ごさい》天皇の子尚仁《なおひと》親王に仕え、十八歳で論文『保平綱史』を著した、早熟の天才である。光圀に招かれて二十三歳で彰考館に加わり、前著を改訂して『保建大記』を著した。この著は衝撃をもって迎えられたが、惜しくも三十七歳で死去した。

『保建大記』は、あまりの名文で書かれており、読みにくかったので、《闇斎の門人の谷秦山がこの書の「連続講義」を行い、これが『保建大記打聞《うちぎき》』として出版されている》（二六二頁）。それだけ人びとの興味と関心が高かったということだ。

以下、『保建大記』のなかみをみていくとしよう。

《「保」は「保元」、「建」は「建久」であり、天皇家が政権を喪失してこれが武家の手に移った日本史の一転換期の史論である》（二六三頁）。

保元の乱に至るおおよその経過は、つぎの通りである。鳥羽天皇のあとを、長子の崇徳天皇が継いだ。鳥羽上皇の寵姫美福門院が体仁《なりひと》を生んだので、皇太子とし、さらに崇徳天皇を無理やり譲位させて、近衛天皇とした。三歳である。ところが近衛天皇は子のないまま、十七歳で死んでしまった。崇徳上皇は、自分が重祚《ちょうそ》するか、子の重仁《しげひと》親王が即位すべきだと思った。美福門院は、近衛天皇が死んだのは崇徳上皇が呪詛したからだと恨み、崇徳上皇・重仁親王を差し置いて、鳥羽上皇の第四子雅仁《まさひと》親王を後白河天皇として即位させた。保元元（一一五六）年、鳥羽上皇が死去した。崇徳上皇は、政権を奪取せんとし、《義朝及び検非違使源義康に勅して、禁内を警衛せしめ、検非違使平基盛・源季実・平維繁・平実俊・藤原資経を近畿の諸路に遣して、兵士の、甲《よろい》をもたらして京師に入る者を捕う」という状態になった》（二六八頁）。

天皇家の内紛に、藤原家の内紛もからみ、全面的な権力抗争となった。

崇徳上皇側は、藤原頼長《よりなが》（左大臣）、藤原教長《のりなが》、藤原実清《さねきよ》、源為義（義朝の父）、源為朝（為義の八男）、平忠正（清盛の叔父）、平長盛《ながもり》（忠正の長男）ら。

後白河天皇側は、藤原忠通（関白）、信西、徳大寺実能《さねよし》（内大臣）、平清盛、源義朝、源義康、平盛兼、平重盛（清盛の長男）、平基盛《もともり》（清盛の次男）ら。

戦闘は、圧倒的に優位な兵力をもつ天皇側の勝利に終わり、藤原頼長は戦死。崇徳上皇は、讃岐に配流された。また、薬子《くすこ》の変以来三百年あまり行なわれていなかった死刑が復活し、平忠正、源為義らが斬首された。

＊

栗山潜鋒は、保元の乱の原因を評してこうのべる。《後世、禍源を論ずる者、往々、罪を美福門院に帰するは、固より当れり。而も又竊《ひそ》かに聞く。白河帝、色を好みて最も淫なり。待賢門院璋子は鳥羽帝の女御にして、崇徳帝の母なり。白河帝、璋子を鍾愛し、其の間、詩の所謂、道《い》う可からざる者あり。鳥羽帝も亦、崇徳は己が子に非ざるを知れり。故に鳥羽の崇徳に不慈なるは、婦言に之れ聴くに由ると雖も、白河の倫を乱ること、実に由りて基づく所なり》（二七三頁）。鳥羽上皇が崇徳天皇に冷たかったのは、美福門院のせいもあるが、そもそもはと言えば、白河天皇の不道徳による、というのである。

山本七平は、栗山潜鋒の主張を、次のようにまとめる。《潜鋒の考え方はこの点では非常に明確であり、朝廷が武家に権力を奪われたのは、朝廷自体が規範を失ったからだという。その筆頭が白河帝であり、ついで鳥羽帝、崇徳帝、後白河帝とつづく。したがって、祟りを恐れて廟をつくるなどは全くばかげた話で、それよりもまず、規範の喪失した「失徳」の状態を回復し、「徳」に基づく生活をし、「徳」に基づく政治を行うことが第一なのであって、それを行わずに、㈠過酷な刑罰を下したり、㈡組織の一新や建設などを行なっても、すべて無駄であると説く》(二七三頁)。

天皇の政府が、徳を失った。儒学(朱子学)の原則から言えば、天皇の政府には統治の資格も能力もなくなる。ゆえに、武家に、政権が移行した。栗山潜鋒『保建大記』のロジックの核心は、この点にある。そのため潜鋒の天皇批判、天皇の政治責任の追及はまことに率直で手厳しい。たとえば、崇徳帝を評して《其の恥を知らざること、亦、甚だしきかな》(二七二頁)、など。

＊

保元の乱でもうひとつ、さらに重大な失徳は、源為義の斬首である。

信西は、罪を減ずるかのように思わせるトリックを使って、崇徳上皇側についた人びとをおびき出し、厳罰に処した。《「信西の謀を以て、陽《いつわ》りて反人の竄流《ざんる》を定む。叛徒以為《おも》えらく、死を免《まぬか》ると」。……「…為義・忠正も、亦、出てて降る。忠正は清盛の叔父なり。清盛以為《おも》えらく、我之を殺さば、則ち義朝、勢い、応に父を殺すべしと。遂に忠正を誅す。義朝固く為義の死を減ぜんことを丐《こ》う。帝果して怒りて曰く、『兄弟の子は猶お子のごとし、清盛已に忠正を誅す。義朝何ぞ為義を誅するを辞せん』と。義朝遂に鎌田正清をして為義を殺さしむ。…」》(二七四頁)。

儒学(朱子学)の原則によれば、忠(政治的リーダーへの服従)と孝(親への服従)とでは、孝が重い。忠と孝とが矛盾し、両立しがたい場合は、無条件に孝を取らねばならない。この場合は、後白河天皇が、源義朝に、父の為義を斬るように命じた。そのように命じることが間違いであるし、命令に従って親を斬り殺すこともまた間違いである。《血縁倫理が絶対なのか法が絶対なのか、という問題である。この場合は血縁倫理が優先するのが当然とされ、「瞽瞍〔舜の父〕人を殺さば、善悪をえらまず負てのがれて隠れ玉ふべしと、孟子ものたまふ所也」》（二七五頁）とは、誰もが知るところであった。《舜は理想的皇帝としては法を曲げることはできないが、しかし聖人として父を殺すことができない。このような状態に処するには、帝位を捨てて父を負って海浜（統治圏外）に逃れ、生涯これを楽しむ以外に方法がなくなる。従ってこの場合に義朝がなすべきことは、父とともに処刑されても、天皇の命令には従ってはならないことになる》（二七五頁）。

天皇の政府がこのように、儒学（朱子学）の原則に背いたこと。このことこそが、宮廷の乱脈な男女関係や権力抗争以上に、天皇の政府の「失徳」であった。義朝は平治の乱で天皇にも背き、忠孝の双方に反することになるが、《このような無規範《アノミー》人間が出て来たのも、朝廷自体が無規範になったからである》（二七六頁）と、栗山潜鋒は断ずる。

*

徳を失った統治者はどうなるか。天命を失って、つぎの統治者に武力で打倒されてしまう、と孟子はのべた。湯武放伐論である。

山崎闇斎は、湯武放伐論を否定した。闇斎の流れを汲む栗山潜鋒も、湯武放伐論をとらない。潜鋒は、《だれが放伐しなくても、失徳の天子は自動的に政権を喪失してしまうことを…証明している》

（三〇六頁）。たとえ神器を保持しようとそうでなかろうと、これを避けることはできない。

このように、徳が絶対である。それならば、儒学（朱子学）的にみて、正しい原則に立ち戻るにはどうしたらよいのか。《朝廷に自動的に政権がもどって来るように、天皇たるもの「身を律《ただ》し徳を慎め」なのである》（三〇七頁）。これこそ、「大政奉還」の論理の原点にほかならない。

光圀が種をまいた日本史編纂の事業は、栗山潜鋒のような優れた知性を招き寄せ、儒学（朱子学）の原則によって日本史を一貫して論理的に説明しようという、知的努力を生んだ。その成果のひとつが、天皇の失徳論、すなわち、武家政権成立の原因論であった。

この議論が、天皇の理想化と結びつくとき、大きな政治的パワーを発揮する。現実の天皇は、権力も統治能力もなく、ささやかな存在であるが、本来は、統治能力（徳）をそなえている。いや、われわれが天皇に臣従し、積極的に行動するなら、天皇に政府としての統治能力がそなわるに違いない。……。

このような尊皇思想が、のちにコンペイトウのように大きく形成されていく、その「核」のような役割を、栗山潜鋒の歴史批判が果たしたと言えるであろう。

10　赤穂事件

保元の乱は、武士たちに深い衝撃と教訓を与えた。

武士たちは、臣従関係の深いきずなで結ばれた源氏や平家の武士集団を形成している。その武士たちが、天皇や上皇や貴族たちと、個別ばらばらに臣従関係を結ぶと、どうなるか。武士集団のきずなが断ち切られ、親子骨肉で争わなければならなくなる。

三年後に起こった平治の乱ではどうか。信西グループ、二条天皇、後白河上皇、などが天皇の政府の内部で抗争したにもかかわらず、平清盛の率いる平家のグループ、源義朝の率いる源氏のグループは、分裂することなく、一団として行動した。源義朝は敗れて、死亡した。その子頼朝は、助命された。

鎌倉幕府も江戸幕府も、武士たちが天皇の政府と直接の臣従関係を結ばないように、隔離することを基本としている。天皇の政府とのパイプは、将軍が独占し、将軍を頂点とする武士集団の秩序を維持する。保元の乱の教訓が生きている、ということである。

＊

それでは、将軍を頂点とする武士集団であれば、臣従関係に問題はないか。

問題がないとは言えない。なぜなら、武士集団の階梯は、官僚制とは異なり、直接の臣従関係の連接によって成り立っているからである。官僚制の場合、上級の上級は、上級である。トップに天子がいて、天子が忠誠の焦点である。武士集団の場合、上級の上級は、上級（君主）ではない。この組織原則を、儒学（朱子学）は、どのように規範づけることができるのか。

江戸幕府が朱子学を武士たちに学ばせたのは、天皇←将軍←大名←武士、という臣従の階梯を、忠によって固定化するためであった。では、忠と忠とが矛盾したら、何が起こるのか。これを、幕藩制に内在する問題として明るみに出したのが、赤穂事件であった。

丸山眞男の『日本政治思想史研究』も、山本七平の『現人神の創作者たち』も、赤穂事件を取り上げている。これを対照しながら、赤穂事件の本質を考えてみたい。

＊

まず、丸山眞男の説くところを、みてみよう。

『日本政治思想史研究』第一章第三節「徂徠學の特質」に、こうある。

《元禄十五年十二月十五日の朝、漸く眠から覺めたばかりの江戸市民に忽ち電波の様に重大な事件が傳へられた。その前夜、赤穂の浪士四十六人は霏々として降る雪を冒して本所の吉良義央の邸を襲ひ、めざす義央の首級を得て泉岳寺に引揚げた上、公儀の處置を仰いだのである。俄然、彼等の行動をめぐつて轟々と世論は沸騰した。この事件は封建的主從關係…と幕府の統一政權としての政治的立場との端的な衝突であつた。さうして同時にそれは君臣道徳を父子夫婦兄弟朋友といふ如き私的な關係と並列させる儒教倫理への致命的な鐵槌をも意味した》（七三〜七四頁）。

まず後段の、君臣道徳（忠）と父子夫婦兄弟朋友（孝）とを並列させる儒教倫理の問題点、という丸山の議論は、見当違いである。忠と孝の矛盾をいうなら、保元の乱の源為義斬首の一件にふさわしい。赤穂事件は、将軍↑大名、のレヴェルの忠と、大名↑武士、のレヴェルの忠の並列と矛盾にほかならない。これは、儒学（朱子学）に内在する矛盾ではない。朱子学を、武士集団に適用するからこその矛盾である。

そのうえで、丸山眞男は、さまざまな論者を順番にみていく。

a《室鳩巣のごとき篤實な朱子學者は浪士の行動を無條件に讚美し逸早く有名な「赤穂擬人録」をものした。これは「理學ノスヂニテ心ノ上ノ詮議專」らなる朱子學の當然の歸結であつた》（七四頁）。丸山は、朱子学ならば浪士の行動を肯定するのが当然、と考えているようだが、説明になっていない。

b《林大學頭信篤の様に、幕府の文教を掌握する公的地位にある儒者にとつては事態はしかく簡單ではない。彼は元來義士助命論者であつたがその論遂に老中の容るるところとならず、憤懣を詩作に託したといはれる。…しかし「彼の心を以て論ずる」場合と「法律によつて」論ずる場合とを別つのは個人道徳と國家規範とを「理」によつて連續せしめる朱子學的な思惟が、もはや朱子學の本家自らにおいて破綻してゐることを暴露したものではないか》（七四〜七五頁）。個人道徳と国家規範を「理」によって連続させるのが、朱子学的な思惟だ、と丸山はいう。そうではないし、それが破綻しているわけでもない。

c《それならば徂徠はどういふ態度をとつたか。…現存せる史料を通じて窺はれる徂徠は終始一貫、義士切腹論者であつた。…「義は己を潔くするの道にして法は天下の規矩なり。…其事は義なりと雖も、其黨に限る事なれば畢竟は私の論なり。…若私論を以て公論を害せば、此以後天下の法は立べからず」さうして處分はまさに彼の論の如く行はれた》（七五頁）。徂徠の議論は、明快と言うべきである。

《徂徠…をして義士の斷罪を奉答せしめたもの…。そこに貫くものは…政治的思惟の優位といふことである》（七六頁）。政治的思惟の優位、ではないだろう。将軍↑大名、のレヴェルの忠と、大名↑

武士、のレヴェルの忠とがあって、後者は前者の前では「私」にすぎないと正しくのべているだけである。

＊

これに対して、山本七平は、赤穂事件をどう論じているか。『現人神の創作者たち』の末尾に、「応用問題としての赤穂浪士論」の節を立て、二二頁にわたってじっくり論じている。

まず、三宅観瀾の『烈士報讐録《れつしほうしゆうろく》』によって、事件のポイントを確認する。刃傷のあとの取り調べに対して、浅野長矩《ながのり》（浅野内匠頭）、吉良義央《よしひさ》（吉良上野介）がそれぞれ何を言ったか。長矩は「非礼を以て遇せらるる」とのべており、義央は「ただ公の職務について相談をうけただけ」とのべている、と直接の証言を記している。

つぎに、《幕府の判決が正しかったか否かだが、少なくとも審議は十分でなかったことを、ただ事実を記すことによって明らかにしている》（三六六頁）。

事件の「裏の原因」については、噂がいろいろあると記し、わからないとしている。観瀾は続けて《「良雄赤穂を去りてより、城州山科に居り、義衆を協糺し（集め）、専ら報復せんことを図る」》（三六八頁）と記している。《ここで「報讐」と言わず「報復」と言っているのは、微妙な表現であろう。「讐を報ずる」なら、これは当時は法的に許されかつ倫理的に負わねばならぬ義務だが「報復」は当時でも単なる「仕返し」の意味である。こうなるとその行為は、「自分たちをこのような状態にしたのは結局あいつなのだから、仕返ししてやる」の意味になってしまう》（三六八〜

三六九頁)。

ついで、大石良雄(大石内蔵助)のしたためた書面、幕府の判決、江戸町民の熱狂、四十六士の紹介をのせて、三宅観瀾の『烈士報讐録』は終わる。

*

では、ほかの人びとはどういう見解をもっていたか。

《崎門三傑すなわち浅見絅斎、三宅尚斎、佐藤直方も、この事件の評価では明らかに対立した。…絅斎は支持、尚斎は…条件つき支持、直方は否定である》(三七二頁)。

まず、佐藤直方。彼は、同時代に大きな影響力をもっていたが、その後急速に影響力を失った。その《一契機となったのが彼の「四十六士論」すなわち赤穂浪士への理路整然とした徹底的な否定である》(三七二頁)。

尚斎の質問に直方が応えたコメントが残っている(『重固問目〈先生朱批〉』)。

尚斎が、《まず自分の父を殺した者とは共に天を戴かずで、これが敵討の「常式」だ》(三七四頁)と朱子がのべていると言うと、直方もその通りだと言う。けれども孟子は、人の親を殺すと人もまた自分の親を殺すだろうから、間接的に自分の親を殺すことになる、よって人の親を殺す行為と自分の親を殺す行為は同じである、という論理も働く、と言う。

尚斎が、朱子学に照らすなら、四十六士の行為は敵討の「常式」ではない(ただし、それでも弁護の余地がある)、とのべると、直方は、「常式」でないのはその通りだ、だから間違っている、と言う。《面白いことに、浅野は公法を犯して処刑されたのだから、吉良を仇とするのは不当だという点では尚斎も直方も一致している》（三七七頁）。

議論は続き、私怨と公の秩序の関係に至る。禹《う》は、伝説的な聖人で、洪水を治めた王。《その父の鯀《こん》は洪水を治めて成功せず、人物も立派でなかったので追放されて死に、そのあとをついで洪水を治めた》（三七八頁）。《私怨を晴らすより公の秩序と一国の利害を先にした人物》で《孔子はそれを評価している》（三七八頁）。《こういう点から見れば、為政者としての浅野の行為はもちろん「四十六士」もまた、公朝より私怨を先にした者で、同情の余地すらないと直方は見る》（三七八頁）。

＊

では、三宅尚斎はどういう点で、同情の余地ありとするのか。

《「君父の不了簡ニモセヨ、浅野怒リテ切付タルモ一向ワケナキコトニモ非ズ。…タトヘバ浅野怒テ私怨ニテ吉良ヲ切ツケ、吉良門外ニ走リノガレバ、浅野ガ臣タル者、理非ヲ考ルニ暇ナク…、追カケ討チトメン。浅野未ダ死セザレドモ如㆑此」》（三七八〜三七九頁）と、尚斎はのべる。

山本はいう、《この…尚斎の議論は専ら心情論なのである。いわば浅野の家臣は浅野と心情的に一体化し、主君の心情を己が心情とすることを「忠」としており、これを尚斎は「豈無《あに》㆑理トセンヤ」としている》（三七九頁）。しかし、浅野の行為は違法で、だから処刑されたのではなかったか。浅野の処刑を、不法だとした者は誰もいない。その浅野の遺志を継ぐなら、その行為もまた違法となろう。

では、主君の仇討ちは、認められないのか。山本はまたいう、《確かに徳川時代には「仇討」は認められていた。しかしこれは、あくまでも「無法に殺された者」の子や親族に限られること、いわば捜索・逮捕・処刑の権限を委託されたような状態であり法を犯して処刑された者の子に仇討を行う権利はない。…というのが直方の意見であり、これは現在でも通用する論理であろう》（三七九頁）。このように四十六士の行為に理はないのだが、世間はそれを讃えて興奮し、《尚斎のような学者でさえ、朱子学的にはこれを否定しつつも心情的にはこれを高く評価するという態度になっている》（三八二頁）。

*

関連して、注意しておくべきなのは、徳川時代に許されていた「仇討」は、上にあるように、「父の仇」をその「子や親族」が討つ場合に限定されていた。「主君の仇」を討つという考え方は、中国になく、儒学（朱子学）に根拠を持たない。日本的なアイデアである。このアイデアの前提は、（主君に対する）忠と、（親に対する）孝とを同一視し（忠＝孝）、「忠孝一如」の観念をもつことである。忠と孝が同一視できるから、親に対するものである「仇討」を、主君に対しても当てはめることができる。赤穂事件は、主君に対する仇討ちが実際に起こった、最初の例であった。

赤穂にはたまたま、山鹿素行が配流されていた。山鹿素行が赤穂の藩士に儒学の薫陶を与えていたことが、赤穂事件の下地になったともいう。

*

江戸の人びとはなぜ、赤穂事件に興奮したのか。それは、百年にわたり幕府が朱子学のイデオロギーを人びとに教育した結果だ、と山本七平は言う。

幕府は、将軍↑大名↑武士、の忠の階梯にもとづく。ゆえに、忠を強調する。《幕府は大名を統制する。従って統制に服さねば、たちまち処刑する。浅野はその例だが、同時に家臣がその大名にあくまでも忠誠であれば間接的に家臣団も統制しうるからである。そこで浅野を処刑し、四十六士を処刑しながら一方ではこれを称揚した。その音頭をとったのが…大学頭林信篤である。…直方はこの林信篤をも批判している》（三八二頁）。林信篤は、『復讐論』を著し、おおよそつぎのようにのべた。不倶戴天の敵を討つのは当然だが、それが法に触れるなら罰せられるのは当然。将軍が法を明らかにするのはよいことだし、忠臣が志をとげるのは立派だ。だから処罰されても、本望だろう。《以て義に向うの心起り、君は臣を信ずるを知り、臣は君に忠なるを知るなり》（三八三頁）。これでは、《「幕府の法は義に反する」から、そして心情的に君主と一体化すれば「義」だから、たとえ法律を破り、それによって処刑されても倫理的に立派だということになってしまう》（三八四頁）。

それならば、《心情的に天皇と一体化することを当然に「義」とし、「敬義内外」一致でこれを否定する「法」を不義とし、幕府を讐とする者が出てくれば、それを法によって処刑しても、倫理的には正しいとせねばならなくなる》（三八四頁）だろう。そこから、尊皇思想の直接行動までは、あと一歩なのである。

＊

儒学（朱子学）の原則を踏まえて、佐藤直方が赤穂事件の四十六士に批判的だったように、太宰春台、荻生徂徠もまた批判的だったことに、山本七平は注意をうながす。彼らのような原則論は少数派で、赤穂浪士を称賛する嵐のなかで、大きな声で主張できないありさまであった。

太宰春台はまず、浅野長矩に切腹を命じた幕府の処置を、誤判であるとする。殿中で人を殺害すれば死罪、が法であるのだが、浅野は吉良を傷つけたのみで、未遂であった。それを死に処するのは、重すぎて誤りである。誤判であるなら、まず、幕府にその点を訴えて修正を求めるのが筋である。それが容れられないなら、城に拠って幕府を相手に一戦を交え討ち死にすべき。吉良義央を討つとは、相手を間違えている。このように春台は、荻生徂徠の示唆を参考に、原則論をのべる。

佐藤直方〜荻生徂徠〜太宰春台に共通するのは、儒学（朱子学）の原則に照らして、赤穂事件の本質を見極め、それを儒学（朱子学）の原則から、解決しようとすることだ。

ところが同じく、儒学（朱子学）の原則を体現しているはずの、浅見絅斎は、四十六士の行動を高く評価する。どういう理由で、正反対の考え方になるのであろうか。

＊

幕府は、武士（家臣）が無条件に大名（主君）に忠義を尽くすことを、推奨した。幕藩体制を秩序づけることができるからである。ゆえに、四十六士の行動も、立派であると称揚される。

四十六士の忠誠の対象たる《浅野家は諸侯だから問題ではないが…もしその対象が天皇で、幕府が天皇に対して吉良上野介のように振舞ってこれを悩ませ、天皇が幕府を怨んでいると思い込んだ人間が『靖献遺言』を読んだらどうなるであろうか。…その行為は法に触れても倫理的に立派だということになる。…浅見絅斎の「四十六士論」は、『靖献遺言』と併読すると、そういう人間が出てくることを暗に期待し、その論を無理に『靖献遺言』と結びつけている煽動文書のような感じがしてくる》（三九六頁）と、山本はいう。

それでは、浅見絅斎の『四十六士論』とはどのような議論か。

《…上野介、…私欲私意ヲ以《て》、内匠頭不調法ニナルニモ心ヲ用ズ、…人前ニテ恥辱ヲアタヘ…内匠頭ヲ激怒セシメ、如レ此ノ事ニ及ハ、…上野介…其罪不レ可レ逃《のがるべからず》。…然ドモ内匠頭ニ於テハ私忿ニ不レ堪《たえず》、…卒爾ノフルマヒ、是亦 夥《おびただ》シキ越度《おちど》ナリ。然ドモ一点一毫公上ヘ対シテノ意ニアラズ。…然ラバ大法ヲ以《て》云ヘバ、自分同士ノ喧嘩両成敗ノ法ナリ。…然ドモ只内匠頭ハ大礼ノ場ヲ乱ルノ罪ヲ以誅セラレテ、相手ノ上野介ハ其分ニテ少モ責罰ノ体モナケレバ、内匠頭死ハ上野介ガ為ニウタレタルニキハマレルトコロ、無二余儀一《よぎなき》コト也》（三九六〜三九七頁）。浅野の死は、法の執行による刑死ではなく、決闘の未遂を、「両成敗」によらず一方的に処分されたもので、その死の責任は上野介にある、というロジック（当時人びとに広く受け入れられた）をのべている。

このような状況で、浅野の家臣はどう行動すればよいのか。

《内匠頭臣子タルモノ、内匠頭先太刀ノ刃ヲ遂テ上野介ヲ討ザレバ、大義イツマデモ不レ済《すまされず》。是タヾ我主ノ相手ヲ、主ノ討ント欲スル存念ノ通リニ討タルマデニテ、全ク上ヘ一点ノ怨、一毫ノ手サス存念無レ之《これなき》コト明ナリ》（三九七頁）。彼らは吉良を殺害したのち公儀の処分を待ち、墓所に葬られるなど、名誉をもって遇されたが、《タトヘ若《もし》左様ニナク、子々孫々マデ微塵ニ骨ヲ砕カル、トテモ、忠義ノ心別ニ恨ルコトナシ。…学ブモ不レ学《まなばざる》モ天下一統義理ト云モノ也》（三九八頁）。このことに関して、いろいろ別様に論ずる学者もいるが、《其論不レ足レ取《とるにたらず》》（三九八頁）と、絅斎は一蹴する。

《子々孫々マデ微塵ニ骨ヲ砕カル、トテモ、忠義ノ心別ニ恨ルコトナシ》は、『靖献遺言』の方孝孺に関するくだりにある文言である。方孝孺は、《権力を絶対視せず、その権力をも越える儒学の天を、端的にいえば朱子の正統論を絶対化し、あくまでもそれに基づいて権力者に単身対抗じてい》（三九八頁）た。いっぽう浅野の家臣は、《「先君の遺志」を絶対化し、これを法も幕府をも越えるとした》（三九九頁）。両者はかなり距離があり、共通点があるとするのは、素直に考えれば無理である。それをあえて絅斎は、同一視しようとする。《もし絅斎が本当に心の底から赤穂浪士を方孝孺に比定しているなら、彼の朱子学理解に疑問を感じざるを得ない》（三九九頁）と、山本七平も首を傾げている。

いったい絅斎は、なにを考えているのか。四十六士を称賛する庶民のベタな心情を優先させて、朱子学の原則をないがしろにしたのか。

*

山本七平は、この背景をさらに掘り下げる。

浅見絅斎は言う、《親ノ敵ヲ上ヨリユルシヲカル、ホドニト云テ、子タルモノ討ツベカラザル理ナシ。是ハ上ニ背クニテハナシ。…何ホド親謀叛ヲ起ト云テモ、親ノ命ニ不レ従《したがわず》、親ノ諫メテモ死シテモ謀叛ヲ起サセヌヤウニスル、是亦親ニ背《そむく》ト云モノニ非ズ。君父同然ノ理、此則忠孝之至也》（三九九頁）。親の謀叛を思い止まらせるのは、主君の前で親が相対化されており、絶対でなくなっている。そのような理由によって親に逆らっても、親に背いたことにならない（孝である）という。このように、主君に対する忠と親に対する孝とが入り交じるのが、《君父同然ノ理》であるらしい。

すると、どうなるのか。《「忠孝一致」となる。いわば浅野＝赤穂浪士を彼は「父子」の倫理にして、この関係を肉親の如く絶対化してしまうのである。では忠孝一致で「天皇」を「父」としたらどうなるか。その関係は法を超越してしまい、これが天皇の意志だと信じた場合、何をしてもよいことにな》（四〇〇頁）る。《これは幕藩体制否定、天皇絶対、明治維新への道となりうる》（四〇〇頁）。

このように山本七平は、絅斎の思想の射程を見通す。《そういう視点で絅斎の『四十六士論』を読むと、それが非常に巧みに、赤穂浪士絶対支持の当時の世論に隠れつつ主張されているという気がする。というのは他の面では、彼の説は当時の通説だからである。そしてその中で、一つ一つは指摘しなかったが、彼は、佐藤直方の論を徹底的に批判している。直方が、急速に忘れられたのも不思議ではない。歴史は違う方向へと進みはじめたのである》（四〇一頁）。

＊

儒学（朱子学）の通説や原則に従っているはずの浅見絅斎が、《赤穂浪士絶対支持の当時の世論》べったりの、『四十六士論』を書いた。それは《煽動文書》（四〇一頁）だったと、山本七平は示唆する。《さらに『靖献遺言』を読んで、朱子学の正統《オーソドキシイ》こそ日本の正統《レジティマシイ》であらねばならぬと信じ、それを歴代天皇の遺志と信じて、その遺志の遂行を絶対として、そのため法も幕府も無視して行動を起す人間の出現を、彼は秘かに期待していた》（四〇一頁）のではあるまいか、と。

「現人神の創作者たち」を追いかけてきた山本七平は、それを、江戸朱子学・山崎闇斎学派の正統論、とりわけ、浅見絅斎に探りあてた。絅斎の『靖献遺言』と『四十六士論』を合わせ読むなら、幕末の尊皇論が生まれ、明治維新の原動力となるのだ、と。『現人神の創作者たち』の最後は、以上の示唆で締めくくられている。いちおうの結論である。

この結論は、テキストのしっかりした読解と論理の組み立てによってたどられており、十分に説得力がある。丸山眞男のはるかに先を行く、優れた業績だと言ってよい。

だが、『現人神の創作者たち』という書物は、ジグソーパズルにたとえるなら、半分まで並べてそれらしい図柄が浮かび上がったところで終わっており、残りは空白のまま残されている。真犯人の目星はついた。浅見絅斎。たぶん犯人に間違いはない。けれども、ほかに共犯者がいるのか、犯行までの具体的な経過はどうなっているのか、まだ明らかにならないままだ。証拠がこうも乏しければ、公判が維持できるか心もとない。

この空白の部分に、どういう図柄が隠れているのか、次節ではそれを想像してみる。

＊

浅見絅斎という人物が何を考えていたのか、あと少しだけ追ってみよう。

絅斎は明らかに、赤穂事件に刺戟を受け、触発されている。そして、『四十六士論』を著し、そこに戦略的メッセージをこめた。それは、山本七平が言うとおりだろう。

「戦略的」とはどういうことか。《赤穂浪士絶対支持の当時の世論》（四〇一頁）べったりではなく、実は距離を置いているということだ。山本七平は言う、《絅斎は本当に武士が主君に絶対に忠誠なるようにと『靖献遺言』を記したのであろうか。そうではあるまい。もしそうなら自らは決して諸侯に仕えず、三宅観瀾が水戸に仕えたときこれを破門・絶交するようなことはすまい》（四〇一頁）。浅見絅斎は町人の儒者であった。武士ではない。仕えるべき主君はいない。そこで自分を「士」になぞらえた。「士」は武士ではなく、読書人階級の意味である。中国には武士などいないのだから、これでよい。そして、「士」にとって本当の主君は、天皇をおいてほかにない。そう思い定めていたのかもしれない。

絅斎の『四十六士論』をみると、「忠孝一致」の立場に立っている。忠孝一致は、日本の儒者たちの多くがとった考え方で、実はありふれている。忠孝一致の立場に立ちさえすれば、「現人神の創作者たち」になれる、わけではない。では浅見絅斎の、どこが特別なのか。

浅見絅斎は、徳川幕府を、権力の簒奪者と考えていた。儒学（朱子学）の正統論に照らして、幕藩体制は間違っている。間違っているなら、正すべきである。政治社会の現実と学問とは密接に一体化しているべきで、学問の原則と現実とのあいだに距離があるなら、直接行動によってその距離を埋めるべきである、と考えていた。その本性は、行動的原則主義者、なのである。そのスタイルは、彼の生涯を通じて貫かれている。

そんな絅斎にとって、義（個人の行動の正しさ）とはなにか。幕藩制を成り立たせる忠の階梯か。まず、将軍↑大名、の忠は、ほんとうの義ではありえない。将軍が権力の簒奪者だからである。大名↑武士、の忠も、ほんとうの義であるか検証が必要である。自分の利害打算で表向き、服従しているだけかもしれない。そして、天皇↑将軍、の忠は、偽りである。権力を簒奪しているのだから。このように、幕藩制を成り立たせる忠の階梯は、そのままでは、朱子学の義の正統論の批判に耐えないものなのだ。

さてそんなとき、赤穂事件が起こった。大名↑武士、の忠が、幕藩制の社会的文脈を離れ、自分の利害打算を離れて、純粋に行動に移された。このことに、絅斎は感動する。彼の行動的原則主義と合致し、儒学（朱子学）の原則を現実化する可能性を、切り開くものとみえたからである。そこで断固として、四十六士の行動を擁護することにした。『四十六士論』は、そのために書かれている。

それに対して佐藤直方は、儒学（朱子学）の原則に照らして、四十六士の行動がまったく正当化できないことを、論難してくる。それを浅見絅斎は、反論してはねのける。そうした議論の組み立て、手の内なら絅斎は熟知している。同じ論難を絅斎も、しようと思えば、もちろんできる。けれども、問題はその先にある。儒学（朱子学）を、現実に対抗し変革するための生きた知とするために、義（忠）にもとづいて決起した四十六士の行動を何としても是としなければならない。そのためには、一見、朱子学の議論がたわむように見えても、かまわない。それは、《赤穂浪士絶対支持の当時の世論》（四〇一頁）に押されたり、おもねったりしているわけではない。むしろ逆に、その世論の感情的なダイナミズムを、儒学（朱子学）的な義にもとづいた方向感覚に、通路づけようとしているのである。そのような「戦略的」な議論なのである。

——かどうかを、証拠（テキストの文言）をあげて、論証するのはむずかしい。なぜなら、そうした「戦略的」な議論をする人間は、テキストのどんな小さな文言にも、そんな戦略のヒントを書きつけたりはしないからである。論証できないのであれば、浅見絅斎が「戦略的」な議論をしているとしても、それは「仮説」にとどまる。山本七平は、赤穂浪士を方孝孺に比定している箇所に疑問に感じて、《何度『靖献遺言』を読みなおしても暗喩か誤解か明確な結論は出ない》（三九九頁）とのべている。浅見絅斎はわれわれに、やすやすと尻尾を摑ませない。

＊

となれば、外堀から埋めていくしかない。状況証拠を積み重ねてみよう。

第一に、「忠孝一致」論に乗っていること。儒学（朱子学）のテキストからは決して導けないが、日本の俗儒はこれに乗っている。そして、大事なことは、「忠孝一致」論に乗らなければ、「主君の仇討ち」という観念が成り立たないことである。ゆえに絅斎も、儒学（朱子学）をたわめて、この議論に乗っている。その議論そのものの正当性よりも、その議論が人びとに与える効果（結果）を重視しているからである。つまり、「戦略的」だからである。

第二に、喧嘩両成敗の論法に訴えていること。喧嘩両成敗は、家臣団を統率する大名が必要とするロジックで、儒学（朱子学）とは関係ない。徳川幕府が朱子学を奨励する以前に、広く武家のあいだに普及していた。

喧嘩両成敗の論法は、喧嘩をする両当事者（武士）が、武力をもち、自力救済の権利をもっていることを前提とする。両当事者の上位に立つ当事者（主君）が、武士たちの自力救済の権利を取り上げて、紛争の裁定権を設定した。その裁定権を差し置いて、両当事者が武力で争った場合（喧嘩）に、その両当事者の主張の内実や当否を問わず、争ったこと自体に対して等しく制裁を科す、という法理である。武士はこれを、正義だと認識している。

裏を返すなら、喧嘩両成敗の法理が守られないなら、自力救済の権利が復活する、と考えることができる。

「主君の仇討ち」は、家臣たちによる「自力救済」である。自力救済が正当化できるためには、たとえば、喧嘩両成敗の法が破られた、のように、不当で不法な状態が起きたのでなければならない。それを正義の側に回収する直接行動が、「主君の仇討ち」である。儒学（朱子学）から導出されなくても、導出されないことを承知していても、その論法が必要なのは、「主君の仇討ち」が義でなければならないから。すなわち、「戦略的」だからである。

第三に、浅野長矩も、赤穂浪士らの仇討ちも、《一点一毫公上へ対シテノ意ニアラズ。又公義ハトモアレ、憚カルコトナキノ心有レ之《これある》ニアラズ》。《全ク上ヘ一点ノ怨、一毫ノ手サス存念無レ之《これなき》コト明ナリ》（三九七頁）。《然ドモ一点毛頭君上ヘ対シテ不敬ノ意アッテスルニアラザルハ同事也》（四〇〇頁）と、絅斎は『四十六士論』で繰り返しのべている。反権力でも反体制でもない、というわけである。本当だろうか。繰り返し強調する点がかえってあやしい。

公刊する著書に、まさか「彼らの行動は、反権力で反体制でした」と書くわけにはいかない。しかし「主君の仇討ち」に、反権力で反体制の要素が、そもそもなくてすむだろうか。もしも幕府が情報をえて、仇討ちを妨害しようと手勢を差し向ければ、幕府との抗争になってしまうであろう。江戸市中における「主君の仇討ち」それ自体が、不法行為であって、《「上野宅エ押込、飛道具抔《など》持参、上野ヲ討候始末、公儀不レ恐段々重々不届ニ候。依レ之切腹申附者也」》（三八三頁）と、事件後の幕府の判決にある通りである。

このことにあえて目をつぶり、仇討ちが反権力でも反体制でもないと強調することは、それが実は反権力で反体制でありうることを含意している。つまり「戦略的」である。

こうした状況証拠によって、浅見絅斎は、儒学（朱子学）を現実に適用したその先に、反幕府の直接行動をはるかに遠望していた、と考えることができるだろう。

11　尊皇思想へ

明治近代化の淵源を探るため、日本のプレ近代思想のなかを分け入った丸山眞男、山本七平の探索は、中途で終わっている。丸山眞男は、荻生徂徠の「作為の契機」にたどり着き、山本七平は、浅見絅斎の「戦略的」な言論にたどり着いた。荻生徂徠は、誤認逮捕であろう。浅見絅斎は、真犯人と思われるが、捜査が完了していない。

そこで以下、幕末に尊皇攘夷思想が、人びとに熱狂的に迎えられるに至る道筋を、見込み捜査でもってたどってみよう。丸山眞男も、山本七平ものべていない、空白の領域である。

＊

山崎闇斎と闇斎学派の重要な意味合いを、改めて、確認しておくべきだろう。

この学派は、山崎闇斎の特異なパーソナリティに起動されて始まった。朱子学は、定番のテキストを読みさえすれば、誰でも学ぶことができる。そうやって人びとは、ただの学問として、ただの知識として、朱子学を学んだ。そんななか闇斎のカリスマは、朱子学を単なる「お勉強」とは違った、日常の倫理、行動の指針として身につけることを、真剣な迫力をもって門人に求めた。それが、闇斎学派に特有の厳格な師弟関係であり、また、神道への接近である。

山崎闇斎は、朱子学を日本に根付かせ、政治社会の原則として現実に機能させるには、巨大な困難が立ちはだかっていることをよくわかっていた。そこで生涯をかけて、朱子学を「日本化」することに全身全霊をささげたのである。

朱子学を日本に適用するには、社会の違いを乗り越えなければならない。

中国は、儒学（朱子学）にカスタマイズされて出来あがった社会であると言ってよい。皇帝をトップとする官僚制も、底辺の宗族（父系血縁集団）も、儒教の原則と調和している。儒教（朱子学）の原則に従って生き、儒教（朱子学）の原則によって政治社会を運営することは、簡単だ。中国の人びとにとって、山崎闇斎が考えたような、「朱子学を自分の国に根付かせる」という問題それ自体が、そもそも存在しない。

日本は、儒学（朱子学）によってカスタマイズされてできた社会ではない。かつて律令制が試みられたが、いまはただ意匠（表面の飾り）にすぎなくなっている。ゆえに、日本社会に儒学（朱子学）を適用しようと本気で考えると、つぎの問題を考えなくてはならない。

第一に、天とそれを祀る皇帝、の代わりに、高天ヶ原《たかまがはら》に集まる神々と、その子孫である天皇、がいる。

第二に、皇帝を頂点とする官僚機構／底辺の宗族、の代わりに、幕藩制がある。幕藩制の実態は、イエが重層したシステムである。

このように、天皇に、またイエに、儒学（朱子学）をどのように適用すればよいか、研究し、解決しなければならない。闇斎学派はこの二つの課題に、もっとも真剣に取り組んだのである。

＊

中国で、皇帝が天を祀る儀礼は、儒教の儀礼である。宗族のメンバーが先祖を祀る儀礼も、儒教の儀礼である。

日本で、天皇が神々を祀る儀礼は、神道の儀礼である。イエのメンバーが先祖を祀る儀礼は、仏教の儀礼である。

山崎闇斎は、天皇とその儀礼を、儒学（朱子学）と接続するために、朱子学の立場から神道を実践しようとした。江戸時代の儒者は多くが天皇や神道に関心を示した。その中で闇斎は、もっとも徹底していた。自ら神道の流派（垂加神道）を立ち上げたからである。朱子学と神道が接続しうることを示した点で、のちの水戸学の地平を開いた、と言ってもよいだろう。

イエを、朱子学の原則に連接するほうはどうか。ここで大きな役割を果たしたのは、やはり浅見絅斎である。浅見絅斎の『四十六士論』は、人びとが理解するイエの倫理が、朱子学の原則と合致することを、こじつけ気味ではあるが、ともかく「論証」している。

このように朱子学は、「日本化」することで、人びとを動員できる実践的な思想として機能し始める。

＊

イエなるものについて、考えてみよう。

イエは、家族を芯とし、血縁集団のみかけをとっている。しかしその本質は、事業体である。幕藩制は、石高《こくだか》によって、戦国大名の現状を固定した。いわば、総定員法である。武家のイエは、石高を割り当てられ、世代を越えてその規模のまま存続して行くべきものとされた。農家のイエも、田畑の保有面積が割り当てられていて、世代を越えて存続して行くべきものとされた。商家は、固定した資産がなく競争にさらされているが、事業体であるという性格はいっそうはっきりしている。

イエは、事業体である。これを、イエは法人である、と言い換えてもよい。

日本の場合、法人として実在していたのは、まず、朝廷（天皇の政府）である。これに寺社が、そして幕府が、加わった。イエは、その江戸幕府が設定した、事業体（法人）である。

徳川の幕藩制は、法人であるイエの、重層したシステムとして構成されている。

天皇も、イエである。将軍も、イエである。大名（各藩）も、イエである。家臣のそれぞれも、イエである。農家や商家も、イエである。誰もが、どこかのイエに所属し、イエが機能し存続することに対して責任を負った。

＊

幕藩制は、天皇↑将軍↑大名↑武士、の忠の階梯によって、編成されていた。忠は、政治的リーダーに対する服従義務である。これを、イエの連鎖としてとらえ直すことができる。

（天皇↑将軍）…天皇のイエ
（将軍↑大名）…将軍のイエ
（大名↑武士）…大名のイエ

それぞれ、上級のリーダーのイエの、メンバーとしての義務を分担している。

幕藩制下の日本社会は、その全体がイエによって覆われている。それぞれのイエのなかの上長に対する絶対服従を原理にして、社会秩序が維持されていることが、特徴である。社会のなかに、イエしかない。服従の原理がひとつしかないのだから、朱子学を日本社会に適用しようとすると、「忠孝一致」になってしまう。

中国では、官僚機構と宗族と、異なる種類の組織があった。それぞれ、忠、孝を原理とするから、忠孝「一致」にはならない。忠孝「別々」でしかない。言葉を換えて言えば、政府機関（官僚機構）に勤務する士（政府職員）と、被統治者として宗族に生きるふつうの人びと（民）とは、同じ規範にもとづいて行動したりしない。

日本では、政府機関（幕府や藩）に勤務する武士も、被統治者として生きるふつうの人びと（農民や商人）も、同じ規範（イエの倫理）にもとづいて行動する。そこにはひと通りの規範しかないのだから、忠と孝が別々であっては困る。「忠孝一致」は、朱子学によって論証されたり反証されたりする以前に、人びとがこの社会を生きる現実にほかならない。

幕府が、徳川の平和を維持するため、人びとに朱子学を奨励したその結果、何が起きたか。

人びとは、武士も、また農民も町人も、身分や職業に関係なく誰もがみな、朱子学のテキストを学ぶようになった。そして、朱子学の教える原則を、生きる指針として、日々の生活のなかに活かそうとした。このようなことは、中国では、ありえないことである。ルターの宗教改革が人びとに、聖書を読む習慣を少しずつ行き渡らせたのと同じような効果が、日本化した朱子学には、生まれた。

忠＝孝、すなわち、忠孝一致。ならば、誰もが同じ原則（義）を、行動指針とする。同じ原則を行動指針とする人びとは、身分や職能を越えて、同じ人間であるという意識を育む。あたかも啓蒙思想が、神によって等しく造られた人間は平等であると信じる人びとを生み出したように、日本化した朱子学は、対等な人間からなる知的共同体をつくり出すのである。

しかも日本人は、自分の従う原則が、朱子学そのものだと信じている。自分の従う原則が、日本に合うようにアレンジされカスタマイズされたものだとは、思ってもみない。朱子学はここで、たわんでいるのだ。

*

さて、このように考えてくると、赤穂事件に際して、浅見絅斎がなぜ、四十六士の行動を断じて肯定したのか、その意味がみえてくる。

佐藤直方も浅見絅斎も、山崎闇斎門下で、朱子学の原理・原則（テキストの正しい読み方）を徹底的にたたき込まれた、俊英たちである。にもかかわらず、直方と絅斎は、赤穂事件をめぐって、まったく正反対の立場をとった。直方の、朱子学的な原則論は、わかりやすい。絅斎の、四十六士の仇討ちの正当化は、こじつけめいていてわかりにくい。しかし、以下のように見方を変えると、絅斎の立場もまた、すっきり明快な議論であるとわかるのである。

佐藤直方は、朱子学の原則にもとづいて、赤穂浪士の仇討ちを批判する。そもそも浅野長矩は刑死したのであって、吉良上野介は仇ではない。法の適用に不服があるのなら、再審請求などのアピールをすべきで、それが認められなければ、抗議の討死にをすべきである。このように論ずる直方だが、朱子学の原則をそのまま適用しているわけではない。朱子学は、皇帝↑官僚（士）、の一段階の忠の階梯しか想定していない。いっぽう赤穂事件は、将軍↑大名、大名↑家臣（武士）、の二段階の忠の階梯を踏まえていて、そんな場合にどうするか、朱子学のテキストにそのままのかたちで書いてあるわけではないからだ。直方は、法を、将軍〜大名のレヴェルに想定する。出来事の発端である浅野の刑死は、この法に裁かれた結果である。そして、これに照らして、それより下の大名〜家臣のレヴェルにある赤穂浪士たちの行動を批判する。中国と異なる日本の社会に、どうすれば正しく朱子学の原則を適用したことになるのかが、直方の関心事である。

これに対して、浅見絅斎は、法ではなしに、赤穂浪士の貫いた「義」にまず、焦点をあてる。赤穂浪士が従ったのは、朱子学的に表現された、イエの倫理である。イエは、日本社会をすっぽり覆う実体だから、イエの倫理は全面的な通用力をもつ。ゆえにそれは、将軍〜大名のレヴェルでだけ、恣意的に設定される法などに、左右されてはならないのだ。

イエの倫理が全面的な通用力をもつことが、すなわち、忠孝一致であった。

＊

直方の論と絅斎の論の、関係を考えてみよう。

直方の論は、朱子学の原則を公理のように置いて、そこから、日本の社会の実際を記述し、批判する。日本の社会のありかたは、朱子学の原則からみてたわんでいる（ゆえに、批判すべきである）ことになる。朱子学の原則をユークリッド幾何学とすれば、日本の社会はその原則から外れて曲がっているというわけだ。

絅斎の論は、朱子学の原則はともかくとして、日本の社会の実際を「正しい」と考えるところから出発する。正しさの中心は、主君への絶対帰依、すなわち、「忠孝一致」である。絅斎はこれを、公理のように、出発点に置いている。これは、どういうことか。儒学（朱子学）の原則では、忠と孝とは不一致で、重ならない。いわば平行線公理のようである。ところが絅斎は、これが一致する（重なる）とする。平行線が交わるとする、非ユークリッド幾何学（楕円幾何学）のような、新しい世界を想定する、ということだ。日本の社会は、たわんで（曲がって）いなくて、まっすぐである（正当である）。ゆえに絅斎は『四十六士論』で、直方を批判するのであるし、《ナマジイニ学者ニ格別見処高上ニ云タガルモノハ色々〳〵の意アリテ、異論ヲ説モノモヒロキ中ニハアルベシ。其論不レ足レ取《とるにたらず》》（三九八頁）なのである。

こう考えてみると、いわゆる俗儒を、俗儒だからと馬鹿にするわけにはいかないことがわかる。朱子学の原則から外れていようと、言っていることは浅見絅斎と同じであるかもしれない。ただ絅斎が俗儒と異なるのは、絅斎が朱子学の原則を十分にわきまえたうえで、あえてその原則を外した新しい解釈を、意図的に立てて、人びとの議論を「戦略的」に誘導していこうとする、明瞭な意志をもっている点である。

*

では絅斎は、人びとの議論をどの方向に誘導しようというのか。

絅斎は、大名↑家臣、の忠（四十六士の行動原理）を、公理のごとき出発点とした。

それは、裏を返せば、天皇↑将軍、の忠、そして、将軍↑大名、の忠、をいずれも内実もなく根拠もないものとみることを意味する。

天皇↑将軍、の忠は内実がない。天皇はなんの政治的実力もなく、将軍は冷徹にそれを利用しているだけである。天皇のほうが上であるはずなのに、臣下のはずの将軍が禁中並公家諸法度のような法令を天皇に押しつけて、言うことを聞かせている。天皇に対する忠に内実がないことは、将軍自身がいちばんよくわかっている。将軍↑大名、の忠を大名たちに対して求めるのに、天皇を利用しているだけだ。

将軍←大名、の忠は内実がない。外様の有力大名はもともと、徳川将軍家の家臣ではなかった。関ヶ原では敵味方に分かれて戦った大名もいる。徳川自身が、敵対する大名で上長でもあった豊臣家を実力で打倒し、将軍となったのではないか。大名は表面上おとなしく将軍家に従っているが、上下関係にはなく、本来は同格の大名同士であるはずだ。この潜在的な敵対関係は、将軍家自身がよくわかっている。将軍は大名を、法によって統制しようとするが、それはもとをただせば実力による支配であり、忠とは言いがたい。

以上の理由によって、これらはどちらも、大名←家臣、の忠と比較にもならない。大名←家臣、の忠は人びとすべてが属するイエの倫理であり、これなしに社会は成立しない根底の規範である。これを、行動の原則とすべきであろう。

＊

このように考えたであろう浅見絅斎は、その先に何をみるか。

イエの倫理は、武士に限らず、農家や商家を含む人びとのすべてに妥当する。簒賊である幕府のもとから、朱子学の原則によりふさわしい正統な国家秩序のもとへと、人びとを解放するためには、強いられた忠の階梯を解体しなければならない。

具体的には、忠の階梯のうち、将軍と大名とを「中抜き」して、つぎのようにする。

(天皇←士)…すべての人民のイエ

日本人はひとり残らず、イエに所属する。その倫理に従っている。ならばイエは、階梯をなす必要はなく、日本全体がひとつのイエになればよい。これが、忠孝一致の論理的な帰結である。そして、君主（主権者）を中心とする、集権的な政治秩序（国民国家）を形成する原動力となる。義（忠＝孝）を、日本全体に一般化する。その基盤は、イエの倫理である。浅見絅斎はこの可能性に直観的に気づいて、のちの尊皇思想の、基礎を与えることになった。

それもこれも、四十六士が、イエの倫理である義（忠＝孝）を絶対化し、直接行動に移したから。そして、市井の人びとが彼らの行動を熱狂的に歓迎したから。人びとの熱狂のなかに、絅斎は、深くさとるものがあったのであろう。

第7章 丸山眞男の憂鬱

さて、前章まで、丸山眞男と山本七平の仕事を照合することで、江戸時代の思想がどのように、幕末の尊皇思想、ひいては、明治の集権的国家を準備することになったのかをみてきた。けれども、議論を完結するまでには、まだジグソーパズルのピースが、いくつも欠けている。それを与えるのが、伊藤仁斎であり、荻生徂徠であり、そしてなにより、本居宣長である。さらに、平田篤胤や、後期水戸学も加えるべきだろう。

これに取り組むためには、いちど仕切り直しをし、準備を整えたほうがよい。本書は、その手前でストップする。ただし、ただストップするのでは、いかにも愛想がない。この先、丸山眞男が、そして山本七平が論じ残した空白の未踏の領域に、どんな景色が拡がっているのか、遠望できるかぎりを概略、スケッチしてみよう。

1　宣長から水戸学へ

儒学（朱子学）と国学とが両輪となって、大きなパワーをうみだす、とのべた。浅見絅斎の思想は、本居宣長の国学と合わさることで、その潜在力を発揮する。

伊藤仁斎も荻生徂徠も、朱子学を批判した、テキスト原理主義の儒学者である。仁斎は古義学、徂徠は古文辞学。どちらも、朱子学と距離をおき、朱子の注解にとらわれずに、孔子孟子の原典を直接に読解しようという、科学的な方法論に立っている。仁斎や徂徠によれば、朱子学は、もともとの儒学を、後世の仏教や道教によって粉飾し、解釈し直したものにほかならない。朱子学の形而上学の体系は、そうした粉飾の産物である。それでは仁斎や徂徠は、どのように原典の意味に接近するのか。それには、テキストそのものに内在し、テキストの言葉の意味を、連立方程式を解くように、その相互関係から読み解くのである。

仁斎はこの方法のパイオニアであり、徂徠はその大成者である。徂徠の『論語徴《ちょう》』には、至るところ、仁斎への批判的なコメントが書き込まれている。それは、仁斎への格別な敬意の表れでもある。そもそも仁斎以外の儒者はほとんど無視され、言及されないのだから。

＊

後代の解釈の分厚い伝統をかなぐり捨て、古代のテキストをあるがままに読む。宗教改革を機に、スコラ学に抗して現れた聖書中心主義も、こうした運動だった。

聖書中心主義がスコラ学に抗するように、古義学や古文辞学は、朱子学に抗する。仁斎、徂徠は朱子学のなかに、仏教や道教による汚染を見いだし、その影響を取り除いて、オリジナルな儒学を復元しようとした。この過程で、テキスト原理主義の技法が磨かれた。

宗教改革がもたらしたテキスト原理主義は、ギリシャ語で書かれている新約聖書、ヘブライ語で書かれている旧約聖書を、原文で正しく読めば十分だった。ギリシャ語の読解は、ビザンチンから大勢の学者が亡命してきて、教えてもらった。ヘブライ語は、ユダヤ教徒に教わることもできた。その読解を根拠に、原典にもとづかないカトリックの教義を批判した。

中世のキリスト教会は、原典にアクセスできない時期が長かった。儒学の場合、そういうことはなかったが、それでも読解が困難なのは、漢字が表意文字で、その意味が文例のなかで決まるからだ。文例は、前後に並んだほかの漢字の列だから、連立方程式を解くような作業になる。文例と無関係な後代の解釈を排除して、原典のテキストの意味を再構成する。それが儒学の、テキスト原理主義の技法である。

荻生徂徠は、儒学の原テキストは古代の言語だから、外国語と心得よ、と注意している。

*

本居宣長はこの、テキスト原理主義の技法を継承している。

宣長は、京都遊学中、堀景山のもとで、儒学を学んだ。堀景山は朱子学者で、徂徠の学統をくんでいた。宣長は、徂徠学の本質について理解しただろう。

だが宣長は、儒学に進まなかった。もっぱら和歌や源氏物語など日本の古典に傾倒し、契沖《けいちゅう》や賀茂真淵らに深く影響を受けた。契沖や真淵は、仏教にこじつけたそれまでの議論から自由に、和歌や物語それ自体の価値を評価しようとする。客観的で合理的なテキストの読解を進めたのは、徂徠学と並行する。宣長の『古事記伝』は、その延長上にある。

宣長の読解は独特だ。テキストから漢意《からごころ》を除去して、オリジナルな意味を再構成しようというのだから。

この読解は、なかなかきわどい。「漢意」は、漢字とともに伝わった中華文明の意味システムのこと。漢字で表記された古代のテキストから、漢字が伝わる以前の、無文字時代の日本の言語と社会を復元しようというのだ。観測（実証）の手段は文字（漢字）なのに、実証されるのは文字以前の原日本社会。まるで観測が困難な量子力学の場合のような、ぎりぎりの実証計画だ。

ともあれ、その実証の方法を確認してみよう。

漢字は、形象と意味をもつ。そしてまた、音価をもつ。いずれも、中国語の表記に用いる文字として、必須のものだ（念のためにのべれば、漢字にとって、意味が本質的で、音価は二義的である。中国語はいくつものローカル言語に分かれており、同じ漢字をそれぞれのローカル言語でまちまちに音読する。つまり、同じ漢字が、複数の音価をもつ。日本にはその一部が、呉音、漢音、唐音などとして伝わっている）。そこで、日本には、漢字のふた通りの用法がある。第一は、意味をもつ文字としての用法（本来の用法）。第二は、音価をもつ文字としての用法（万葉仮名のようなやり方）。第二の用法のおかげで、漢字が伝わる以前の無文字社会に遡行する実証計画が、実行できる。どのようにしてか。

漢字で文書を作成するには、漢字に熟達した人間（中国人）が、日本人に代わって文字を書く。テキストの本体は、中国語の文章（漢文）だろう。けれども日本の固有名（地名や人名）は、音価によって漢字をあてる方式（万葉仮名のようなやり方）を用いるだろう。はじめは必要があるたび、適当に一字ずつ漢字をあてて表記していたものが、やがて、漢字表記〜音価の対応が固定化（規約化）してくる。この段階で、「万葉仮名」とよべるほどの表記のシステムができている。

万葉仮名は、なにを表記できるか。文字が伝わる以前の、口承伝承を表記できる。万葉集に収録されている、歌のたぐい。古事記に記録されている、神話や伝承のたぐい。祝詞のたぐい。これらやまと言葉で語られる言説は、無文字時代の言語と意味の世界を、そのまま伝えているのではないか。

このようにして取り出されたテキストの断片は、徂徠学の場合の漢字の「文例」と同じような、連立方程式になる。さまざまな基本語彙が、連立方程式のなかで、互いの意味を同時決定している。しかもその意味は、漢字がもたらした「中華文明の意味システム」から独立である。文字が伝わる以前の、日本の意味世界を再現するものだ。

儒学（朱子学）は、中華文明の意味システムそのもの。それと無関係に、純粋な日本の意味世界を実証的に構成したのが、宣長である。この方法によって、儒学とは独立の、「国学」という学問が確立した。

＊

本居宣長の国学は、ただの文学的研究である。だが、そのためかえって、強力な政治的効果をもってしまう。なぜなのか。

漢意を除き去り、原日本社会の姿を、テキスト操作を通じて、描き出す。やまと言葉の意味が、漢字の意味と無関係に、確定する。やまと言葉は、原日本社会の、生活や道徳や法や政治や習俗や…、さまざまな側面を明らかにする。論証されるのは、儒学（朱子学）のロジックと無関係に原日本社会が成立していたこと。そこには、規範や制度がととのっていたこと。そしてすでに、天皇が存在していたこと、である。

尊皇思想が、儒学（朱子学）を乗り越え、ナショナリズムの性格を獲得するのに、宣長のこの仕事が大きな役割を果たした。

儒学（朱子学）は、天皇を、天命を受けた政治的指導者と解釈する。天皇を、律令制の枠内で理解するのである。律令制は、幕藩制の前提である。天皇↑将軍↑大名↑武士、の忠の階梯がそこから派生する。これを改変するロジックを、編み出すことができない。

宣長の国学は、儒学（朱子学）が伝わるまえの日本に、もともと政治制度が存在したことを論証する。そこには将軍も、大名も、武士もいない。しかし、天皇と人民はいて、人民はおのずから天皇を統治者として認め、従っていた。この、天皇↑人民、の臣従関係は、儒学（朱子学）とも律令制とも無関係に、日本にもともとそなわっていた、という。のちの「国体」思想の、原型である。

この議論が成立するかどうかをめぐり、儒者たちと宣長のあいだで、「道論争」が起こった。

儒者たちは言う。道（人びとの行為規範）は、古代に聖人が政府を組織し、文字で規範を書き記して、人びとに道を示したことで存在しはじめる。それ以前は、道なき野蛮の世界である。文字さえないような、上代の日本で、道があったはずがない。これに対して宣長は答える。なるほど、かつて日本に、文字はなかったかもしれない。けれども、天皇も人民もいて、社会秩序も道徳も法律も整っていた。人びとが思うまま自然に生きても、規範は守られていた。文字も、文字に書かれた法規範もなかった（道はなかった）が、文字に書かれない規範はあった（道はあった）。ゆえに、「道がないのが、道である」。

「道がないのが、道である」は、宣長の、非合理な苦しまぎれの主張の典型のように言われる。そうではない。その背後にはこのように、周到な考察が控えている。

＊

江戸時代の儒者らは、天皇や神道にも関心をもった。そのなかでもっとも踏み込んだのは、自ら神道の流派を創設した、山崎闇斎だった。

けれども、朱子学に、天皇を取り込むことには、限界があった。

第一に、儒学（朱子学）は、忠（政治的リーダーへの服従）と孝（親への服従）を別々に立てて、しかも、忠よりも孝を重視する（孝＞忠）。つまり、儒学（朱子学）は、忠（政治的リーダーへの服従）を「条件つき」のものとみており、絶対化することはない。

第二に、では、その条件はなにか。それは、天子（政治的リーダー）が、徳（統治能力）をそなえていること。その天子に、天命が下っていること。臣下が、その天子に、服従する（官僚の列に加わる）ことを主体的に選択していること、である。服従は、主体的な選択の結果だから、主体的な選択によって取り消すこともできる。これらの条件がそろってはじめて、天子は人びとの服従を要求できる。

では、朱子学の立場から、天皇と将軍の二重権力状態を、どう考えればよいのか。ちなみに中国には、こうした二重権力状態がそもそも存在しないから、出来合いの解答を丸写しにするわけにはいかない。

栗山潜鋒は、こう考えた。天皇が徳を失ったからこそ、天皇は政権を失い、武家が代わって政権を奪ったのだ、と。これは妥当な見解であろう。

それなら、その武家もまた徳（統治能力）を失ったら、何が起こるだろうか。

これには、いくつもの可能性が考えられる。天皇が、政権を奪い返そうとする。後醍醐天皇のケースがこれにあたる。あるいは、別の武家政権ができあがる。足利尊氏のケースがこれにあたる。あるいは、まったく関係ない別の政権ができあがる。…そのどれになるかは、朱子学の原則からは何とも言えない。つまり、必ず天皇のもとに政権が返ってくるとは限らない。人びとが天皇を統治者として

「主体的に選択」するのでなければ、天皇に政権が返ってこないのである。

この朱子学の限界を、国学は突破することができる。なぜならば、もともと日本では、「道がないのが、道である」から。天子が立って、道を設定し、人びとに服従を要求するようになる前から、天皇はすでに（道のないまま）統治をしていた。人びとはおのずと、天皇に従っていた。天皇は、神の子孫だから統治者なのであって、徳（統治能力）を認められて天から天命を受けるのではない。天も、また人びとも、天皇を選択していない。天皇への服従は、「無条件」である。天皇は、その存在そのものが、選択の余地もなく人びとを統治する存在なのである。

この国学を下敷きにすると、幕府（武家政権）が統治能力を失った場合、何が起こるべきか、たったひとつのシナリオに絞りこむことができる。統治権が天皇に復帰すべきこと、これである。統治権は、本来あるべきところに、復帰するのだ。これが、尊皇思想である。これが、国体論である。これが、大政奉還である。

天皇が、選択の余地なく「無条件」に、すべての日本人の尊崇と帰依の対象であること。天皇の徳（統治能力）の証明は必要ない。こうした信念を、国学は帰結する。その根拠が、儒学（朱子学）の論ずる政治の範囲を超えた、文学の領域なので、儒学（朱子学）からは手が届かなくなっている。

儒学（朱子学）は、真の統治者が誰かという、正統性の意識を鋭くする。国学は、天皇が唯一の正統な統治者であるという信念を行き渡らせる。朱子学と国学が組み合わさると、大きなパワーを発揮するというのは、このようなメカニズムによるのだ。

朱子学と国学が同居しているのが、(後期の) 水戸学である。

水戸学は、学問的には独創的なところのない「雑学」だと、しばしば評される。けれども、朱子学と国学 (と蘭学) が同居しているところが、江戸後期から幕末にかけての知識人の共通の土台になっているので、水戸学を軽視してはならない。

思想は生き物である。ひとは思想を生き、思想はひとをえて生きる。ひとりの人間が、朱子学と国学 (と蘭学) をともにわきまえ生きるとき、朱子学と国学 (と蘭学) が化学反応を起こし、そのどれとも異なる、新しい性質が生まれる。それが、尊皇思想である。

尊皇思想は、朱子学の枠には収まらない、朱子学を超えた思想である。尊皇思想は、明治近代化の扉を押し開く、ナショナリズム運動の役割を果たした。

＊

闇斎学派〜宣長の国学〜水戸学〜尊皇思想、が明治近代化を導いた主軸となる思想であるのは、明らかだと思う。

だが、丸山眞男は、そう考えたくなかった。闇斎学派が源泉となって、そこから明治近代化に結びつくすべてが流れ出してくる、という議論を、「流出論」とよび、根拠のない通俗な憶説のように扱っている (「闇斎学と闇斎学派」六〇七頁)。流出論を、通俗な憶説のように扱うのなら、闇斎学派からは明治近代化が導出できないこと、あるいは、闇斎学派とは異なる別な思想から、明治近代化が導かれることを論証すべきだろう。丸山は、荻生徂徠の議論 (作為の契機) のなかに、それを見つけたつもりなのかもしれない。けれども、冷静にみてそれは、流出論よりもはるかに見込みのない仮説にすぎない。

丸山眞男がそう考えたくなかったのは、闇斎学派や、本居宣長や、水戸学や、…が国家神道や右翼のにおいをぷんぷんさせていて、許せなかったから。つまり、政治主義的、心情的な反撥である。人間の心理として無理からぬところがあるとしても、学者としては、感心しないやり方だ。

丸山と同じことにならないためには、闇斎学派〜宣長の国学〜水戸学〜尊皇思想、とつながる江戸思想のメインラインを、緻密なロジックでたどって、そこに隠れているジグソーパズルの図柄を浮かび上がらせることが必要だ。これを実証することが、残された課題である。

2　尊皇攘夷と明治維新

尊皇思想は、幕末の人びとの常識となっていた。

まず、幕府が尊皇であった。水戸も会津も薩摩も、誰もが尊皇であった。よって、尊皇を唱えるだけでは、政敵を攻撃することができない。そこであわせて、攘夷が唱えられた。

尊皇攘夷。これはどのような思想なのか。

尊皇攘夷とは、尊皇＋攘夷、のこと。そこで、攘夷とは何か、尊皇と攘夷との関係は何か、が問題となる。

攘夷とは、夷狄（外国人）を武力で排除すること。要するに、戦争である。戦争である以上、勝たなければ意味がない。負けてしまっては、夷狄を排除できない。

阿片戦争（一八四〇―四二年）で清国が、イギリスに敗れた。敗戦の報は、日本に伝えられ、衝撃を与えた。攘夷を実行に移して、失敗した実例だと受け止められた。

夷狄、すなわち西欧列強の、武力は卓越している。高性能の鉄砲や大砲などの火器を備えている。巨大な軍艦そのほか、優秀な兵器を擁している。本国から遠く離れた東アジアでも、組織だった軍事行動を起こし、目的を達成する能力があるのは、明らかだった。

＊

幕末の知識人にとって、「攘夷」のかけ声は、幼稚な排外主義の心情的な反撥、ではありえなかった。西欧列強の軍事力と拮抗して、現実に独立自存をまっとうすることは、当時の人びとの常識に照らしてさえ、ハードルの高い目標であった。

「攘夷」が当面非現実的だという認識は、薩英戦争（一八六三年）や下関戦争（一八六四年）を通じていよいよ深まった。薩英戦争では、生麦事件の賠償をめぐって、イギリス船隊が鹿児島沖で薩摩藩と交戦し、砲台を破壊し、市街地の一部を焼失させた。下関戦争では、海峡を封鎖していた長州藩に対してイギリス、フランス、オランダ、アメリカの四ヵ国の艦隊が戦火を開き、陸戦隊が上陸して砲台を破壊した。そのいっぽう、薩摩藩も長州藩も秩序正しく勇敢に戦闘したので、日本の戦争遂行能力はあなどりがたいという印象を、西側の諸国に与えもした。

「攘夷」を実行するには、西欧列強と遜色のない、新型の武器・兵器を備えなければならない。それは要するに、西欧諸国からそれらを購入する、ということである。ここに矛盾がある。西欧列強と「通商」しなければ、「攘夷」（西欧列強との戦争）もできないのである。

＊

幕末期、「尊皇」は常識となっていた。どの藩も、幕府も、尊皇を唱えていた。「攘夷」も、幅広い支持を集めていた。表立って、誰も反対できなかった。

だが幕府は、政権を担当する責任がある。国防を強化するため、砲台を整備し、軍艦を購入した。海軍はこれまで存在しなかったので、陸軍と違って国内の抵抗が少なく、近代化を進めるのが容易だった。ただし多額の費用がかかった。

幕府は、「攘夷」（西欧列強との武力による対決）のためには、さしあたり、外国との良好な関係が必要であることを熟知していた。軍艦をはじめ武器・兵器を輸入し、科学技術を導入して、殖産興業をはかろうとした（武器・兵器を輸入すると言っても、最新式のものは入手できない。型落ちや売れ残りを、売りつけられることになる。それでもって、西欧列強の軍事力に対抗しようとするには無理があるわけだが、それすらやらないのでは話にならない）。

この政策は現実的で、誰が考えてもこれ以外にないだろう。ゆえに幕府は、「攘夷」に反対と言わないにせよ、本気で外国と衝突するつもりがない。そしてそのことは、見透かされてしまう。

薩摩も長州も、外国から武器を調達し、軍備を強化している。やっていることは、幕府と同じである。けれども、必要な政治改革（新政権の構想）が異なった。幕府や諸侯の影響力が残ることは、望ましくないと考えた。幕府を討伐し、幕府の影響力を新政府から一掃するために、「攘夷」を言いつのった。「攘夷」のスローガンは、「倒幕」よりもなお、倒幕のコンセンサスを人びとのあいだに形成する政治的効果を発揮した。

「攘夷」を叫ぶなら、幕府は反対できない。が、攘夷を実行もできない。攘夷を実行できない幕府を、統治能力がない、と攻撃できる。いわば、反幕府のための、意地の悪いスローガンだった。

＊

では、新政権はどのような能力を持たなければならないか。

第一に、主権の所在が明確であること。西欧列強は、君主制をとっていたから、天皇を主権者として復帰させるのが、横並びで好都合だった。

主権は、軍事指揮権（統帥権）、外交権、行政権、立法権、裁判権、徴税権、徴兵権、警察権、などなど、を含む。行政権を担当するため、官僚機構も必要である。

第二に、十分な軍備があること。海戦を戦うことのできる、戦列艦（戦艦のこと）を擁した海軍。陸戦を戦うことのできる、十個師団程度の陸軍。将兵は、これまでの身分に関係なく、広く国民から募集する。これらには巨額の費用がかかる。外国の進んだ軍事技術の導入も欠かせない。

第三に、殖産興業。新産業を育成し、資本と技術を導入し、輸出で外貨を獲得する。道路や港湾、鉄道など社会インフラも整備しなければならない。

第四に、社会制度の整備。不動産の所有権を登記し、郵便や通信を整備し、中央銀行や商業銀行を設置し、株式市場を開設し、課税の仕組みを整え、各種の法律を整備する。

第五に、教育の普及。初等教育を全国に広め、大学ほかの高等教育機関を設置し、識字率を高め、職業教育も実施する。教員も養成する。これにもかなりの費用がかかる。

これらをすべて、すみやかに実施することが、文明開化であり、近代化である。近代化を、政府が主導するのであるから、政府の任務は重い。

総じて政府に求められるのは、強力な「資源の動員」力である。このパワーを持てるかどうかが、新政権の成功のカギになる。

＊

このように考えてくると、「公武合体」による新政権の構想は、無理があったと言える。

薩長同盟が成立する以前の時期、幕府にも、朝廷にも、雄藩の一部にも、公武合体を模索するさまざまの動きがあった。むしろ倒幕運動よりも、有力な動きだったと言ってもよい。しかし結果的に、公武合体は実現しなかった。

公武合体論には、いろいろなヴァリエーションがあった。幕府が存続する。諸侯の会議をつくって意思決定に参画する。などなど。諸侯（大名）が権限をもつなら、大名が藩でもつ統治権がなんらかのかたちで存続することになる。幕府が存続するなら、幕府はそれぞれ藩の統治権をもつ大名の連合体だから、大名が藩でもつ統治権がやはり何らかのかたちで存続することになる。要するに、集権的な政府を構成して、軍事指揮権や徴税権など、強力な資源の動員権を一元的に行使することが困難になる。公武合体論は、日本の近代化を、遅らせ不徹底にする効果をもったろう。

このことを是認できないと考えたのが、攘夷派に結集した人びとだった。尊皇思想の原点に戻るなら、将軍や大名を中抜きにして、武士・人民が直接に、天皇の政府に参集するのが本来の姿である。

将軍や大名を中抜き（排除）しようとする標語が、「攘夷」であったのだ。

尊皇攘夷は、この意味で、ナショナリズムのスローガンである。

＊

「攘夷」は、幕府と大名を中抜き（排除）しようとする政治的効果のために（だけ）唱えられていた。だから、幕府と大名の排除が成功してしまえば、攘夷が開国にあっという間に反転しても、なんの問題もなかった。政治的リアリズムのために「攘夷」を唱えていた人びとは、リアリストであったから、開国の必要を十分に理解していたのである。

儒学（朱子学）と国学（と蘭学）のハイブリッド状態は、幕末の知識層の人びとのあいだに、リアリズムとナショナリズムにもとづくコンセンサスを生み出した。

丸山眞男が不器用に追いかけ、山本七平が途中までを描いた図柄の、続き（後半）をスケッチすると、以上のようになるのではないか。

3　なぜ憂鬱なのか

ここで私は、「駅伝」のありさまが目に浮かぶように思う。

日本プレ近代思想の系譜をたどる、駅伝である。

駅伝は、何人ものランナーがたすきをつなぎ、ゴールを目指す。ひとりではカバーできない大きな構想が、チームワークによって実現する。

＊

丸山眞男は、元気よくスタートを切った。沿道の歓呼の声を浴びながら。真新しいたすきが、まばゆく輝いている。丸山は、先頭集団をリードする、トップランナーである。

しかしその後、人垣も途切れるあたりから、脇腹をいためて苦しみだし、ペースが落ちた。そのあと、どこをどう走っているのかも、わからなくなった。たすきがどのようにつながれたのかも不明である。

山本七平は、どこからともなく現れた、往路のエースである。難所の上り坂で、区間賞の勢いをみせた。気がつけば、たすきもかけている。その走りは素晴らしいが、このあとどのようにたすきがつながれるのか、わからない。

そして、忘れてならないのは、復路も待っているということ。復路も往路に劣らず困難が予想される。復路を完走してゴールしてこそ、駅伝という集合的な努力が実を結ぶ。

山本七平は力走したけれど、復路をどのように思い描いていたのか、よくわからない。山本には見えていたのかもしれないが、私たちにはわからない。復路のコースは、あまりにも当たり前だから、言うまでもないと思ったのかもしれない。仲間のランナーもなく孤立しているうちに、時間切れになっただけかもしれない。

丸山、山本と受け継がれたたすきを受け取って、復路を走り、ゴールへの道筋をつけること。これが残された課題である。

公平に考えて、丸山眞男の功績は大きい。

彼は最初に、駆け出した。彼が走らなければ、このコースが設定されることもなかった。彼はこの駅伝の、設計者である。後継のランナーが頑張って走れるのも、最初のランナーがいてくれたおかげである。

＊

丸山眞男が設定したのは、どういうコースか。決まりきったマルクス主義でも、これまでの自由主義でもない。その合間をぬって走るルートがある。プレ近代から、幕末維新を経て、日本の近代へと続く、ユニークで知られていない道がある。

そのルートをみつけるのに、丸山は、当時利用できるなるべく新しい方法を参照した。ヘーゲル哲学。マックス・ウェーバー。政治学の理論。方法の道具立てがすべて揃わなくても、残りは自分で議論を組み立て、結論に向かって進んで行った。その情熱が、あとに続く人びとに道を開いた。

＊

このコースをたどることで、どういう眺望が開けると、丸山は期待したのか。それは、日本人もノーマルな「市民社会」を築くことができること。日本もまともな「近代」を営みうること。どこかおかしい戦後の日本が、虚偽をふり払って、真実の光を取り戻しうること。

しかし丸山は、駅伝のような、長丁場の難所を走りおおせる準備があったようには思えない。むしろ、短距離のダッシュのようなスタートを切っている。皇国史観への逆張りは、時流に抗う瞬間芸に近い。ところが、逆張りのはずだったのに、急に相手がいなくなった。いきなり独走状態になってしまった。そして、「江戸時代には、荻生徂徠の説く近代的な〈主体の作為〉がありました」という、仮説であって結論でもあるテーゼが、手元に残った。

このテーゼは、戦後の市民主義者らの手に届いた。そして、そのイノセンスを証明する免罪符のように、手放せないものになっていく。

＊

丸山眞男を一躍、時代の寵児にしたのは、「超国家主義の論理と心理」（一九四六年）をはじめとする、時事的な雑誌論文であった。ジャーナリズムのセンスもそなわっていた丸山は、求めに応じて多くの論文を書き、気がつけば論壇をリードする立場になっていた。

時代が丸山に求めたもの。それは、皇国史観にまみれた過去と決別できる、確かな「良心」の根拠を手に入れることだった。人びとは、丸山の論文を読んで、超国家主義、抑圧の移譲、日本ファシズム、軍部、家族主義、擬似インテリゲンチャ、などの用語と概念を与えられ、除去すべき悪・決別すべき悪を、自分たちの外側にあるもののようにイメージすることができた。

このように、一部（軍部など）に責任を押しつけて、残りの大部分の日本人（天皇を含む）を免責することは、ＧＨＱの占領方針でもあった。

丸山眞男がたまたま、そしてある程度自覚的に、「良心的な市民主義者」としての役割を担ったこと。人びとが信頼して丸山の書いたものを読んだのには、こうした文脈もまた背景になっていた。

＊

丸山眞男の説く市民主義は、「無理」に「背伸び」をして、立派な市民になりなさい、と人びとに強いるところがある。

どこが「背伸び」なのか。人びとは、庶民として市井に生きているだけではだめで、近代的な市民の「意識」をはっきり持ち、封建主義や家族主義や右翼的な傾向や…を含む古くからの日本の伝統と決別し、市民としての自覚を持たなければならない。きちんとした立派な市民であるために、自分をいつも検閲し、近代の正しい市民意識や公共性から逸脱していないか、チェックする必要がある。そして、逸脱したかどうかのもの指しは、丸山眞男（などの良心的な市民主義の知識人）の言論なのである。これは人為的で、疲れる。こんなやり方についていけるのはもともと少数の人びとだし、ついていってもそのうち脱落するだろう。

こういう「無理」、「背伸び」、「窮屈さ」は、戦後の市民主義に共通する傾向として広まっている。そして、一人ひとりが自覚的な国民でなければならなかった、戦前の総動員体制とどこかで通じているように思う。

丸山眞男の「無理」は、どこからやって来るのか。それは、本来は全員が市民であるはずの日本社会の構成員を、びりびりと二つに引き裂いて、政府権力や私的利害や既得権や戦前の価値観や右翼的思考や…にとらわれている人びと（よからぬ人びと）と、それに対抗する良識ある近代的な市民たらんとする人びと（よい人びと）に分割し、後者のみを「市民」と考えるからである。市民は、「権力に反対」しなければならない存在とされる。

今日からみれば、不条理な考え方に思われる。けれども戦後、しばらくのあいだは、このように考える人びとも多かった。それには、二つの理由があった。ひとつは、マルクス主義が思考の枠組みになっていて、「権力に反対」しなければならないのは当たり前、という感覚をもつ人びとがめずらしくなかったから、である。よからぬ人びと／よい人びと（市民）の対立は、階級対立を水で薄めたようなもので、そんなものかと思える。もうひとつは、先の戦争を人びとがそのように反省したから。戦争を起こして人びとに苦難を強いたのは、よからぬ人びとであり、彼らと一線を画し彼らに反対するなら、自分たちが、戦争を防ぎ平和を実現するために尽くしていることになるから、である。

戦前には、軍部や皇国史観を振り回す人びと、すなわち、よからぬ人びとの実体があった。いっぽう、よい人びと（市民）の実体はないに等しかった。戦後、よからぬ人びとの輪郭がぼやけ、実体が見えなくなった。代わりによい人びと（市民）が名乗りをあげた。よい人びと（市民）の実体があれば、よからぬ人びとのよからぬたくらみも実在するに違いない。市民主義は、自らの正当性を、自らの活動によって証明するのである。

皇国史観が主流であったとき、丸山眞男は逆張りのようにして、荻生徂徠を高く評価する論文を書いた。丸山はこのとき、よからぬ人びと／よい人びと、のうちの後者にコミットした。戦後の市民主義者・丸山眞男の、原点である。

江戸時代の中期に荻生徂徠が、皇国史観の源流である闇斎学派とほぼ無関係に、〈主体の作為〉を核とする政治理論を構想した。この事実は、戦後の市民主義が無垢で、戦争責任の汚辱にまみれていないことの、証明になる。丸山の『日本政治思想史研究』は、戦後の市民主義が可能であることの、根拠なのである。

＊

ところで、『日本政治思想史研究』は、荻生徂徠のあと、宣長など数人に触れる程度で、考察が中断している。徂徠の〈主体の作為〉の主張が、どのように明治維新に結びついて行くのか、不明である。

これは、山本七平の『現人神の創作者たち』が、やはり江戸中期（浅見絅斎）で終わっていることと、並行しているように見えるかもしれない。だが、その内実は違っている。浅見絅斎は、幕府の正統性を否定した。けれども、存命中に倒幕が実現することはないと考え、『靖献遺言』と『四十六士論』で、将来の世代に決起をうながす仕掛けを講じた。時代は飛んでいるが、浅見絅斎から幕末の尊皇運動は、ロジックが直通している。ロジック不明のまま宙ぶらりんに放置されている、丸山眞男の議論とは異なるのだ。

すると、不思議なのは、なぜ丸山眞男は、『日本政治思想史研究』の続編を書いて、議論を完成させなかったのだろう、ということだ。丸山は、体調がすぐれなかったが、時間はたっぷりあった。ある時期からは、ジャーナリスティックな文章から手をひいて、「本業」である日本思想史にもっぱら集中していたはずである。「スランプ」では説明し切れない、不可解な停滞である。

＊

考えられる理由は、ただひとつ。丸山眞男は、自分が唱えた荻生徂徠の「作為」説に、納得していなかったのである。

逆張りは、あくまで、順張りがあって成立する。皇国史観の側に立つ人びとがまったく相手にしなかった荻生徂徠にこそ、近代の〈主体の作為〉があったとする主張は、逆張りとして意味があった。

皇国史観を相対化し、丸山の学者としての良心を証明し、江戸思想をよりバランスのとれた全体像のなかに置き直すという、積極的な意味があった。

そこで丸山は、尊皇思想や皇国史観の源泉である闇斎学派を、よくない人びとの側にひとくくりにし、主題的に扱わないことにした。闇斎学派が、幕末維新から明治近代につながる流れを生み出したとする説明を、いわゆる「流出論」とよび、検証に値しない俗論であるとした。けれども、その流れを無視してしまうと、江戸思想のかなりの部分を、議論しないで放置することになる。思想史の全体像の見取りを与えることができなくなる。ジャーナリスティックな仕事から距離を置き、日本思想史のアカデミックな追究に集中したはずの丸山眞男が、結局それ以上の仕事ができなかったのは、それが理由であろう。

江戸時代の人びとは、自分たちの関心からさまざまなことを考え、議論し、思想を組み立てた。その全体を、びりびりと二つに引き裂き、片方を近代的な意識の萌芽（よい人びと）、もう片方を内実のない流出論（皇国史観につながるよくない人びと）と分断してしまえば、当事者が苦労して築いた思想の全体的な像を、理解することも、再構成することもできない。

＊

丸山眞男は、困難な状況に置かれた。

荻生徂徠の〈主体の作為〉が、日本の近代化の、源泉となる重要な思想であるという主張に、納得していない。けれども、その主張を捨てることもできない。そして、さらに悪いことに、その主張に納得していないことを、表明することができない。丸山学派の人びとや市民主義者たちに表明することができないばかりか、自分自身の意識にのぼらせることもできない。うすうす、いやかなりはっきり気づいていながら、それを認めることができない。理性で認められないことは、気分に漏れ出る。深い「憂鬱」が、丸山眞男の後半生を閉ざすことになる。

丸山眞男の周りに集まる人びとは、丸山のこの隠れた苦渋に気づかない（気づくようなら、集まってこないだろう）。丸山は、周囲に集まる人びとと、理解しあうことがなく、心の底では相手を見下げている。それをごまかしたままつながっている。仲間意識が内輪で増幅されるだけだ。

「憂鬱」の由来は、自分のよって立つ基盤を、理性によって見つめ、言葉で語り、自己主張できないこと。それを行なうべきだとどこかで気づきながら、意識にのぼらないように抑制し、蓋をしていること。その状態を、自分ではどうしようもないこと。

＊

丸山眞男は、日本政治思想史を専門としていたので、この症状が顕著に現れた。

丸山が、西欧政治思想史や、もっとほかの専門であったら、症状はここまで目につくことはなかったかもしれない。

丸山は、ジャーナリスティックな才能によって、戦後の市民主義を代表する人物とみなされるようになった。丸山は、ひくにひけなくなった。自分がうみ出し、自分のなかに隠れている分裂を、そのまま抱えるしかなくなった。

この分裂は、戦後日本の市民主義そのものが抱える分裂でもある。

市民主義は、近代の側に立つ。民主主義の側に立ち、平和の側に立つ。人権の側に、憲法の側に、科学と理性の側に、芸術と人間性の側に、民衆の側に、進歩と希望と未来の側に立つ。当たり前のようにみえる。なんの問題もないではないか。

けれども市民主義は、その反対の側があって、ようやく成立する。反対の側には、封建的なるものがあり、ファシズムや独裁がある。戦争がある。迷蒙と伝統と混乱と野蛮と、権力と停滞と暗黒がある。これらに対抗する政治的な運動が、市民主義である。

では、市民主義に参画する人びとが、近代の側にあることは、どのように保証されているのか。それは、こういうことか。どこかに近代の、理想状態がある。そこでは、なにかの事情で、近代が正しく実現している。その近代につながり、「感染」しているから、自分たちは近代の側にある。そのようなロジックが、市民主義なのではないか。

外からのインパクトによって近代が始まった社会は、しばしばこうした傾向をもつ。戦後日本の市民主義が、こうした傾向をそなえているのは、自然なことではある。

＊

だがそこに、問題もある。

市民主義が近代の側に立つのは、近代を自らうみ出したからではない。ひと足先に、近代に感染したからだ。そして、まだ近代に十分に感染していない人びとと対抗し、批判する。そうすることが、近代を確実にもたらす道である、というわけだ。

近代に感染する市民主義にとっては、どこかに、ほんものの近代が存在する。その近代を、自分たちがうみ出してはいない。だから、近代がどういうものか、ほんとうはよくわかっていない。近代は、まだどこにも近代がないときに、近代ではないもののなかからうみ出されるものではないのか。にもかかわらず、市民主義は、近代の絶対的な「もの指し」で、人びとを価値づけして回るのだ。これが問題の第一。

問題の第二は、近代（よい人びと）とそうでないもの（よくない人びと）とのあいだの線のひき方が恣意的で、根拠がないこと。たとえば皇国史観にもとづいて戦争を行なった人びとが、近代でないとはとても言えない。大和や武蔵のような巨大戦艦を建造し、まる四年近くもアメリカと四つに組んで戦い、科学や産業やあらゆる資源を動員した総力戦を戦った人びとが、近代的でないわけがない。けれども、企業や軍隊や官僚機構で献身する人びとを、市民主義は、市民とは言わないのだ。

真実は、こうであろう。市民主義がレッテルを貼る、近代的な人びとも、反動的な人びとも、ひとつの社会の全体をかたちづくって、近代に向かって進んでいる。明治維新は、尊皇思想に導かれたかもしれないが、明らかに近代化の運動だった。民権論が次第に国権論になってしまったのも、大日本帝国憲法も、軍部の台頭も、大政翼賛会も国防婦人会も、近代化の運動であろう。そこに、近代／反動の、恣意的な線をひくことは根拠がない。

＊

ついでの話をすれば、戦前の日本社会が近代化のひとつのかたちを示していたように、社会主義の中国や、金王朝下の北朝鮮も、近代化のひとつのかたちを示している。戦後すぐの丸山論文を熱心に読んだ人びとが、ほんとうに近代に関心があるのであれば、中国や北朝鮮にも同様の興味を持って当然である。戦前の日本社会についての丸山の分析は、北朝鮮や中国の社会体制を解明する、有益な補助線となるに違いないだろうから。

丸山眞男は、徂徠の〈主体の作為〉論など、かつての自分の仕事に言及することが次第に少なくなり、日本政治思想史それ自体にも次第に興味を失って行った。その代わりに、江戸時代よりなお古くから日本社会の底流をなすという、日本古層論に移っていく。古層は、いつ始まったとも知れない傾向のことだから、「よくない人びと」を立てないですむ。日本古層論にコミットすると、市民主義でなくてもよくなる。

＊

日本古層論は、一九六四年から六七年まで大学で講義され、「歴史意識の「古層」」（一九七二年）にまとめられた。古層とは、簡単に言えば、《日本に由来する特有の発想や思考のパターン》（伊東祐吏『丸山眞男の敗北』講談社選書メチエ、二〇一六年、一七二頁）のこと。《丸山の「古層」論と、戦中の皇国史観に基づいた日本精神論とは、内容自体にまったく変わりはない》（同、一九一頁）とみることもできる。丸山は古層を、「執拗低音」とも言い換えた。なにか実体として存在するのでなく、《「そこにあるけれども、ない」というようなニュアンス》（同、一九〇頁）をこめている。日本の近代化がうまくいかない障害をさすのに、古層（執拗低音）は必要な比喩だったのだろう。だが、比喩として以上に、深く追究されることはなかったのである。

のである。

4　ベラー『トクガワ・リリージョン』

丸山眞男は、徂徠の〈主体の作為〉論を冷静にふり返り、自分の日本政治思想史をリセットするチャンスがあった。ベラー（一九二七―二〇一三年）の『トクガワ・リリージョン』を書評したときである。

＊

タルコット・パーソンズ（一九〇二―七九年）の指導を受けた、ロバート・ベラーの博士論文『徳川時代の宗教』が、一九六二年三月に未來社から出版された（堀一郎・池田昭訳）。原著の出版は、一九五七年。翻訳の当初の書名は『日本近代化と宗教倫理――日本近世宗教論』である（なお同書は現在、岩波文庫の一冊になっている。『徳川時代の宗教』池田昭訳、一九九六年）。

丸山眞男はこの翻訳に、解説論文を寄せている。タイトルは、「ベラー『徳川時代の宗教』について」。付録として収められており、三一九～三五四頁。原稿の分量は、四百字詰めでおよそ七十五枚程度になる。どういう経緯で丸山が解説論文を寄せることになったのか、わからない。『現代政治の思想と行動』が同じ未來社から出版されている縁もあったかもしれない。

＊

ベラーは、社会学者パーソンズの構造－機能分析の理論を下敷きに、日本近代化の要因を、徳川時代の宗教のなかに探っている。徳川時代の儒学や宗教（仏教や神道）についてもまんべんなく目配りし、とりわけ、石田梅岩《ばいがん》の石門心学《せきもんしんがく》に注目している。博士論文としてよくできていると言ってよいだろう。ただし、荻生徂徠についての言及が、まったくない。索引にも名前が挙がっていない。荻生徂徠は無視できると言わんばかりである。

これは、丸山眞男にとって、看過できないことではないだろうか。

丸山は、近代的な政治意識の出発点として、荻生徂徠の〈主体の作為〉をとりあげた。ベラーはそれを、正面から否定したかたちになっている。ならば当然、丸山は、ベラーの論の当否を検証し、自説を擁護しなければならないのではないか。にもかかわらず、丸山はこの問題をスルーする。まるで自説などないかのようにふるまう。

丸山の解説論文は、この意味で、とても不自然である。

＊

丸山の解説論文は、一〜六の、六つの節に分かれる。一〜五までの大部分が、ベラーの論文の要約的紹介。六のみが、ベラーの論考への批判的コメントにあてられている。紙幅の配分がまず、思い切りアンバランスだ。

これは、意図したものだ。《私はこの紹介で著者による日本の価値体系と行動体系の総合的解明を伝えることに主たる力点を置き、したがって本書の構成上の配分から見るといちじるしく前半の主題に偏し後半を簡略にした。これは必ずしも紙数の制限のためばかりでなく、そこには自ら私自身の評価が表現されている》(三四八頁)。後半は、ベラーが石門心学を紹介した第六章を含む部分である。第六章は《実は一番凡庸で、説得力に欠ける》(三四八頁) としている。

丸山は、紙幅の大部分を、ベラーの論文の要約と解説にあてる。具体的には、ベラーの研究の特徴

／ベラーの研究がウェーバーの流れを汲むこと／パーソンズの構造‐機能分析の紹介／パーソンズのAGIL図式を、徳川時代の社会的価値や宗教の解明にあてはめる作業の説明／徳川時代の社会システムを《政治体系《ポリティー》・経済体系・統合体系・動機づけの体系》（三三五頁）の順に概観することの説明／徳川時代の宗教と合理化との関連（四章〜六章の要約）、といった具合だ。

構造‐機能分析の解説も、かなりの分量を占める。ただの祖述で、特段みるべきものはない。構造‐機能分析に理解を示すことは、マルクス主義と相当の距離を置くという意味になり、当時、丸山には決意のいることだったのかもしれない。

＊

ともかく、解説論文の大部分のスペースは、ただの紹介に使われてしまった。無意識かもしれないが、丸山が、ほんとうは書くべきだったことを書かないですませるためだ。

とは言え、少しではあるが、ベラーへの批判的な論及も、記されてはいる。

まず、ベラーの構想そのものの問題点。《著者の主題である日本の宗教の歴史過程、とくに政治的経済的な行動づけに果した役割を意味づけるという課題では率直にいって大きな破たんを示しているのである。これはむろん遡れば著者の依拠したパーソンズ理論の当該対象にとっての妥当性――…アメリカ社会の構造をモデル…として鍛え上げられた理論と範疇を日本の徳川社会に適用することの妥当性――の問題にまで還元されるであろう》（三四八〜三四九頁）。

これはずいぶんな主張である。構造‐機能分析は、アメリカ社会にカスタマイズされた議論ではなく、普遍妥当性をもつことを期待された社会理論だ。こんな言い方が成り立つのなら、マルクス主義だろうと、ウェーバーの議論であろうと、《日本の徳川社会に適用することの妥当性》（三四九頁）が問題であることになってしまう。

つぎの指摘。《ここでの集中的な疑問は著者の導き出した宗教的合理化と政治・経済的合理化の内的関連がはたして、著者のスキームからの必然的な、また一義的な結論かどうか、逆にいえば、著者の「方法」を前提としても、徳川社会の価値体系からむしろ著者と異なった意味づけを引き出せるのではないか、ということなのである。そうした問題性は就中、「合理化」概念の具体的適用における混乱に表現されている》（三四九頁）。

《一義的な結論》ではなく、別な結論も導けるというのなら、導いてみせればよいのである。そして、ベラーの結論との優劣を論ずべきだ。

また言う、《たとえば著者は…複雑に分散した神聖性が単純化され、内面化される過程をもって宗教的合理化の指標としている。けれども同じ単純化といっても、普遍的な一般者への抽象過程から生れる単純化と、情緒的次元での単純性への愛着…とは生活態度に及ぼす影響において著しく異なり、…正反対でさえある。このことを無視して、国学運動の「単純な」天皇信仰のメッセージの行為的意味は「われわれの用語からすれば」宗教的に合理的である（一〇二頁）というとき、そこにウェーバー的論理の重大な誤用をみとめないわけにいかない。このことは一般に忠の天皇への集中という契機のなかに含まれるダイナミズムの過大評価につらなって来る》（三四九〜三五〇頁）。なるほど、尊王思想が「合理化」である、近代化の要因である、という見方に同意できないのだ。

*

最後に、丸山はこうのべる。《著者は総じて「近代化」のパターンの世界史的な多元性を強調するというきわめて正しい観点に立ち、その日本的特殊性を主として近代化の担い手と、近代化を推進するイデオロギーあるいは心理的動機づけの面で認めながら、結果としての「合理化」とか「産業化」自体の内面構造にこうした特性がいかに刻印されたかの面を看過したために、あたかも結果の普遍性を当然の前提として、もっぱら原因の特殊性に着目するという一面性に陥ってしまった。それでは日本の近代の「躍進」と「蹉跌」を統一的に理解する途は閉ざされてしまうのである》（三五二～三五三頁）。

例によって、わかりにくい。平たく言うと、こういうことだ。日本でも近代化が起こった。ベラーはその原因を、徳川宗教の「合理化」に求めた。けれども、その「合理化」が、日本人の内面にどんな傷と歪みを与えたか、考察しなかった。《人格構造の内部においてリゴリズムと恣意とが領域を劃して共存し、場に応じて使い分けられる可能性と傾向性》（三五二頁）をみるべきだった。

この指摘は、「超国家主義の論理と心理」での分析と、通じるものがある。

＊

丸山のコメントは、批判になっているだろうか。

ベラーは、普遍的な理論（モデル）にもとづき、日本の徳川社会とその近代化を考察している。データを集め、さまざまな要因の相互連関を追っている。そして、明治近代を導く前提（人びとのエートス）を明らかにしている。ノーマルで全体的な仕事である。

対する丸山は、理論（モデル）によっていない。手さぐりで、明治近代を導く前提の一部（荻生徂徠の〈主体の作為〉論）を探りあてただけだ。その仕事は、途中で中断している。闇斎学派の系譜を故意に避けてもいる。ベラーが徂徠を取り上げていないことに、反論もしない。その代わりに、上から目線で、コメントをたれているだけ。自分の置かれた立場が、見えていないのである。

丸山眞男は、自分の仕事を反省し、研究プランを仕切り直しする絶好の機会を、わざわざ見逃してしまった。そう、言えるだろう。

5　憂鬱を卒業する

憂鬱は、伝染する。憂鬱の根源を解明し、取り除かない限り、丸山眞男と同じ病気にかかってしまう。

一九六八年の秋、全共闘（全学共闘会議、の略称。当時、日本大学、東京大学などに全学共闘会議が組織されていた）の学生らが、東大本郷の法学部研究棟を「封鎖」しようと押しかけ、建物の入り口で、丸山眞男と口論になった。私もその場にいた。学生の行動は予告されていたので、わざわざ研究室で待ち構えていたのだろう。覚悟の抵抗、と言える。見上げたものではある。

全共闘は、丸山に代表される戦後の市民主義を、嘘くさいと感じていた。そういうまやかしの言論をかなぐり捨てなければ、時代をその先に進められない、と思っていた。けれども冷静に考えれば、全共闘は丸山と似てもいる。マルクス主義（新左翼の諸党派）と距離をとる。反対しないが、ついても行かない。よくない人びと／よい人びと、の分割線を設定して、運動を駆動する。全共闘の場合、よくないわれわれ／よいわれわれ、の分割線なので、「自己否定」になった。こうした分割線のひき方は、説得力がない。恣意的な分割にもとづく対立からは、具体的な成果がうまれない。市民主義の場合も、全共闘の場合も。

＊

吉本隆明は、丸山眞男を意識しつつ、批判的な距離をとっていた。私は丸山よりも、吉本の仕事にずっと刺戟を受けてきた。吉本は、全共闘の学生から、遠くない場所にいるようにみえた。

それから二十年近くが経過した一九八六年、ある催しの壇上で、吉本隆明と席を同じくする機会があった。私が、「権力は、必ずしも悪いものではないと思う」と発言すると、吉本はややムッとし、キミは経験と考え方が足りない、とたしなめるように私に応答した。吉本は、丸山の市民主義とずいぶん違う場所に立っている。けれども権力を、「よくないもの」の側に置く分割線を、やはり置いているのかもしれないと思った。

こうした分割線は、フェミニズムやエコロジー運動にも、伏流している。

そして、フーコーにも。マルクス主義が過ぎ去りつつある時代に、ミシェル・フーコーの言説分析は、相対性理論や素粒子論を思わせる文体で、権力が言説をねじ曲げる効果を検出する。権力は、言説の背後で真理を構成したり無効にしたりする、どちらかと言えば「よくないもの」だと想定されている。権力をよくないものの側に押しやる分割線が、どのように引かれたのか、よくわからない。

フーコーに続くポストモダンの時代、分割線は、「もう古くなったもの」と「新しいもの」の間に引かれた。この分割線は、これまでよりも、なお恣意的でなお自堕落である。「新しいもの」はポストモダンの文体と意匠とジャーゴンをいう。ポストモダンは、自己言及や矛盾をものともしない。矛盾を含むシステムからは、積極的な言明はうまれない。しかも「新しいもの」は刻々、「もう古く」なっていく。こんな分割線に駆動される運動は、バブルとともに自滅していくほかはない。

＊

なぜひとは、分割線をひき続けるのだろう。なぜひとは、近代にこだわり続けるのだろう（ポストモダンも、字のごとく、近代への行き過ぎた固着を、裏返しのかたちで表している）。

日本の思想は、こうした分割線をつぎつぎとひき直し、意匠を改め、前よりもましなものになったように思ってきた。けれども、そうすることで、丸山眞男の憂鬱に伝染しているだけではないか。

それをやめることができないのは、近代が、外からやってきたという原体験に、とらわれたままだからだ。

＊

丸山眞男は、近代とそうでないものの分割線を、江戸思想にさかのぼって伸ばし、荻生徂徠の〈主体の作為〉を、肯定できるものとして見つけ出した。江戸時代にさかのぼったのはよかった。ただしそれは、闇斎と闇斎学派を、よくない闇のようなものとして、無視することと引き換えだった。

その同じ癖が、市民主義や、全共闘やポストモダンに反復され、現在に至っていないか。

山本七平は、そういう分割線を引かない。山本も、皇国史観の愚かさは大嫌いで、はじめ拒否感をもっていたという。しかし山本は、虚心に闇斎学派のテキストを読み、そこに日本が近代と遭遇するための準備を見出した。丸山の仕事を横目でみながら、同じ轍を踏まないようにした。日本が、同時代の世界に伍して生きることの根拠を、江戸時代の思想のがっしりした全体像のなかに、探ろうとした。

この仕事が、大きなヒントになると、私は思う。

日本社会の過去、日本の歴史を、世界的な文脈のなかに置き、普遍的な言葉で、その特殊な出来事を語ること。いま日本でものを考える人びとの、課題である。その作業の予告編を、『げんきな日本論』（大澤真幸との対談、講談社現代新書、二〇一六年）としてやってみた。憂鬱になっているひまはない、げんきになるのだ。

＊

江戸時代の思想の、もうひとつの大きな頂点として、本居宣長がある。本居宣長に正面から挑んだ批評的な試みとして、小林秀雄の『本居宣長』（新潮社、一九七七年）がある。

丸山眞男に続いて、小林秀雄のこの仕事を乗り越えることが、つぎの目標になる。

文献

Bellah, Robert N. 1957, *Tokugawa Religion: The Values of Pre-Industrial Japan*, Free Press ＝一九六二 堀一郎・池田昭訳『日本近代化と宗教倫理──日本近世宗教論』未來社

橋本　治　二〇〇六『権力の日本人──双調平家物語ノート1』講談社

──　二〇〇九『院政の日本人──双調平家物語ノート2』講談社

橋爪大三郎　二〇〇五「本居宣長の言語ゲーム」、橋爪大三郎ほか『日本プレ近代思想の系譜学』（平成12～14年度日本学術振興会科学研究費補助金基盤研究（C）（2）課題番号12610043研究成果報告書）、一─一二頁

Hashizume, Daisaburo 2007, "One Step Further from Max Weber: Parallelism between Premodern Thoughts in Western Europe and Japan", International Conference in Theoretical Sociology, at Seoul University, Seoul, Republic of Korea ＝二〇〇七 橋爪大三郎訳「西欧と日本のプレ近代思想の並行関係について」、『日本プレ近代思想の系譜学・発展的研究』（平成18～19年度日本学術振興会科学研究費補助金基盤研究（C）課題番号18520063研究成果報告書）、九七─一〇七頁

橋爪大三郎　二〇〇九『はじめての言語ゲーム』講談社（講談社現代新書）

橋爪大三郎・大澤真幸　二〇一六『げんきな日本論』講談社（講談社現代新書）

伊東祐吏　二〇一六『丸山眞男の敗北』講談社（講談社選書メチエ）

苅部　直　二〇〇六『丸山眞男──リベラリストの肖像』岩波書店（岩波新書）

加藤典洋　二〇〇五「プレ近代の思想はどこに消えるのか」、橋爪大三郎ほか『日本プレ近代思想の系譜学』（平成12～14年度日本学術振興会科学研究費補助金基盤研究（C）（2）課題番号12610043研究成果報告書）、一三―五八頁
河野有理　二〇一七『偽史の政治学――新日本政治思想史』白水社
丸山眞男　一九五二『日本政治思想史研究』東京大学出版会（→一九八三、東京大学出版会（新装版））
――　一九六一『日本の思想』岩波書店（岩波新書）
――　一九五六―五七『現代政治の思想と行動』未來社（→一九六四、未來社（増補版）→二〇〇六、未來社（新装版））
――　一九六二「ベラー『徳川時代の宗教』について」、Bellah 1957＝一九六二、三二九―三五四頁
――　一九八〇「闇斎学と闇斎学派」、西順蔵・阿部隆一・丸山眞男校注『山崎闇斎学派』（『日本思想大系』第三一巻）、岩波書店、六〇一―六七四頁
竹内　洋　二〇〇五『丸山眞男の時代――大学・知識人・ジャーナリズム』中央公論新社（中公新書）
植村和秀　二〇〇四『丸山眞男と平泉澄――昭和期日本の政治主義』柏書房（パルマケイア叢書）
山本七平　一九八三『現人神の創作者たち』文藝春秋（→一九九七、文藝春秋（山本七平ライブラリー12）→二〇〇七、全二冊、筑摩書房（ちくま文庫））
山本七平・小室直樹　一九八一『日本教の社会学』講談社（→一九八五、学習研究社（山本七平全対話4）→二〇一六『日本教の社会学――戦後日本は民主主義国家にあらず』ビジネス社）
吉川幸次郎　一九七五『仁斎・徂徠・宣長』岩波書店

あとがき

本書を、『丸山眞男の憂鬱』というタイトルにした。書き始める何年も前からそのタイトルが、頭のなかをめぐっていた。

丸山眞男を越えて、進まなければならない。もうずいぶん長いあいだ、われわれは、同じ場所で足踏みをしている。決着をつけるべきなのだ。

「憂鬱」はタイトルとしてよくない、という声も聞いた。気分の意味になる、と。そうかも知れない。けれども私は、丸山眞男を思い浮かべるとなぜか、憂鬱を連想してしまう。きっとそれには、深い事情がある。だから最初の直感を信じることにした。

書き始めて改めて思うのは、丸山眞男と私を結びつける、いくつかの必然があったことだ。最大の太い線は、私の恩師・小室直樹博士の、東京大学大学院での最初の指導教員が丸山眞男教授だったことだ。私は、丸山眞男の孫弟子にあたるのである。そういう、私のふだん意識しないつながりを、今回、批判の書物というかたちにできた。丸山教授と小室博士から受けた恩恵に、少しでも報いることになるのなら、さいわいである。

もうひとつ本書で、どうしても伝えたかったのは、山本七平の仕事ぶりの素晴らしさである。アカデミズムでまったく過小評価、いや、ほぼ無視されている山本七平の仕事は、丸山眞男の仕事よりも優れている。『現人神の創作者たち』を読んで以来、数十年間、これは、私には自明のことだった。けれども世の中は、そうではなかった。それを考えれば本書のタイトルは、『丸山眞男と山本七平』とすべきだったかもしれない。結局、そうしなかったのは、今回、丸山眞男の批判に主眼を置いたから。そのニュアンスが消えてしまうからだ（英語の翻訳タイトルは、せめてものことに、『丸山眞男と山本七平』とした）。

＊

江戸時代の思想を扱うと、漢文を読まなければならない。正式な訓練をしたことがなく、苦手意識があった。

四〇年ほど前、『日本政治思想史研究』や『現人神の創作者たち』を読んだころとの違いは、そのあと中国語を勉強したことである。中国語を勉強してみると、漢文のなかの見慣れない漢字や語句が中国語では常用語だったり、よく使う言い回しだったりすることがままある。返り点や送り仮名がなくても、文字列をじっとながめていると、なんとなく意味がにじみ出してくるような気がする。漢文に対する抵抗感が少なくなった。

荻生徂徠は、返り点・送り仮名をつけることに反対で、漢文をじかに読むやり方だったそうだが、気持ちがわかる。

本書にところどころ、漢文が返り点・送り仮名なしでそのまま引用されている。前後からだいたいの意味がわかると思うので、そのままにしてある。

＊

自分でも何を書くのかわからないまま二〇一六年の春にとりかかり、夏にはいちおう完成した原稿が、どうにか出版できて、ほっとしている。

自分勝手に書いた原稿を、これはと思った出版社に持ち込んだところ、しばらくして、出版できませんと言われた。ありがちなことだ。どうしようか迷っていると、タイミングよく手を差し伸べてくれたのが、講談社学術図書編集の互盛央さんである。チーフの園部雅一さんもたまたま、選書メチエのスタートのころからの知り合いだ。お二人の骨折りで今回、選書メチエの一冊に加えていただけることになった。感謝である。

加藤典洋さん、瀬尾育生さん、伊東祐吏さん、野口良平さん、橋本真吾さんは、原稿に目を通してコメントをいただいた。互盛央さんから、構成そのほかについて的確なアドヴァイスをえて、原稿を改善することができた。互さんのてきぱきとした仕事ぶりに、大いに助けられた。原稿の性質上、校閲の皆さんにも強力なサポートをいただいた。これらの方々にお礼を言いたい。

二〇一七年六月

橋爪大三郎

橋爪大三郎（はしづめ・だいさぶろう）

一九四八年生まれ。東京大学大学院社会学研究科博士課程単位取得退学。社会学者。東京工業大学名誉教授。

主な著書に『はじめての構造主義』（講談社現代新書）、『言語派社会学の原理』（洋泉社）、『政治の教室』（講談社学術文庫）、『面白くて眠れなくなる社会学』（PHP研究所）、『橋爪大三郎コレクションⅠ〜Ⅲ』（勁草書房）など多数。大澤真幸氏との共著に『ふしぎなキリスト教』、『げんきな日本論』（ともに講談社現代新書）などがある。

丸《まる》山《やま》眞《まさ》男《お》の憂《ゆう》鬱《うつ》

二〇一七年九月一一日第一刷発行

著者 橋《はし》爪《づめ》大《だい》三《さぶ》郎《ろう》

発行者 鈴木 哲

発行所 株式会社 講談社

東京都文京区音羽二丁目一二―二一 〒一一二―八〇〇一

電話（編集）〇三―三九四五―四九六三

（販売）〇三―五三九五―四四一五

（業務）〇三―五三九五―三六一五

装幀者 奥定泰之

本文データ制作 講談社デジタル製作

本文印刷 信毎書籍印刷株式会社

カバー・表紙印刷 半七写真印刷工業株式会社

製本所 大口製本印刷株式会社

ISBN978-4-06-258662-7 Printed in Japan

N.D.C.311 299p 19cm

講談社選書メチエ　刊行の辞

書物からまったく離れて生きるのはむずかしいことです。百年ばかり昔、アンドレ・ジッドは自分にむかって「すべての書物を捨てるべし」と命じながら、パリからアフリカへ旅立ちました。旅の荷は軽くなかったようです。ひそかに書物をたずさえていたからでした。ジッドのように意地を張らず、書物とともに世界を旅して、いらなくなったら捨てていけばいいのではないでしょうか。

現代は、星の数ほどにも本の書き手が見あたります。読み手と書き手がこれほど近づきあっている時代はありません。きのうの読者が、一夜あければ著者となって、あらたな読者にめぐりあう。その読者のなかから、またあらたな著者が生まれるのです。この循環の過程で読書の質も変わっていきます。人は書き手になることで熟練の読み手になるものです。

選書メチエはこのような時代にふさわしい書物の刊行をめざしています。

フランス語でメチエは、経験によって身につく技術のことをいいます。道具を駆使しておこなう仕事のことでもあります。また、生活と直接に結びついた専門的な技能を指すこともあります。

いま地球の環境はますます複雑な変化を見せ、予測困難な状況が刻々あらわれています。

そのなかで、読者それぞれの「メチエ」を活かす一助として、本選書が役立つことを願っています。

一九九四年二月　　野間佐和子

MÉTIER

近代性の構造　今村仁司
身体の零度　三浦雅士
人類最古の哲学　カイエ・ソバージュⅠ　中沢新一
熊から王へ　カイエ・ソバージュⅡ　中沢新一
愛と経済のロゴス　カイエ・ソバージュⅢ　中沢新一
神の発明　カイエ・ソバージュⅣ　中沢新一
対称性人類学　カイエ・ソバージュⅤ　中沢新一
近代日本の陽明学　小島　毅
未完のレーニン　白井　聡
経済倫理＝あなたは、なに主義？　橋本　努
ヨーガの思想　山下博司
パロール・ドネ　C・レヴィ＝ストロース　中沢新一訳
意識は実在しない　河野哲也
ドイツ観念論　村岡晋一
子供の哲学　檜垣立哉
国家とインターネット　和田伸一郎
弁証法とイロニー　菅原　潤

古代ギリシアの精神　田島正樹
朱子学　木下鉄矢
精読　アレント『全体主義の起源』　牧野雅彦
連続講義　現代日本の四つの危機　齋藤元紀編
ブルデュー　闘う知識人　加藤晴久
怪物的思考　田口卓臣
熊楠の星の時間　中沢新一
来たるべき内部観測　松野孝一郎
丸山眞男の敗北　伊東祐吏
アメリカ　異形の制度空間　西谷　修
絶滅の地球誌　澤野雅樹
共同体のかたち　菅　香子